Inteligência Artificial

Organização e curadoria

Antonio Muniz
Cristiana Valente
Marcelo Graglia
Patricia Huelsen

Inteligência Artificial

Entenda como a IA pode impactar no mercado de trabalho e na sociedade

BRASPORT

Rio de Janeiro

2024

Editor: Antonio Muniz
Operação Editorial: Monaliza Rosario
Produção Editorial: Marina Oliveira
Editoração Eletrônica: Rinaldo Mickus
Capa: Rinaldo Mickus

Dados Internacionais de Catalogação na Publicação (CIP)
(Câmara Brasileira do Livro, SP, Brasil)

Inteligência artificial : entenda como a IA pode impactar no mercado de trabalho e na sociedade / organização e curadoria Antonio Muniz...[et al.]. -- Rio de Janeiro : Brasport Livros e Multimídia, 2024.

Outros organizadores: Cristiana Valente, Marcelo, Graglia, Patricia Huelsen.
Bibliografia.
ISBN 978-65-6096-042-8

1. Inteligência artificial - Aspectos sociais 2. Inteligência artificial - Inovações tecnológicas 3. Inteligência artificial - Inovações tecnológicas - Aspectos sociais 4. Mercado de trabalho 5. Sociedade 6. Tecnologia I. Muniz, Antonio. II. Valente, Cristiana. III. Graglia, Marcelo. IV. Huelsen, Patricia. V. Título.

24-237363 CDD-303.483

Índices para catálogo sistemático:

1. Inteligência artificial : Sociologia 303.483

Aline Graziele Benitez - Bibliotecária - CRB-1/3129

(aqui entram mais dados da ficha catalográfica)
BRASPORT Livros e Multimídia Ltda.
Rua Washington Luís, 9, sobreloja – Centro
20230-900 Rio de Janeiro-RJ
Tel./Fax: (21)2568.1415
e-mails: marketing@brasport.com.br
vendas@brasport.com.br
editorial@brasport.com.br
www.brasport.com.br

Sobre a Jornada Colaborativa

Juntos somos mais inteligentes e transformamos mais vidas!

Era uma vez um professor universitário que sonhava lançar um livro quando finalizou o mestrado em 2006.

Depois de algumas ideias para publicação em temas como certificação Microsoft, gestão de projetos e gestão de serviços, o sonho começou a ser concretizado em 2017 com o livro *Jornada DevOps*, mas alguns obstáculos travaram sua evolução após a definição da estrutura final para a certificação oficial EXIN e a escrita de três capítulos.

Em setembro de 2018, durante sua palestra na PUC Minas, surgiu um *click*: "será que outras pessoas apaixonadas por *DevOps* ajudariam com a escrita colaborativa?". Dezenas de pessoas aceitaram o convite e o livro foi lançado para 350 pessoas no dia 06 de junho de 2019 no Centro de Convenções SulAmérica no Rio de Janeiro, após um intenso trabalho coordenado com pessoas de várias cidades que nunca haviam trabalhado juntas antes.

Após lançar dezenas de livros reunindo especialistas com relevante atuação no mercado, criamos a série Advisor C-Level para contribuir com os temas mais relevantes para as pessoas que conquistaram ou desejam conquistar as funções de maior responsabilidade nas empresas: CEO, CFO, CIO, CTO, CMO, COO, CRO, CHRO

Além das publicações de qualidade somando a relevância de 29 anos da editora Brasport, temos orgulho também do nosso propósito colaborativo com a doação dos *royalties* para instituições carentes. Até o momento, doamos R$ 556 mil com o lançamento dos livros em grandes congressos e os eventos com empresas amigas, como Globo, Lojas Renner, Banco PAN, Banco Carrefour etc.

Nossos livros também estão em uma relevante biblioteca virtual, reunindo as melhores editoras do Brasil com 4 milhões de leitores de 900 universidades e empresas parceiras.

Entre nesta Jornada para transformar mais vidas com a inteligência coletiva e o apoio de empresas amigas...

<https://www.jornadacolaborativa.com.br/>

<https://www.linkedin.com/company/jornadacolaborativa/>

Prefácio

***Marcelo Graglia*[1]**

A partir da primeira década do século XXI a inteligência artificial, essa tecnologia que tem capturado a atenção, gerado controvérsias, expectativas - e mesmo receios - de tantos de nós, entrou num ritmo de expansão desenfreado. Uma miríade de aplicações acompanhadas por um sem-número de especialistas de última hora palpitando pelas redes sociais indicam que a IA, definitivamente, possui mais possibilidades do que nossa capacidade de prevê-las. Seja no campo do trabalho, da saúde, do entretenimento, da educação, dos negócios, da cognição e mesmo dos afetos, o uso da IA já gera transformações que não deixam dúvidas sobre sua característica de tecnologia disruptiva.

Aqueles que têm observado esse fenômeno poderiam ser, no geral, agrupados em categorias: os céticos, os otimistas, os nem tanto e os catastróficos. Os primeiros acreditam que IA é só mais um modismo, um entusiasmo de pouco fôlego, talvez algo como o Metaverso (pelo menos até aqui...). A categoria dos otimistas enxerga a IA como a tecnologia redentora de muitos dos males contemporâneos: livrará muitos das partes entediantes do trabalho, permitindo mais tempo livre e criativo, ao mesmo tempo em que trará enormes possibilidades de comodidade para diversas obrigações da vida cotidiana, avanços na saúde e na expectativa de vida, entre outros. Os nem tanto acreditam que muitos dos benefícios prometidos virão, mas temem que estes sejam acessados de forma desigual, com uns mais beneficiados do que outros e uns mais afetados negativamente do que outros. Os catastróficos, por sua vez, acreditam em visões distópicas, onde uma IA geral, poderosa, autônoma, autorreprodutiva, dominaria

[1] Marcelo Augusto Vieira Graglia é graduado em Engenharia Mecânica, mestre em Engenharia pela UNESP e doutor em Tecnologias da Inteligência pela PUC-SP. Professor permanente do TIDD e do Departamento de Administração da FEA PUC-SP. É especialista em transformação digital e pesquisa os impactos sociais das tecnologias. Diretor do Observatório do Futuro do Trabalho.

a civilização humana ameaçando-a de extermínio, como muito do que vem sendo propagado no cinema e na literatura de ficção científica. Já encontrou sua categoria?

Algumas reflexões são realmente necessárias quando pensamos nos impactos da inteligência artificial. A primeira é que essa tecnologia possui características singulares comparativamente a outras. É a primeira tecnologia desenvolvida pelo ser humano com potencialidades cognitivas, não no sentido amplo, mas no de emular certas capacidades da inteligência humana, como a aprendizagem, a comunicação, a identificação de padrões e várias outras. A segunda é que nunca a velocidade de desenvolvimento e a expansão das aplicações foram tão intensas. E velocidade muda tudo: a possibilidade de adaptação, a proposição preventiva de mecanismos de regulação, a construção de barreiras e contingências para os efeitos colaterais negativos e tudo o mais. A terceira: é infeliz e inapropriado se pensar numa espécie de saldo. Algo como: a IA trará alguns problemas, mas os benefícios serão muito maiores! A realidade é que as duas coisas acontecerão ao mesmo tempo, benefícios e impactos negativos. E é preciso esforço tanto para se apropriar dos primeiros como para se precaver dos segundos. A quarta questão: erra quem afirma que essa onda de inovação puxada pela inteligência artificial será como uma repetição das ondas anteriores, trazendo assombro e apreensão em sua gênese, mas distribuindo progresso e desenvolvimento na sequência, como ocorreu quando do surgimento da máquina a vapor, nos primórdios da Revolução Industrial, como ocorreu com o surgimento da lâmpada elétrica e dos sistemas de eletrificação, como ocorreu com o advento do computador e mais recentemente com a internet. O problema dessa crença está no pressuposto de que o futuro sempre repete o passado – e a história está carregada de exemplos – e no desconhecimento sobre a lógica e as características diferenciadoras da inteligência artificial em relação a outras. No mundo do trabalho, por exemplo, ondas de inovação já liquidaram muitos postos de trabalho e mesmo profissões inteiras, mas permitiram o surgimento de novas e trouxeram expansão econômica e social. A inteligência artificial fará o mesmo? Ainda é cedo para responder a essa indagação; inclusive, a resposta pode variar conforme a categoria na qual o respondente se encontre...

Este livro envolveu inúmeras contribuições de autores e autoras que, em comum, possuem o interesse pelo tema tecnologia e suas interfaces com a sociedade humana. O grupo fundador do conteúdo técnico que sustenta este projeto é formado em sua maioria por pesquisadores e pesquisadoras do grupo de pesquisa Transformação Digital e Sociedade, certificado pelo CNPq e ligado ao Programa de Pós Graduação em Tecnologias da Inteligência e Design Digital (TIDD) da Pontifícia Universidade Católica de São Paulo e do Observatório do Futuro do Trabalho. Contribuíram, ainda, pesquisadores de outras universidades, como USP, Unisinos, SENAC, Toronto Business College e King's College London. O projeto também envolveu especialistas e profissionais do mercado de trabalho que deram sua valiosa contribuição neste livro.

O livro está organizado em seis partes: A Nova Revolução Tecnológica; Transformação Digital; Novas Tecnologias; Inteligência Artificial e o Mercado de Trabalho; Ética e Regulação em IA; *Cases* de Sucesso e Lições Aprendidas. Seus capítulos compõem, neste todo, uma espécie de caleidoscópio. São fragmentos de diferentes manifestações e recortes da sociedade, todos permeados e afetados pela inteligência artificial e outras tecnologias digitais. Os autores e autoras que participaram do projeto desejam que o livro possa contribuir para um melhor entendimento da potência e da disrupção que caracteriza essa nova onda de inovação tecnológica que já começa a transformar o mundo em que vivemos.

Apresentação da Inteligência Artificial

Em minha atuação como coordenador de MBA, empresário, *advisor* e editor, tenho uma grande interação com executivos, empresários e conselheiros cada vez mais interessados em iniciativas que melhorem o resultado do negócio, e **o uso adequado da inteligência artificial torna-se uma importante prática** para a grande maioria das empresas nesse mundo digital em que vivemos.

As tecnologias sempre estiveram ao nosso redor, mas a popularização da inteligência artificial (IA) cresceu exponencialmente com a adoção acelerada do ChatGPT em 2023, trazendo reflexões importantes sobre o papel das pessoas nesse mundo em que as habilidades humanas precisam estar no lugar adequado para não perder a relevância quando comparamos com a velocidade e confiabilidade das máquinas.

A evolução tecnológica é fundamental, mas são as pessoas que sempre farão a diferença. Por exemplo, um estudo do Boston Consulting Group (BCG) com mais de mil empresários mostrou que 83% das organizações querem inovar, mas só 3% se dizem prontas (OLGA, 2024).

Você já percebeu o quanto é importante ter publicações de referência sobre tecnologia para colaborar com profissionais que precisam gerar soluções inovadoras para clientes cada vez mais exigentes, né?

A história deste livro começou com uma mensagem da Cristiana Valente indicando o professor Marcelo Graglia para contribuir com as pessoas neste tema tão importante para o mercado de trabalho e a sociedade em geral.

A escolha das pessoas para o time de coautores com experiências diversificadas foi uma surpresa positiva para enriquecer a escrita colaborativa com um conteúdo de valor para os nossos autores.

Desejo que você evolua a sua atuação profissional e melhore a experiência dos clientes com esse riquíssimo conteúdo!

Antonio Muniz

Fundador da Jornada Colaborativa, CEO na Advisor 10X

Sumário

PARTE I. A NOVA REVOLUÇÃO TECNOLÓGICA

1. A sexta onda de inovação

Marcelo Graglia

O início do século XXI testemunha a ocorrência de uma série de crises, que acontecem de forma sobreposta. A crise climática, gerada pelo aquecimento global, já afeta fenômenos naturais, como os ciclos das chuvas, tempestades, degelos nos polos, cheias de rios e níveis das marés, modificando drasticamente seu comportamento: intensidade, frequência ou duração. Duas guerras de grandes proporções afligem tanto a Europa como o Oriente Médio. A pandemia de COVID-19, que causou milhões de mortes em todo o planeta, deixou efeitos persistentes. A crise política se prolifera, à medida que crescem os partidos e movimentos de extrema direita em diversos países, trazendo junto as sementes do fascismo, que jaziam relativamente silenciosas desde o final da Segunda Guerra Mundial. A crise econômica se acentua com o aumento da desigualdade entre indivíduos e países, reforçando grandes movimentos imigratórios que contribuem para o aumento da tensão global. De forma silenciosa, uma outra mudança se instala, com o advento de uma nova revolução tecnológica. Anunciada inicialmente como a "Quarta Revolução Industrial", nome do livro publicado em 2018 por Klaus Schwab, do Fórum Econômico Mundial, logo ficou claro que esta nova revolução melhor seria nomeada como tecnológica, visto que, do ponto de vista econômico, não afeta apenas a indústria, mas também os demais setores, serviços e agropecuária. Se aprofundarmos a análise do fenômeno, vemos que se trata de mais uma onda de inovação tecnológica, a sexta onda, considerando a lógica da teoria dos ciclos econômicos, que precisa ser compreendida para que tenhamos um melhor entendimento do que virá pela frente.

Os estudos sobre a teoria dos ciclos econômicos analisam a ocorrência e a frequência das crises mundiais que afetam a economia mundial desde a Revolução

Industrial e sua associação com períodos de expansão econômica. Uma das suas bases principais é a de que um ciclo representa um padrão estruturado das economias capitalistas, ou seja, comportamentos mais ou menos regulares da economia, com períodos de prosperidade intercalados com períodos de recessão. Nesta visão, não existe uma linearidade no desempenho econômico e nem uma tendência simples, mas um comportamento semelhante a uma onda, que sobe e desce em determinados intervalos. A subida significa crescimento econômico, geração de riqueza, prosperidade, empregos e novos negócios. A descida significa recessão econômica, aumento da pobreza, desemprego e fechamento de negócios. A versão mais influente da teoria dos ciclos por propagação deve-se a Joseph Alois Schumpeter (1883-1950), que defende que a perturbação motivadora do início de um ciclo é dada por uma inovação. Segundo sua teoria, haveria uma periodicidade de ciclos longos, ou ondas longas, de cinquenta ou sessenta anos, da forma proposta pelo cientista russo Nikolai Dmitriyevich Kondratieff (1892-1938), considerado o fundador da teoria das ondas longas. Mas ele não foi a primeira pessoa a fazê-lo. Dois holandeses, Van Gelderen, em 1913, e Wolff, em 1921, também demonstraram a existência de ondas longas. Durante a sua pesquisa econômica entre 1919 e 1921, Kondratieff descobriu que, além de ciclos curtos de até três anos e ciclos de médio prazo de até 11 anos de duração, também há ciclos de ondas longas que variam entre 45 e 60 anos. Kondratieff (1935) afirma a existência de ondas longas e nega que possam surgir de causas aleatórias, mas, sim, de causas inerentes às essências da economia capitalista. A partir daí, catalogou informações e dados de países como França, Inglaterra, Estados Unidos e Alemanha procurando demonstrar empiricamente que os mecanismos que explicam a existência e o comportamento das ondas longas são derivados do surgimento de modificações técnicas, guerras e revoluções, assimilação de novos países dentro da economia mundial. Do ponto de vista das modificações técnicas de produção, observa que estas têm, indubitavelmente, papel muito influente sobre o curso do desenvolvimento do capitalismo.

O economista John Maynard Keynes (1883-1946) também reconhecia a existência de ciclos econômicos, incluindo a regularidade de ocorrência e duração, justificando como sendo resultado de uma variação cíclica na eficiência marginal do capital, a qual depende da relação entre o preço de oferta de um ativo de capital e a sua renda esperada. A eficiência marginal do capital (taxa de lucro) relaciona-se à expectativa de retorno que tem um investidor ao adquirir um determinado bem de capital. Esse retorno esperado será fruto de um fluxo de rendas futuras geradas pela venda dos produtos, enquanto durar o bem de capital, das quais serão subtraídos os custos necessários na confecção de tais produtos. Keynes (1932) ainda destacava o fenômeno da crise como uma característica típica do ciclo econômico, onde a inversão de uma fase ascendente para uma descendente costumava ocorrer de modo abrupto e violento – crise – ao passo que a passagem de uma fase descendente para uma ascendente costumava ocorrer de modo gradual e suave.

Joseph Schumpeter (1883-1950), economista nascido na Áustria, deu uma importante contribuição teórica ao apontar que os ciclos econômicos, historicamente, desde a Revolução Industrial, se relacionam com ondas de inovação. Schumpeter e outros economistas observaram uma coincidência entre o surgimento de inovações tecnológicas disruptivas (como a máquina a vapor, a eletricidade, a produção seriada, o computador e a internet) e o início de novos ciclos econômicos. Esta teoria é chamada de teoria das ondas longas e está representada pela Figura 1.1.

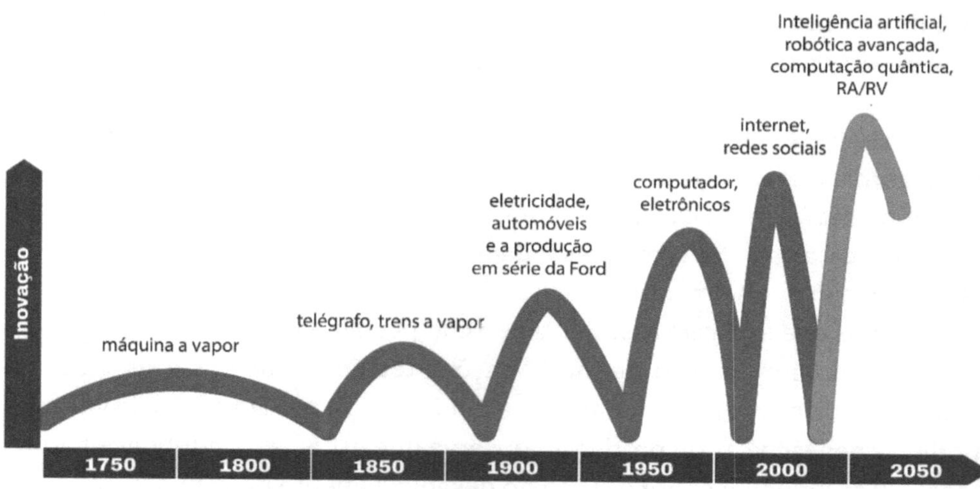

Figura 1.1. As ondas da inovação. Fonte: o autor.

As ondas possuem fases típicas: a primeira é a fase de crescimento, quando uma inovação disruptiva, ou um conjunto de inovações, atrai investidores, empreendedores, empresários e mesmo governos interessados em ganhos financeiros ou econômicos. Nesta fase, por conta do alto volume de investimentos, novos negócios, empreendimentos, projetos, empresas e empregos são gerados. A segunda fase é a da prosperidade. Nesta fase, os ganhos financeiros atingem o seu auge. Há crescimento econômico, de renda e pleno emprego. Já a terceira fase, chamada de recessão, se inicia quando se esgota a capacidade de expansão dos novos produtos, serviços ou processos disruptivos. Nesse momento, o retorno do investimento não é mais tão interessante e há uma queda nos níveis de investimento, que afetam o desempenho econômico. Com isso, as empresas começam a demitir, o consumo cai, empresas enfrentam dificuldades financeiras. Na sequência, a fase de depressão, quando o desemprego atinge níveis críticos, empresas entram em processo de fechamento ou falência, e a sociedade enfrenta profunda crise econômica e social.

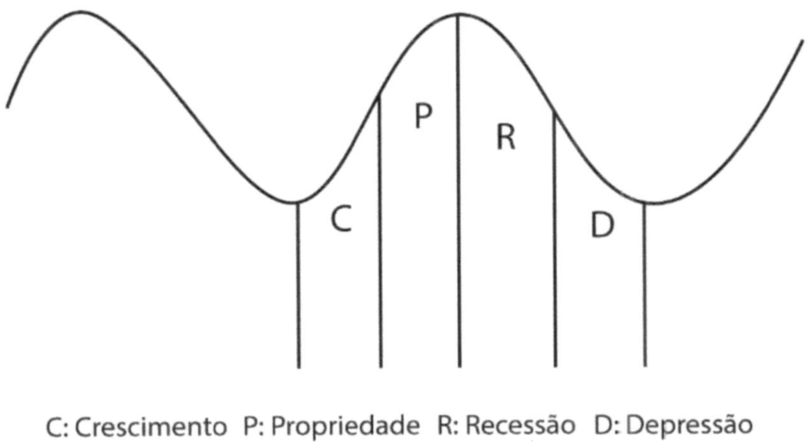

Figura 1.2. Fases típicas das ondas de inovação. Fonte: adaptado de Schumpeter (1997).

Em seu trabalho *Business Cycles* (1939), Schumpeter destacou a importância fundamental das inovações como fator determinante no desenvolvimento econômico. Ele também cunhou o termo "ciclo Kondratieff" e, assim, ligou o nome do economista russo ao fenômeno das ondas longas. Para Schumpeter, os períodos de expansão econômica estão relacionados ao fato de que o empresário inovador, ao criar novos produtos, rompe determinada inércia econômica ao estabelecer um novo paradigma tecnológico, o qual passa a ser seguido por outros empresários, que aplicam recursos para produzir bens semelhantes àquele criado pelo primeiro. Assim, uma onda de investimentos de capital alavanca a economia, gerando prosperidade e expansão dos níveis de produção e de emprego. À medida que as inovações tecnológicas são absorvidas pelo mercado, a taxa de crescimento econômico arrefece e se inicia um processo recessivo derivado da redução dos investimentos e mesmo do consumo, afetando o nível de emprego. Um novo ciclo depende da ocorrência de outra inovação tecnológica. Essa descontinuidade, alternância entre prosperidade e recessão, é vista como parte do processo maior de desenvolvimento econômico. Assim, Schumpeter cunhou um conceito muito importante no campo da administração de empresas: a destruição criativa. Neste conceito, para que possa haver progresso econômico, novos produtos, processos e técnicas precisam surgir e destruir ou tornar obsoletos os seus antecessores, ou seja, o novo precisa superar o antigo: produtos precisam ser abandonados e substituídos por outros mais avançados, processos arcaicos devem ser eliminados em prol de outros mais eficientes, empresas precisam ser fechadas para dar lugar a outras mais inovadoras e mesmo profissões precisam desaparecer para que outras surjam. Os estudos de Schumpeter inspiraram um influente trabalho conduzido por Gerhard Mensch. No livro *Stalemate in Technology: innovations overcome the depression* (1978), Mensch catalogou mais de cem inovações que fizeram contribuições significativas para a sociedade industrial entre 1750 e 1950. Quando ele plotou a frequência de importantes inovações contra o ano em que foram inventadas, descobriu que um *cluster* de inovações surge uma vez a cada cinquenta ou sessenta anos, o mesmo período observado no trabalho de Kondratieff.

Segundo a teoria das ondas longas, desde a Revolução Industrial foram cinco ondas de inovação. A primeira foi aquela gerada pelo surgimento da máquina a vapor, que abriu as portas para o início do processo de industrialização. A máquina a vapor, construída pelo inglês Thomas Newcomen em 1712, foi um salto tecnológico em relação aos modelos anteriores. O equipamento permitia a retirada de água em cerca de 50 metros de profundidade, que era muito útil para resolver o problema de alagamento em minas de carvão (a principal fonte de energia na época). O projeto de Newcomen foi aperfeiçoado em 1777 pelo escocês James Watt, que, modificando o desenho original, conseguiu aumentar o rendimento térmico da máquina e, assim, a sua capacidade operacional. Em outras palavras, a máquina a vapor de James Watt atingiu maior eficiência e novas possibilidades de aplicação surgiram. Além de utilizadas nas minas de carvão, serviram para automatizar processos das indústrias de tecelagem, muito importantes para a economia industrial que estava florescendo na Inglaterra, e outras.

A segunda onda de inovação foi formada, principalmente, por novas tecnologias e sistemas no campo do transporte e da comunicação, destacando-se o sistema ferroviário, o telégrafo e o navio a vapor. Outras inovações importantes nesse período foram a invenção do cimento Portland pelo químico e construtor britânico Joseph Aspdin, em 1824, que revolucionou a indústria da construção e o desenvolvimento de importantes processos siderúrgicos, como os processos Siemens Martin (1865), Bessemer (1870) e Thomas (1888), que permitiram a produção do aço em escala industrial e tiveram enorme impacto econômico. À medida que a produtividade aumentava, os custos de produção e os preços caíam drasticamente. Entre 1882 e 1885 o custo médio de produção de um litro de querosene caiu cerca de 70%, o custo dos trilhos de aço foram reduzidos em 88% e o alumínio em 96% por conta do desenvolvimento do processo de refinação eletrolítica na década de 1880.

A terceira onda de inovação ocorreu entre o final do século XIX e a primeira metade do século XX e teve como principais inovações impulsionadoras o desenvolvimento da eletricidade, do motor a combustão interna, de produtos químicos com base científica, a invenção do telefone e do rádio. Também teve destaque a inovação no processo de produção industrial com o modelo de produção em série inaugurado por Henry Ford a partir das ideias de Frederick Taylor, Henry Fayol, Frank e Lillian Gilbreth e outros teóricos e teóricas da chamada administração científica. Essa inovação permitiu a expansão do modelo de produção em massa pelo mundo.

A quarta onda tem como referência o início da segunda metade do século XX. É marcada pelo primeiro computador, o ENIAC, desenvolvido em 1946 na Universidade da Pensilvânia. Também a invenção do transistor em 1947 pelos físicos na Bell Laboratories, pela invenção do circuito impresso em 1957 na Texas Instruments e do microprocessador em 1971 na Intel Corporation. O conjunto dessas invenções abriu caminho para o surgimento dos computadores pessoais, como o Altair 8800, desenvolvido em 1975, que inspirou o Apple 1 (1976) e o Apple 2 (1977). Em seguida foi lançado o PC (*Personal Computer*) pela IBM (1981). Em 1984 a Apple lança o Macintosh. O desenvolvimento da optoeletrônica (transmissão por fibra ótica e laser) e da tecnologia de transmissão por pacotes digitais promoveram surpreendente expansão da capacidade das linhas de transmissão. Essa tecnologia, combinada com arquiteturas avançadas de comutação e roteamento, como ATM (modo de transmissão assíncrono) e TCP/IP (protocolo de controle de transmissão e protocolo de interconexão), formaram a base para o surgimento da internet. Outras inovações incluem o controle e desenvolvimento da energia nuclear, a expansão da aviação comercial, o desenvolvimento da produção de satélites e a corrida espacial. A robótica surge apoiada no desenvolvimento da microeletrônica e é aplicada na automação industrial, iniciando um novo ciclo de substituição do trabalho humano em indústrias como a automobilística.

A quinta onda, iniciada na década de 90 do século XX, é marcada pelas tecnologias da informação e da comunicação, especialmente a internet. Outras inovações e fenômenos que a compõem são a telefonia celular digital, as redes digitais, o crescimento da indústria de software, o desenvolvimento do RFID (*Radio Frequency Identification*) pela IBM, o desenvolvimento das tecnologias de geolocalização, como GPS (*Global Positioning System*), AGPS (*Assisted Global Positioning System*), GSM (*Global System for Mobile Communications*) e o surgimento das novas mídias sociais digitais.

A sexta onda de inovação é impulsionada pelo surgimento e pela expansão do uso de tecnologias digitais disruptivas, como a realidade virtual e aumentada, o *blockchain*, a robótica avançada, a computação quântica e especialmente a inteligência artificial. Esta onda tem uma grande possibilidade de geração de riqueza, de serviços inovadores, de melhorias nos tratamentos de saúde e longevidade, além de oportunidades para reduzir algumas das causas das mudanças climáticas. Entretanto, traz desafios importantes e potenciais impactos sociais que não podem ser desconsiderados, visto que tem características diferenciadoras das demais ondas, como uma impressionante velocidade de expansão do desenvolvimento de aplicações e do uso das novas tecnologias. A sexta onda traz consigo riscos de substituição de diversos tipos de trabalho feitos por humanos, e não somente aqueles repetitivos, previsíveis e mecanizados. Também há o risco de aumento da concentração de riqueza por parte de poucos indivíduos, empresas e países que detêm o domínio das novas tecnologias. Aspectos como o uso de sistemas de inteligência artificial para controle social indevido, propagação de desinformação e manipulação da opinião pública são ameaças concretas para as instituições e sistemas democráticos, que já são percebidos. Dessa forma, tanto empresas como governos, organizações da sociedade civil e indivíduos precisam compreender a extensão das mudanças possíveis e os riscos envolvidos para se preparar da melhor forma para aproveitar os benefícios que podem ser capturados e se prevenir dos riscos envolvidos com a expansão do uso da inteligência artificial e outras tecnologias digitais emergentes.

Historicamente, nos últimos 150 anos, as ondas de inovação tecnológica trouxeram o progresso para a civilização. Em todas elas, novas tecnologias causaram transformações radicais nas economias e nas sociedades humanas. Geraram progresso. Decidiram guerras. Foram determinantes para o arranjo geopolítico mundial, fazendo nações prosperarem e se tornarem potências.

Provocaram gigantescos fluxos dos campos para as cidades, do litoral para o interior dos países e grandes movimentos migratórios entre os cinco continentes. A sexta onda está trazendo uma nova revolução tecnológica que causará outra grande transformação, como ocorreu com as revoluções anteriores. Toda mudança causa algum assombro e algum temor. Grandes mudanças causam grande assombro e grande temor. A tecnologia está criando novas oportunidades e colocando novos desafios. Oportunidade de maior produtividade e progresso. O desafio: garantir que sirva para resolver vários problemas da sociedade e não gerar outros, que seja acessível e inclusiva e que seja capaz de gerar benefícios também para as pessoas mais pobres e desfavorecidas.

2. Inteligência artificial e saúde mental no Brasil

Flávia Ladeira Lippi
Carolina Cássia Conceição Abilio
José Raimundo Lippi
Marcelo Graglia

Introdução

A Inteligência Artificial (IA) teve avanços importantes nos últimos anos, ao passo que as necessidades com o cuidado da saúde mental da população global aumentaram de maneira significativa no cenário pós-pandemia. De acordo com a Organização Mundial de Saúde (OMS), há uma lacuna de tratamento de 76% a 85% nos países em desenvolvimento em relação aos transtornos mentais (WORLD HEALTH ORGANIZATION, 2011). Obstáculos importantes na escalabilidade dos cuidados em saúde mental incluem a falta de recursos financeiros, a disponibilidade de profissionais capacitados e o próprio estigma relacionado ao sofrimento psíquico. Diante desse cenário, a IA apresenta características que mostram grande potencial como ferramenta de solução baseada em evidências, principalmente focando intervenções interativas pautadas na prevenção do agravamento de doenças mentais.

O objetivo deste capítulo é apresentar, através de uma revisão sistemática da literatura, algumas possibilidades de uso e *cases* de sucesso relatados, assim como potenciais desafios inerentes ao aprimoramento das IAs, como questões relacionadas à confidencialidade, privacidade e segurança de dados.

Avanços recentes em inteligência artificial (IA)

De acordo com Minh *et al.* (2021), avanços exponenciais nos últimos anos nos campos de capacidade computacional, incluindo aqueles relacionados ao aprendizado de máquina (*machine learning*, em inglês), aliados à ampla quantidade de dados disponíveis, acarretaram desenvolvimentos significativos na tecnologia de IA. Isso levou ao desenvolvimento de aplicações práticas que pudessem ser usadas amplamente no cotidiano de milhares de pessoas, oferecendo benefícios importantes em diversas áreas da esfera pessoal e profissional (MINH *et al.*, 2021; GUNNING *et al.*, 2019). Esse contexto rapidamente levou a uma adoção em larga escala de tecnologias de IA pelo ambiente corporativo. Em 2022, 50% das empresas globais adotaram processos de IA em ao menos uma área interna, e 44% das empresas estão ativamente buscando implementar IA em seus processos e aplicações já existentes. A adoção de IA para automatização de tarefas ou potencializar o raciocínio humano são as formas mais comuns de utilização dessa tecnologia, e pode melhorar o desempenho dos processos corporativos e impactar positivamente indicadores-chave de eficiência do negócio (MAHESHWARI, 2024; ENHOLM *et al.*, 2021).

Enholm e seus colegas (2021) destacam que a IA é capaz de processar grandes quantidades de informações em alta velocidade. Por conta de sua capacidade cognitiva, essas ferramentas tornam-se aliadas importantes na tomada de decisões estratégicas com base em dados históricos e tendências do mercado. Os autores mostram que organizações que implementaram soluções baseadas em IA tiveram ganhos relacionados ao desempenho financeiro e contábil, notadamente aumento de receita e redução de custos. Outros benefícios percebidos da adoção de IA no ambiente corporativo é a satisfação do cliente e a personalização de ofertas, ambas impactando positivamente fidelidade, retenção e lealdade dos consumidores, aumentando o crescimento do desempenho geral das empresas (ENHOLM *et al.*, 2021).

Porém, ressalta-se que essa não é uma experiência coletiva para todas as organizações. Para ser capaz de atingir os melhores resultados, os programas de implementação de ferramentas de IA devem ser trabalhados profundamente com os processos e a cultura já existentes da empresa, conforme detalhado por Lamarre *et al.* (2024). Entre as aplicações emergentes nesse campo, destacam-se os *chatbots*, modelos de linguagem baseados no processamento de linguagem natural, aprendizado de máquina, IA e redes neurais. Segundo Singh, Kumar e

Mehra (2023), *chatbots* são entidades virtuais capazes de interagir com pessoas a partir de *inputs* do usuário, fornecendo respostas inteligentes, sensíveis e apropriadas, com capacidade de interagirem ininterruptamente e a qualquer momento.

Singh (2023) destaca a notoriedade do ChatGPT, uma aplicação de *chatbot* voltada para usuários lançada em novembro de 2022 pela empresa OpenAI. Pouco tempo após seu lançamento, conquistou a marca de 100 milhões de usuários em todo o mundo, tornando-se o aplicativo de crescimento mais rápido entre os usuários. O ChatGPT é um sistema de rede neural capaz de produzir linguagem semelhante à humana para se comunicar, a partir da sua programação com dados quase ilimitados de texto para compreensão do contexto das comunicações humanas. Desde seu lançamento, o modelo foi replicado para outras aplicações disponíveis no mercado, como Google Gemini e Microsoft Bing, além de ofertas a mercados locais no Oriente, como a chinesa ERNIE bot e a russa YaLM 2.0 (HU, 2023; SINGH, 2023).

Seu sucesso pode ser justificado em parte por conta de sua natureza interativa, no qual é capaz de aprimorar suas respostas ao incorporar *feedback* em tempo real de seus usuários. Santaella (2004), em seus estudos sobre a linguagem e a percepção na era digital, enfatiza a importância da imersão e da interatividade na formação de novas formas de subjetividade. Através da interação com ambientes digitais imersivos, os usuários podem explorar novas formas de percepção e experiência, redefinindo o que significa ser um sujeito na era digital e levando a práticas de autorreflexão. Além disso, aspectos voltados para a acessibilidade e usabilidade da ferramenta por parte de usuários leigos são essenciais para a popularização do ChatGPT e outros sistemas análogos, principalmente considerando que a IA era uma tecnologia antes restrita a ambientes e sistemas corporativos complexos. Portanto, a simplificação relacionada à usabilidade e ao entendimento são aspectos que fundamentaram sua adoção em larga escala para uma série de atividades rotineiras na vida pessoal e profissional.

IA e saúde mental: desafios e oportunidades

Além dos benefícios em produtividade para organizações, descritos na seção anterior, uma área que pode se beneficiar dos avanços da IA é a de saúde mental. O uso da IA e suas aplicações em contextos relacionados à saúde mental vem sendo estudado por alguns pesquisadores nos últimos anos para pautar novas soluções nessa área (SINGH, 2019; SINGH, 2023; D'ALFONSO, 2020; GRAHAM *et al.*, 2019; KOUTSOULERIS *et al.*, 2022). Segundo D'Alfonso (2020), o aprendizado de máquina está sendo utilizado de maneira significativa na construção de soluções voltadas para detecção, previsões e tratamento para saúde mental. Com relação aos tratamentos, ferramentas em IA atuam como base de intervenções digitais, principalmente por meio de aplicações voltadas para o usuário final, como aplicativos de cuidado de saúde mental. O uso de IA nesses contextos melhora a experiência do usuário por meio da personalização do cuidado e otimiza o acesso a informações verídicas que podem educar os usuários a respeito de práticas de autocuidado.

Outro uso recente significativo da IA nessa área é na análise e no processamento de dados. Variáveis são captadas dos usuários por meio de *smart devices*, além dos próprios padrões de uso e interações com outras pessoas no ambiente digital, como nas redes sociais. A análise desse conjunto de dados gerados pelo próprio indivíduo permite identificar tendências que dão pistas para sofrimento psíquico ou doenças mentais – principalmente ansiedade e depressão, por conta de sua prevalência na população (D'ALFONSO, 2020). Mastoras e colegas (2019) descrevem um estudo no qual analisaram padrões de digitação em uma *touchscreen* com o objetivo de detectarem depressão a partir de um método baseado em aprendizagem de máquina. Os resultados foram correlacionados com a escala clínica PHQ-9, resultando em informações com validade clínica para acompanhamento de tratamento adequado desses indivíduos conforme suas necessidades individuais.

Ainda outra área na qual a IA vem sendo aplicada com sucesso no contexto de saúde mental é a análise de padrões de linguagem e comunicações interpessoais, por meio do processamento de linguagem natural. Eichstaedt *et al.* (2018) analisaram postagens feitas no Facebook por mais de 650 pessoas e conseguiram predizer padrões linguísticos relacionados a depressão, solidão, hostilidade, ruminação de pensamentos e preocupação. Outros trabalhos foram capazes de detectar psicose e ideação suicida através de metodologias similares (D'ALFONSO, 2020).

Uma revisão da literatura realizada por Graham e colegas (2019) analisou 28 estudos publicados entre 2015 e 2019 abordando aplicações de IA na área de saúde mental. As pesquisas analisadas utilizaram redes sociais, sistemas de monitoramento ligados a *smartphones* e outros *devices*, além de registros eletrônicos de saúde e escalas de avaliação de humor para prever e classificar doenças mentais e ideação suicida. De modo geral, os estudos alcançaram altos índices de predição de indicadores de saúde mental e sofrimento psíquico utilizando IA. Fitzpatrick, Darcy e Vierhile (2017) relatam o uso de um *chatbot* para prevenção e acolhimento de estudantes com sintomas de sofrimento psíquico, como sinais de depressão ou ansiedade, a partir de intervenções baseadas na terapia cognitivo-comportamental. Essa forma de terapia digital ou virtual diminui significativamente os escores de depressão dos participantes de um estudo caso-controle, conforme mensurado pelo instrumento PHQ-9. Os autores concluem que uma inteligência artificial psicológica integrativa tem grande potencial como solução baseada em evidências para pessoas em sofrimento psíquico leve.

No contexto corporativo, empresas e *startups* utilizam tecnologias baseadas em IA e conhecimentos baseados na psicologia, neurociência, medicina e programação para uma série de objetivos, desde alcançar mais performance na área profissional e identificar padrões de sofrimento psíquico entre equipes para oferecer o apoio necessário, até atividades de regulação emocional (OMDENA, 2023). Porém, esses avanços também ilustram desafios e obstáculos significativos à implementação em larga escala de soluções baseadas em IA voltadas para a saúde mental, como falta de padronização e monitoramento adequados, possibilidade de diagnósticos errados e encaminhamentos equivocados, além de incapacidade de lidar com situações emergenciais e crises de saúde mental. Aprofundando esta discussão, Singh (2023) demonstra que aspectos relacionados à confidencialidade, privacidade e segurança dos dados são áreas significativas de preocupação que devem ser amplamente debatidas e gerenciadas para que tecnologias baseadas em IA possam ser usadas em larga escala no cenário mundial contemporâneo.

Desafios contemporâneos da saúde mental no Brasil

Segundo a OMS, existe uma lacuna de tratamento de 76% a 85% nos países em desenvolvimento em relação aos distúrbios mentais (WORLD HEALTH ORGANIZATION, 2011). Esse cenário se agravou globalmente durante a pandemia de COVID-19, impactando milhões de pessoas em todo o mundo, embora investimentos na área permanecessem insuficientes frente aos desafios (MOETI;

GAO; HERRMAN, 2022). Durante essa emergência sanitária, inúmeras variáveis impactaram significativamente o bem-estar psicológico e a qualidade de vida das pessoas, como aumento do desemprego, insegurança financeira, possibilidade de luto pela perda de pessoas próximas, fragilidades macroeconômicas e preocupação com amigos e familiares (LIPPI; ABILIO; LIPPI, 2023).

Um relatório da Organização Pan-Americana da Saúde (OPAS) revela que 80% de pessoas com doenças mentais graves não receberam tratamento adequado em 2020 nos países americanos, incluindo o Brasil. Além disso, houve um aumento de 35% e 32% nos transtornos depressivos e de ansiedade, respectivamente, entre a população americana durante a pandemia (PAHO, 2023). Em resposta a esse cenário, enfatizou-se a importância de priorizar a saúde mental nas políticas sanitárias nacionais a partir de práticas baseadas em evidências e intervenções mais eficazes durante a infância e adolescência, de modo a prevenir o agravamento de doenças mentais futuras na população. Para tal, é necessário ter mais investimento, capacitação profissional e investigações, de modo a explorar novas possibilidades de intervenção escaláveis (MOETI; GAO; HERRMAN, 2022; PAHO, 2023).

Em uma análise dos avanços e desafios do campo da saúde mental no Brasil, Onocko-Campos (2019) enfatiza a importância da distribuição regional dos serviços e recursos voltados ao cuidado com a saúde mental da população, considerando principalmente os obstáculos logísticos e econômicos para capilarização do cuidado em regiões menos favorecidas do país. As políticas voltadas à saúde mental dentro do Sistema Único de Saúde (SUS) são historicamente subfinanciadas, além de enfrentarem obstáculos significativos à sua expansão, como a burocratização excessiva e a falta de acolhimento a familiares (ONOCKO-CAMPOS, 2019).

A expansão da rede de saúde mental brasileira é pautada na coordenação através da Atenção Primária à Saúde (APS), a qual é considerada meio de acolhimento norteador para o cuidado integral das pessoas e porta de entrada para o SUS, onde podem ser acessados serviços especializados por meio dos Centros de Atenção Psicossocial (CAPS) (SILVA FILHO; BEZERRA, 2018). Ressalta-se ainda a importância do acolhimento ao sofrimento psíquico no âmbito da APS, de modo a estabelecer vínculos entre profissionais, usuários e os equipamentos dentro de uma lógica territorial. Essa abordagem pode ter mais chances de envolver a família e acessar a comunidade onde está inserida, justamente por não depender de encaminhamentos aos CAPS, evitando longas filas para atendimento e otimizando recursos escassos (SILVA FILHO; BEZERRA, 2018).

Metodologia

Com base no contexto apresentado, esta investigação se propôs aprofundar no entendimento e análise do arcabouço teórico-conceitual brasileiro relacionado ao uso de IA no contexto da saúde mental. Para isso, foi realizada uma revisão sistemática da literatura na base de dados *Scientific Electronic Library Online* (SciELO), a principal biblioteca digital e acervo acadêmico da América Latina. A escolha pela análise dessa base se deu em consonância com os objetivos da investigação e intenção de aprofundamento na literatura produzida a nível nacional.

Deste modo, a pergunta norteadora dessa revisão sistemática foi: **como os avanços recentes em ferramentas e tecnologias baseadas em IA podem ser utilizados no contexto do cuidado em saúde mental no Brasil?**

A revisão sistemática foi realizada seguindo as orientações dos Principais Itens para Relatar Revisões Sistemáticas e Meta-análises, conhecido como metodologia PRISMA (PAGE *et al.*, 2022). Segundo Page *et al.* (2022), as revisões sistemáticas são essenciais para a consolidação do conhecimento científico, por terem a função de sintetizar o estado do conhecimento em uma determinada área. Desse modo, a revisão sistemática é capaz de identificar lacunas e gargalos no arcabouço teórico-conceitual de um campo científico e nortear futuras pesquisas e esforços investigativos. Além disso, também pode servir de base para o desenvolvimento de hipóteses ou teorias que sustentem e motivem novas investigações.

Portanto, para esse fim, é necessário o registro transparente, claro e reproduzível dos resultados encontrados na revisão, de modo que os critérios de busca e justificativas de exclusão estejam evidentes para toda a comunidade científica. Nesta investigação, os critérios de inclusão na revisão sistemática foram baseados na aderência ao tema de pesquisa proposto a partir da leitura do título e do resumo dos documentos selecionados. No primeiro semestre de 2024, foi realizada a etapa de identificação da revisão sistemática. Isso foi feito a partir de uma busca na base de dados SciELO utilizando os descritores **Inteligência Artificial** e **Saúde Mental**, com uso do operador booleano AND, de modo a localizar a produção científica acerca da interseção desses temas. Os resultados da busca foram dois artigos, publicados por pesquisadores de Portugal e Colômbia.

Para ampliar a revisão ao contexto brasileiro, foi realizada uma nova busca utilizando apenas o descritor **Inteligência Artificial**, resultando em 1.078 artigos. Então, foram refinados os resultados para publicações em coleções brasileiras, resultando em 320 estudos. A análise de duplicatas revelou seis artigos duplicados; estes foram retirados da amostra. Também foram removidos artigos publicados há mais de uma década do desenvolvimento desta investigação, de modo a refletir os avanços mais recentes na área estudada. As publicações foram então encaminhadas para a etapa de triagem, totalizando 13 artigos completos para análise aprofundada, que serão apresentados brevemente a seguir.

Resultados e discussão

As pesquisadoras portuguesas Souto, Brito e Pereira (2022) discutem o uso de técnicas de IA e *machine learning* capazes de realizar análises preditivas para promoção da saúde, qualidade de vida e bem-estar, tornando-se ferramentas de alta aplicabilidade no contexto da saúde ocupacional. Segundo as autoras, essa inovação deve ser pautada nos avanços e práticas baseadas em evidências da Psicologia, emergindo a chamada Psicologia 4.0, que desloca as fronteiras tradicionais de atuação e fornece "ferramentas que permitam maximizar o processo de avaliação, prevenção e intervenção, de forma integrada às necessidades especificas" (p. 541). Já as pesquisadoras colombianas Rivera Estrada e Sánchez Salazar (2016) investigaram o uso da IA em processos de psicoterapia e avaliaram se as contribuições da tecnologia nesse contexto são positivas ou negativas. Os resultados mostram possibilidades significativamente positivas, como o uso de sistemas de reconhecimento de gestos e tom de voz que podem auxiliar um terapeuta humano, ou até mesmo como uma tecnologia de acolhimento na indisponibilidade de atendimento durante momentos críticos, para a qual pode compartilhar processos catárticos contando sobre experiências traumáticas. Por fim, as autoras enfatizam o avanço dessas tecnologias e o aspecto ético intrínseco a seu uso.

Dando início às publicações no contexto brasileiro, Blumen e Cepellos (2023) relatam a percepção de recrutadores sobre o uso de uma IA em processos de recrutamento e seleção, apontando como benefícios percebidos a redução de tempo e custo no processo de contração, assim como a desburocratização da área de Recursos Humanos (RH), que passa a ter uma atuação mais estratégica e consultiva dentro das empresas. Os autores também apontam que o uso de tecnologias dessa natureza tornou-se tendência no pós-pandemia e deve ser cada vez mais difundido entre as empresas. Ponce de Leon *et al.* (2023) utilizaram técnicas baseadas em IA para analisar as emoções de estudantes de enfermagem submetidos à simulação clínica, por meio de identificação e processamento de expressões faciais e tom de voz, demonstrando a viabilidade do uso de IA em pesquisas acadêmicas na área de emoções e saúde mental. Por sua vez, Fabrizzio *et al.* (2023) relatam o desenvolvimento de um assistente virtual inteligente com base em tecnologias de IA e *machine learning*, com o objetivo de educação para a saúde no contexto da pandemia de Covid-19. Os resultados mostram que o assistente virtual se tornou uma comunicação centrada no usuário, fortalecendo o vínculo entre profissionais de saúde e pacientes, além de contribuir para o compartilhamento de conhecimento cientificamente embasado.

De maneira similar, Modolo, Carvalho e Dias (2023) apresentam um ensaio abordando o uso de aplicativos móveis baseados em tecnologias de IA e *machine learning* dedicados à promoção da saúde. Os autores apresentam o exemplo do aplicativo *Better Stop Suicide*, desenvolvido por uma equipe de psicólogos e especialistas em saúde mental para ajudar seus usuários em situações de crise e ideação suicida. As chamadas intervenções digitais autoguiadas são desenhadas para que o usuário não precise de orientação de um profissional, e já demonstram resultados positivos. Por fim, refletem sobre as possibilidades e formas de implementação da saúde digital no âmbito do SUS. Tustumi, Andreollo e Aguilar-Nascimento (2023) enfatizam o potencial inovador de tecnologias baseadas em IA na área da saúde, ao mesmo tempo em que recomendam seu uso como apoio aos profissionais de saúde, não substituição. Vitorino e Yoshinari Junior (2023) concluem de maneira semelhante sua investigação sobre o uso de IA no âmbito da Enfermagem, enfatizando a capacidade analítica de dados clínicos complexos para identificação de padrões relevantes e planos de cuidado personalizados, destacando também que a responsabilidade da assistência deve ser sempre do profissional e não da IA.

Amaro Junior (2022) descreve alguns dos principais avanços no uso da IA e tecnologias de *big data* aplicados às neurociências, como a análise de imagens médicas, enfatizando a criação de soluções inovadoras a partir dessas ferramentas e a importância de desenvolver habilidades técnicas relacionadas à ciência de dados na formação de profissionais de saúde. Por fim, o autor mostra a importância de considerar questões relacionadas à ética e privacidade dos pacientes. Essa preocupação também é trazida por Nunes, Guimarães e Dadalto

(2022), que exploram os desafios bioéticos relacionados à implementação de IA em ambientes hospitalares, tais como autonomia do paciente, consentimento e privacidade, reforçando a importância da regulamentação para o uso de tecnologias baseadas em IA nos contextos de saúde. Macruz (2021) oferece um contraponto aos dois estudos anteriores, destacando o desempenho superior da IA frente ao humano em tarefas como análise de imagens médicas e correlação de dados complexos para prognóstico e diagnóstico de doenças. Porém, o pesquisador enfatiza que obstáculos importantes precisam ser abordados para a plena utilização dessas tecnologias no contexto de saúde, como o entendimento adequado do seu funcionamento e transformações organizacionais culturais.

Lobo (2018) realça a importância da atualização dos currículos médicos de modo a refletir os avanços tecnológicos e relacionados ao uso de IA no contexto de saúde, demonstrando otimismo no uso dessas tecnologias como apoio à prática médica. O autor ressalta que 32% dos erros médicos no Estados Unidos ocorrem por conta de problemas na relação médico-paciente, exames clínicos deficientes e/ou falhas na avaliação de dados e resultados de exames complementares, áreas estas onde a IA pode atuar em plena capacidade. Por fim, Primi (2018) reflete sobre os avanços das tecnologias baseadas em IA na avaliação psicológica, assim como a importância da transparência, de objetivos claros e de algoritmos cientificamente embasados. O autor ainda destaca o papel central da Psicologia na orientação para o desenvolvimento de novas tecnologias da área, enfatizando a contribuição de profissionais de saúde mental em equipes de desenvolvimento interdisciplinares.

Com base nas publicações analisadas, é possível observar que alguns pesquisadores iniciaram debates em suas áreas de atuação sobre o uso de tecnologias baseadas em IA no contexto brasileiro, embora existam relatos de aplicações práticas em projetos experimentais com objetivos educacionais. Aspectos ligados à capacitação de profissionais para lidar com as novas tecnologias também são mencionados, particularmente nas áreas médicas, demonstrando a preocupação já presente com questões relacionadas à ética, privacidade e segurança do paciente nesses cenários. Porém, os resultados da revisão sistemática mostram que as tecnologias baseadas em IA têm potencial de serem utilizadas em algumas capacidades para atender às lacunas do atendimento e cuidado à saúde mental no Brasil, particularmente por serem soluções escaláveis e de fácil acesso à população. Nesse contexto, enfatiza-se a necessidade de integrar novas soluções tecnológicas nos mecanismos de referência e contrarreferência estabelecidos no SUS, favorecendo a troca de informações entre os níveis de atenção e a continuidade do atendimento ao paciente (ANDRADE; FRANCISCHETTI, 2020).

Conclusões

Avanços recentes em tecnologias baseadas em IA na última década impactaram de maneira significativa várias esferas do ambiente corporativo, aumentando o potencial de produtividade e o poder de processamento das empresas. Frente a esse cenário, outra área em que a IA demonstra potencial disruptivo é no campo da saúde mental, como exemplificado por alguns casos e experimentos relatados na literatura internacional. No contexto brasileiro, a IA foi tema de algumas investigações recentes na área da saúde mental, explorando as potencialidades e possíveis aplicações a partir de relatos de caso e projetos experimentais. Também foram debatidas barreiras para sua implementação nesse cenário, como a necessidade de capacitação profissional e questões relacionadas à ética e segurança dos pacientes.

Embora a literatura nacional esteja incipiente em suas discussões sobre o tema, considerando também a novidade do tema na comunidade científica como um todo e o rápido desenvolvimento dessas tecnologias, pode-se observar que ferramentas baseadas em IA apresentam potencial relevante para atender às lacunas do cuidado à saúde mental no contexto brasileiro. Especificamente, tecnologias baseadas em IA podem ser utilizadas com sucesso no âmbito da APS, servindo de apoio para estratégias escaláveis e de fácil acesso à população focadas em acolhimento do sofrimento psíquico. Tendo em vista os obstáculos presentes na oferta de cuidado à saúde mental no contexto do SUS, a IA é uma tecnologia promissora que pode ser explorada em investigações futuras que analisem a possibilidade de implementação e uso dessa ferramenta, de modo a otimizar recursos e processos já existentes e implementados com base em evidências científicas.

Conforme enfatizado por Graham *et al.* (2019), o desenvolvimento de técnicas baseadas em IA pode ajudar profissionais de saúde mental a identificar de forma mais objetiva transtornos mentais em estágios mais precoces, durante os quais as intervenções podem ser mais eficazes para evitar o agravamento da doença. Porém, os autores destacam também a cautela necessária para evitar superestimações ou interpretações errôneas dos resultados algorítmicos, visando apenas reduzir a lacuna entre IA e profissionais de saúde mental, e não os substituir por completo. De maneira similar, a OMS (WORLD HEALTH ORGANIZATION, 2021) explicitou em um relatório temático algumas preocupações acerca do uso de IA na área da saúde, realçando riscos como coleta e uso inadequado e sem consentimento de dados sensíveis de saúde, preconceitos e vieses inerentes às codificações de algoritmos, riscos para a segurança do paciente, impactos ambientais e aspectos relacionados à segurança digital do uso e processamento dos dados.

Ainda outro aspecto de impacto significativo nas dinâmicas do trabalho é o humano. Os desafios enfrentados por profissionais frente à introdução de novas tecnologias em suas áreas de atuação são discutidos por Graglia e Lazzareschi (2018), assim como as consequentes alterações nas dimensões do ambiente de trabalho e a relação afetiva estabelecida com essa atividade, significante e significativa para a natureza humana. Sob essa perspectiva, enfatize-se a importância de os trabalhadores manterem e desenvolverem uma visão sistêmica de sua atividade profissional, utilizando as novas tecnologias como suporte ao trabalho e não um fim em si mesmas. Embora essa revisão sistemática tenha focado na saúde mental como parte da estratégia do sistema público de saúde no Brasil, há outro campo de atuação em que as tecnologias com base em IA têm potencial de disrupção igual ou maior, o da esfera corporativa. Em um levantamento descrito por McKinsey (2024), 94% de líderes em empresas norte-americanas afirmaram que oferecer soluções voltadas para saúde mental de seus colaboradores é prioridade em suas empresas, quase o triplo comparado ao ano anterior (36%).

Frente a esse cenário, é necessário aprofundar investigações nesses contextos para entender o impacto da IA nas dinâmicas do trabalho e na saúde mental dos profissionais, assim como entender os aspectos éticos, afetivos e de segurança. O futuro do trabalho incluirá invariavelmente ferramentas baseadas em IA e novas tecnologias, tornando necessário o entendimento acerca da interação humana no ambiente profissional e destacando a importância de manter um equilíbrio entre o avanço tecnológico e a humanização das relações de trabalho.

3. Poder Judiciário e soberania digital no Brasil

Roberto Cosso
Daniel Garroux
Marcelo Graglia

Introdução

Este capítulo aborda a questão da soberania digital no contexto brasileiro. Toma-se como ponto de partida a discussão sobre a própria definição do conceito até chegar à demonstração da sua importância como diretriz objetiva para a condução política dos estados nacionais. O artigo também analisa exemplos concretos de situações em que o Brasil tem abdicado de sua soberania digital, com foco especial no Poder Judiciário, trazendo também exemplos de outras esferas de poder. Procura-se, enfim, demonstrar a importância da proteção da soberania digital para o Brasil e discutir desafios e oportunidades vinculados a esse tema. Ao reconhecer as áreas em que a soberania digital brasileira tem sido comprometida e ao apresentar medidas para fortalecê-la, esperamos contribuir para as discussões e ações necessárias nesse sentido.

Conceito de soberania digital

No mundo atual, economia e comunicação se tornaram cada vez mais dependentes da tecnologia e da conectividade. Diante disso, a soberania digital emerge como um conceito fundamental para assegurar a autonomia, a segurança e o desenvolvimento de um país. Em julho de 2020, o governo alemão, em seu programa oficial para a presidência do Conselho Europeu, anunciou sua intenção de estabelecer a soberania digital como um *leitmotiv* para a política digital europeia. Nas palavras da então Chanceler Angela Merkel:

> *A fim de impulsionar a recuperação econômica e social de todos os membros da União Europeia, trabalharemos durante a presidência alemã do Conselho num plano de recuperação conjunto e num quadro financeiro para os próximos anos. Juntos, queremos sair fortalecidos dessa crise. Isso significa focar firmemente no futuro. A mitigação das alterações climáticas, a soberania digital e a responsabilidade da Europa no mundo são, portanto, os principais focos da nossa presidência (MERKEL, 2020).*

A definição de soberania digital é uma construção gradual. Uma das primeiras aparições da expressão ocorre em um artigo de Bernard Benhamou e Laurent Sorbier de 2006. Embora os contornos semânticos do conceito de soberania ainda sejam bastante imprecisos nesse texto, as questões fundamentais relativas à soberania digital já estão ali colocadas: num momento em que todos os países depositam parte crescente de suas infraestruturas econômicas, sociais e políticas na internet, é urgente que mais um grande número de atores se interesse pelo modo pelo qual o conjunto das tecnologias que constituem a internet estruturam, direta ou indiretamente, a evolução de nossas sociedades e as relações entre os Estados (BENHAMOU; SORBIER, 2006).

Em 2011, Pierre Bellanger (2011) definiu a soberania digital como o "controle de nosso presente e de nosso destino tal qual eles se manifestam e se orientam pelo uso das tecnologias e das redes digitais". Trata-se, portanto, da capacidade do Estado de controlar e de proteger suas infraestruturas digitais, seus dados e suas informações, de modo a assegurar o exercício pleno das políticas públicas no âmbito digital, sem depender excessivamente de atores estrangeiros. Não pretendemos aqui discutir todas as diferentes acepções do conceito de "soberania digital", cuja definição permanece em disputa, mas uma abordagem dessa questão pode ser encontrada em Couture e Toupin (2019). É importante compreender que o conceito de soberania digital se contrapõe ao fracasso do projeto do ciber libertarianismo, que enxergava o espaço digital como um território anárquico, sem leis e sem fronteiras, visão que pode ser encontrada na Declaração de Independência do Ciberespaço (1966), de John Perry Barlow (BARLOW, 1996). Até hoje, esse manifesto é utilizado como álibi para o colonialismo digital, ou seja, para justificar a falta de uma regulação estatal capaz de frear a dominação cibernética dos países da periferia do capitalismo e da maioria da população mundial por uma quantidade extremamente pequena de corporações instaladas em economias centrais do sistema. Na acepção aqui empregada, o conceito de soberania digital envolve a proteção dos interesses nacionais e a capacidade do país de tomar decisões autônomas em relação às questões digitais, promovendo a segurança cibernética, a privacidade dos cidadãos, a proteção de dados sensíveis e a proteção do desenvolvimento tecnológico brasileiro e da economia nacional. A falta de controle sobre esses ecossistemas e sobre tecnologias críticas, como a inteligência artificial e a encriptação, pode criar novas formas de dependência.

A soberania digital, inclusive, vai além dos aspectos tecnológicos e se estende às esferas política, econômica e social. A dependência excessiva de empresas e serviços estrangeiros no cenário digital pode comprometer a privacidade das informações dos cidadãos, a segurança nacional e a capacidade de implementar políticas públicas que protejam os interesses nacionais. No caso de países da periferia do capitalismo, como o Brasil, a soberania digital desempenha um papel ainda mais crucial. Sem assegurar a soberania digital do país, torna-se praticamente impossível reverter o processo de desindustrialização que se acentuou a partir dos anos 1980 (GRAGLIA; FIGUEIREDO, 2021), uma vez que a inovação tecnológica é requisito fundamental para o fomento de qualquer iniciativa de "neoindustrialização" (PORTAL DA INDÚSTRIA BRASILEIRA, 2023). Embora o Brasil tenha obtido avanços significativos em termos de infraestrutura de internet e adoção de tecnologias digitais, vulnerabilidades e concessões em setores estratégicos ainda comprometem a sua soberania digital.

As inúmeras situações que trazemos neste capítulo são apenas alguns dos exemplos a demonstrar que o país abre mão, sistematicamente, de sua soberania digital, principalmente no âmbito do Poder Judiciário, mas não só nessa esfera de poder. A maioria do espaço cibernético do ocidente, vale destacar, está sob o domínio de *big techs* estadunidenses. No primeiro trimestre de 2023, constata-se que 65% do *market share* da computação em nuvem pertence a três empresas: AWS/Amazon (32%), Microsoft Azure (23%) e Google Cloud (10%). Os *data centers* dessas megacorporações armazenam e processam mais da metade dos dados do planeta, incluindo os dados de áreas críticas aos governos, como os referentes aos processos judiciais em tramitação no Brasil (KAUFMAN, 2023). A dependência excessiva de plataformas tecnológicas internacionais, a entrega da prestação de serviços estratégicos para empresas estrangeiras e a transferência de dados sensíveis para servidores instalados no exterior são apenas alguns exemplos que revelam a necessidade de aprimorar o debate sobre a soberania digital no país.

Consequências da falta de soberania digital no Brasil

O Brasil enfrenta desafios complexos relacionados à autonomia e à segurança cibernética. Países periféricos geralmente não são capazes de exercer controle sobre suas infraestruturas digitais, dados e informações, tornando-se excessivamente dependentes de atores estrangeiros. A perda da soberania digital pode ter consequências significativas em diversas áreas em nosso país, incluindo economia, inovação, segurança nacional e proteção de dados sensíveis. Uma das principais preocupações em relação à falta de soberania digital no Brasil está relacionada à dependência excessiva de empresas e plataformas tecnológicas estrangeiras. Grandes multinacionais de tecnologia controlam uma parcela significativa do mercado digital brasileiro, oferecendo uma variedade de serviços, desde redes sociais até armazenamento em nuvem. Essa dependência pode comprometer a autonomia do país, uma vez que decisões cruciais sobre políticas e regulamentações digitais são tomadas por essas empresas, que não necessariamente têm os mesmos interesses que a nação. Além disso, a terceirização de serviços críticos a empresas estrangeiras também coloca a soberania digital em risco. Setores estratégicos, como telecomunicações, energia e defesa, muitas vezes contratam empresas estrangeiras para fornecer infraestrutura e serviços essenciais. Isso pode permitir acesso a conhecimentos sensíveis e estratégicos nacionais por parte de organizações e governos estrangeiros, o que representa uma grave ameaça à segurança nacional. Outro fator a ser considerado é a transferência de dados sensíveis para jurisdições estrangeiras. A crescente digitalização das informações e o aumento da utilização de serviços *on-line* têm gerado grandes quantidades de dados, incluindo dados pessoais dos cidadãos brasileiros. No entanto, muitas vezes esses dados são armazenados por empresas estrangeiras, que estão sujeitas a leis e regulamentações de seus respectivos países. Essa transferência de dados para fora do país traz preocupações relacionadas à privacidade, à segurança e à proteção de informações sensíveis, podendo enfraquecer a soberania digital. Além desses aspectos, fatores como a falta de capacitação em segurança cibernética, a falta de políticas claras de proteção de dados e a baixa aplicação de regulamentos e leis digitais também contribuem para a perda da soberania digital. A ausência de estratégias abrangentes e integradas sobre o tema deixa o país vulnerável a ameaças cibernéticas, manipulação de informações e violações de privacidade. Outro fator a ser levado em conta é a captura da esfera pública pelas redes sociais privadas estrangeiras, por empresas que, muitas vezes, desconsideram abertamente o ordenamento jurídico dos países onde estabelecem seu oligopólio comunicacional, como ocorreu no Brasil em relação ao Telegram (TELEGRAM, 2023).

Riscos para o Poder Judiciário

No dia 20 de fevereiro de 2019, o presidente do TJSP (Tribunal de Justiça de São Paulo), desembargador Manoel de Queiroz Pereira Calças, assinou um contrato com a Microsoft, no valor de R$ 1,32 bilhão para o desenvolvimento de uma Plataforma de Justiça Digital e para o fornecimento de infraestrutura em tecnologia (TRIBUNAL DE JUSTIÇA ESTADO DE SÃO PAULO, 2019). No dia seguinte, o CNJ (Conselho Nacional de Justiça) suspendeu o negócio, sob o argumento de que a armazenagem dos dados do TJSP em servidores instalados fora do país poderia colocar em risco "a segurança e os interesses nacionais do Brasil" (ANGELO, 2020). Depois de confirmada a liminar pelo plenário do CNJ, por 10 votos a 1, o TJSP rescindiu o contrato, feito sem licitação, com a *big tech* sediada em Washington (ANGELO, 2020). Apesar de toda a repercussão do caso à época, em 17 de outubro de 2023, na sua primeira sessão à frente do CNJ, o presidente do STF (Supremo Tribunal Federal), ministro Luís Roberto Barroso, anunciou que o aprimoramento da tecnologia da informação da Justiça brasileira seria uma de suas prioridades de gestão. Disse ainda que se reuniu com representantes das *big techs* Amazon, Microsoft e Google para pedir "atendimento *pro bono*", no sentido de satisfazer três demandas: (1) criação de uma ferramenta semelhante ao ChatGPT adaptada para o uso jurídico; (2) elaboração de uma interface única para reunir todos os sistemas eletrônicos utilizados por todos os tribunais do Brasil; e (3) um programa capaz de resumir os processos judiciais; tudo com o objetivo de "aumentar a eficiência dos tribunais" (AGÊNCIA CNJ DE NOTÍCIAS, 2023).

As medidas orgulhosamente anunciadas pelo ministro Barroso em sua primeira reunião à frente do CNJ podem, sem dúvida, aumentar a eficiência dos tribunais, como ele almeja, mas carregam intrinsecamente uma série de riscos aos quais as autoridades brasileiras devem estar atentas. Quando questionada a respeito pelo site de notícias GGN, a assessoria de comunicação do ministro respondeu nos seguintes termos:

> *Ao contrário do que diz o texto, o presidente do STF e do CNJ, Luís Roberto Barroso, não entregará a base de dados jurídica brasileira a nenhuma empresa. As empresas – bigtechs ou startups – usarão dados públicos, disponíveis para consulta nos sites dos tribunais a qualquer cidadão. Inclusive esses dados já são consultados diariamente pela comunidade jurídica, acadêmica e pela imprensa por meio de programas que alimentam sistemas próprios para acompanhamento de processos ou cruzamento de informações (NASSIF, 2023).*

A resposta não menciona os processos que correm em segredo de justiça. A questão, porém, não é apenas o acesso aos dados, mas o tratamento deles: a criação de uma ferramenta semelhante ao ChatGPT (portanto, com o uso de inteligência artificial) adaptada para o uso jurídico poderia ser muito útil aos juízes brasileiros, à medida que, se bem desenvolvida, seria capaz de proferir sentenças automaticamente. Os magistrados precisariam apenas assinar e confirmar tais decisões, em uma operação que pouparia uma quantidade significativa de tempo. Em que pese a possibilidade de que o juiz tenha a opção de solicitar um texto decisório em favor de uma ou de outra parte, nunca será possível realizar uma auditoria para verificar se os algoritmos são capazes de sopesar com isonomia os argumentos dos oponentes, especialmente quando as decisões precisam privilegiar os direitos da parte hipossuficiente ou ensejam a aplicação de certos princípios constitucionais, cuja aplicação depende de interpretação.

De modo análogo, a criação de um programa capaz de resumir os processos judiciais teria a finalidade de evitar que o juiz seja obrigado a ler o inteiro teor dos autos, outra importante economia de tempo, a resultar em maior eficiência para a Justiça. Contudo, uma vez mais, não haverá forma de auditar com precisão se o programa é capaz de incluir no resumo do processo todos os argumentos de cada uma das partes, com o devido peso que cada um dos advogados pretendeu dar a eles em suas petições, nem mesmo se a inteligência artificial não passará, com o tempo, a considerar irrelevantes alguns argumentos que podem ser fundamentais para os patronos de uma das partes. Imaginar que essas medidas podem ser seguras, além de eficientes, é desconhecer o funcionamento da inteligência artificial e, principalmente, do processo de aprendizado de máquina, mais conhecido como *machine learning*. Com o aprendizado de máquina, um domínio em rápido crescimento da inteligência artificial, o computador mergulha nos dados, seguindo apenas instruções básicas. O algoritmo encontra padrões por conta própria e, ao longo do tempo, os conecta com resultados. De certa forma, aprende (O'NEIL, 2016, p. 69).

Diferentemente do que ocorre com o software tradicional, que é programado para dar respostas sempre iguais para determinadas variáveis, a inteligência artificial funciona a partir da aprendizagem que ela adquire a partir do contato com situações concretas. Assim, situações iguais podem ter resultados diferentes, a partir do nível de aprendizado da inteligência artificial, que está em constante mutação. É justamente essa fluidez que impede que os algoritmos sejam analisados para a identificação de distorções ou que se faça uma auditoria aleatória com níveis razoáveis de precisão, à medida que a falta de padronização dificulta a identificação de desvios. Cathy O'Neil menciona que a falta de transparência dos algoritmos nos impede de avaliar qual o viés que eles possuem:

> *E, no entanto, muitas empresas fazem de tudo para esconder os resultados de seus modelos ou mesmo sua existência. Uma justificativa comum é que o algoritmo constitui um 'molho secreto' crucial para seus negócios. É propriedade intelectual, e deve ser defendida, se necessário, com legiões de advogados e lobistas. No caso de gigantes da web como Google, Amazon e Facebook, esses algoritmos precisamente adaptados valem centenas de bilhões de dólares. ADMs[2] são, por design, caixas pretas inescrutáveis. Isso torna ainda mais difícil responder definitivamente à segunda pergunta: o modelo funciona contra o interesse do sujeito? Em suma, é injusto? Danifica ou destrói vidas? (O'NEIL, 2016, p. 38).*

Na prática, os desvios são encontrados quando suas consequências sociais já são gritantes, como ocorreu no caso da concessão de crédito para financiamentos imobiliários nos Estados Unidos da América, em que verificou-se que pessoas pretas tinham os empréstimos rejeitados com frequência muito maior do que pessoas brancas em situações fáticas semelhantes. Essa é apenas uma das muitas situações que levaram à criação do termo "racismo algorítmico" (SILVA, 2022).

Ao "aprender" pela análise de casos concretos, a inteligência artificial reproduz o preconceito e os vieses das pessoas que produziram o conhecimento anterior a respeito desses casos. Diferentemente do que ocorreria com um erro eventual de um magistrado, contudo, a inteligência artificial tem potencial para passar a ser o novo paradigma para as decisões de todos os juízes, de modo que esse "erro" seria reproduzido em escala industrial, contaminando todas as decisões subsequentes (LAZZARESCHI; GRAGLIA, 2023). Outro aspecto a considerar é a hipótese de que os algoritmos sejam programados para favorecer empresas privadas em disputas contra o Estado, ou empresas estrangeiras em disputas

---

[2] "Algoritmos de Destruição Matemática", expressão que a autora utiliza para criticar o uso de determinados algoritmos.

com sociedades nacionais, ou mesmo empresas de tecnologia estadunidenses contra qualquer outra parte.

O ministro Barroso reuniu-se com quatro das empresas mais lucrativas do mundo e pediu que elas trabalhassem de graça para o Poder Judiciário brasileiro. Nenhum dos pedidos parece ser simples de resolver, já que ainda não existem ferramentas capazes de realizar o que ele deseja. Ao aceitar a realização do serviço *pro bono*, é possível imaginar que essas empresas irão obter rentabilidade de outra forma, especialmente quando levamos em conta o valor da informação no século XXI. O desenvolvimento de uma plataforma única capaz de reunir todos os sistemas eletrônicos utilizados por todos os tribunais do Brasil poderia trazer ao seu desenvolvedor a capacidade de acessar todos os processos em tramitação na Justiça brasileira, inclusive aqueles em segredo de Justiça, nos quais constam a qualificação de todas as partes, os nomes e tempo de exercício da advocacia de seus patronos e todos os detalhes que envolvem a disputa judicial. No limite, assumindo-se a hipótese de que uma mesma empresa se responsabilizasse por atender a todos os pedidos *pro bono* feitos pelo ministro Barroso, seria possível conceber a possibilidade de que essa mesma corporação desenvolva uma quarta plataforma, capaz de predizer, com altíssimo grau de acuracidade, as decisões a serem proferidas pela Justiça brasileira, mesmo antes de os processos serem ajuizados. Diante disso, é fundamental reconhecer que a Justiça não deve ser reduzida a uma mera fórmula matemática ou a um algoritmo impessoal. A interpretação das leis, o julgamento de cada caso e a consideração das circunstâncias específicas são elementos essenciais para garantir uma justiça verdadeiramente equitativa. A análise cuidadosa de argumentos e a ponderação adequada dos interesses envolvidos requerem a compreensão complexa das leis e um profundo conhecimento das nuances jurídicas. A confiança plena na capacidade da inteligência artificial de desempenhar esse papel de forma imparcial e justa é ingênua, pois algoritmos não possuem sensibilidade, discernimento nem a mesma perspectiva humana. Além disso, a falta de transparência nos processos decisórios da inteligência artificial pode gerar desconfiança e questionamentos sobre a imparcialidade das sentenças. Sem uma auditoria minuciosa e contínua, será impossível determinar se os algoritmos estão tratando as partes com isonomia e considerando todas as inúmeras questões relevantes para a administração da Justiça, inclusive as de caráter ético (GRAGLIA; HUELSEN; LAZZARESCHI, 2021). É necessário estabelecer salvaguardas, transparência e supervisão para garantir que a Justiça trabalhe de forma justa, ponderada e humana.

O pronunciamento do ministro Barroso reacende o debate nacional sobre a necessidade de o Poder Judiciário brasileiro respeitar e fazer respeitar os limites técnicos e éticos para a preservação da soberania digital do país, o que torna necessário discutir o tema nos mais diversos setores da sociedade brasileira, inclusive no âmbito acadêmico. Como veremos adiante, a rápida evolução das tecnologias digitais impacta a organização da sociedade e o modo como os estados nacionais exercem sua soberania. Dessa forma, a preservação da soberania digital é também a preservação da soberania nacional, princípio fundamental da República, segundo a Constituição Federal (BERCOVICI, 2020).

Medidas para conquistar a soberania digital

Com base na análise dos desafios enfrentados pela soberania digital brasileira, apresentamos a seguir uma série de medidas essenciais para que o país conquiste e fortaleça sua soberania digital. Atualmente, muitos países já tomaram medidas para assegurar suas soberanias digitais, com maior ou menor grau de sucesso. Como exemplo negativo, é possível citar o "projeto Adrômeda", lançado pela França em 2009 e desativado em 2020 (DECHAUX, 2019). A China e a Rússia, por razões geopolíticas óbvias, possuem políticas agressivas de cibersegurança que, embora eficientes, acabam por solapar liberdades democráticas. Diversos países democráticos, contudo, sobretudo após o escândalo de espionagem protagonizado pela NSA em 2013, começaram a empregar medidas mais robustas para garantir sua soberania digital. A criação de uma regulamentação nacional do setor digital, orientada pela premissa da soberania digital, é urgente e indispensável. Com as devidas adaptações, projetos como o Gaia-X, que busca construir uma infraestrutura de dados europeia com uma arquitetura de padrão definida, de modo a fomentar os serviços digitais e a criação de um ecossistema de inovação tecnológica no continente, poderiam ser um modelo para o Brasil e a América Latina (GAIA-X, s.d.). As medidas tomadas pela Europa para corrigir o relativo atraso com que ela se deu conta da necessidade de assegurar sua soberania virtual podem servir de exemplo para o Brasil. Após a criação do Regulamento Geral de Proteção de Dados (GDPR), que inspirou a nossa Lei Geral de Proteção de Dados (LGPD), a Europa tem tomado medidas mais incisivas para garantir sua soberania digital. Um desses exemplos é o Regulamento (UE) 2019/881 do Parlamento Europeu e do Conselho, de 17 de abril de 2019, que conferiu novas diretrizes para a ENISA (Agência Europeia para Cibersegurança, criada em 2004) e procurou certificar a cibersegurança das tecnologias da informação e comunicação em todo o continente europeu (ENISA, 2019). Outro exemplo é a Lei de Mercados Digitais (DMA), que entrou em vigor em 02 de maio de 2023 e visa combater as práticas monopolistas das *gatekeepers*, que são as plataformas *on-line* de grande dimensão (Google, Apple, Facebook, Amazon e Microsoft). Caso essas *gatekeepers* descumpram as determinações da DMA, podem ser multadas em até 20% do seu faturamento global e mesmo ser obrigadas a realizar mudanças estruturais ou comportamentais em seu modelo de negócios (CONSELHO DA UNIÃO EUROPEIA, 2022). Além do DMA, a Lei de Serviços Digitais (DSA), de 19 de outubro de 2022, já está vigorando para as plataformas e os mecanismos de busca de grande porte e entrou em pleno vigor em fevereiro de 2024, quando passou a regular todos os agentes digitais. A DSA pretende: (a) melhorar a proteção dos usuários europeus, de modo a que seus direitos fundamentais sejam respeitados; (b) incentivar o crescimento das pequenas e médias empresas europeias; (c) incrementar o controle democrático e o monitoramento das *gatekeepers*; e (d) reduzir o risco sistêmico da desinformação, como a disseminação de *fake news*, a manipulação de informações e a propagação de discurso de ódio (EUROPEAN COMMISSION, s.d.).

Entre as medidas prioritárias aqui examinadas, e que poderiam inspirar a elaboração uma legislação protetiva no Brasil, destaca-se a criação de políticas e estratégias nacionais para a proteção de dados e o combate à desinformação, o desenvolvimento de tecnologias e infraestruturas digitais nacionais, além do estímulo ao desenvolvimento de habilidades técnicas no campo da segurança cibernética. Para reverter esse atraso e fortalecer a soberania digital, são necessárias medidas abrangentes e eficientes. A adoção de políticas e regulamentações claras de proteção de dados, a promoção do desenvolvimento de tecnologias e infraestruturas nacionais, além da capacitação em segurança cibernética, são passos cruciais nessa direção. Além disso, é fundamental investir em pesquisa e desenvolvimento, bem como incentivar a inovação e a produção nacional de soluções tecnológicas, reduzindo assim a dependência de atores estrangeiros. Um avanço, ainda que tímido, nessa direção foi o Projeto de Lei nº 4.097/2023, ainda em tramitação (SENADO FEDERAL, 2023).

O Brasil enfrenta desafios significativos em relação à perda da soberania digital. A dependência excessiva de empresas estrangeiras, a terceirização de serviços críticos para corporações internacionais e a transferência de dados sensíveis a essas megacorporações são apenas algumas das questões que necessitam de atenção. Diante desses desafios, é necessária uma abordagem proativa, com a implementação de medidas concretas para fortalecer a soberania digital do país. Ao realizar essas ações, o Brasil buscaria proteger seus interesses, garantir a segurança cibernética, promover a privacidade dos cidadãos e estimular o desenvolvimento de uma economia digital forte, inovadora e autônoma.

PARTE II. TRANSFORMAÇÃO DIGITAL

4. Projetos de transformação digital

Cristiana Valente
Ibson Cabral

Para os autores Michael Porter e James Heppelmann, no artigo *How Smart, Connected Products Are Transforming Competition* (2014), a transformação digital não se trata apenas de adotar tecnologias digitais, mas sim de redefinir a estratégia empresarial e os modelos de negócios para aproveitar as oportunidades proporcionadas pela digitalização. O tema explora como os produtos inteligentes e conectados estão impactando a competição nos negócios e transformando as indústrias.

À medida que a globalização e os rápidos avanços tecnológicos transformaram o modo de convivência humana e o mundo do trabalho, os projetos de transformação digital cresceram para atender às realidades e necessidades da sociedade e da economia global. Com a pandemia do vírus COVID-19, ocorreu o impulsionamento da aceleração dos projetos de transformação digital. Naquela ocasião, a autora Cristiana Valente atuava na empresa de energia Elera Renováveis e recebeu uma demanda urgente para adequação dos processos da área jurídica – as assinaturas de contrato, que eram manuais, deveriam ser automatizadas digitalmente. Ao longo do desenvolvimento desses projetos, existia uma grande expectativa por parte da alta direção para atender a esse novo cenário. Naquele momento, foi percebida a necessidade de avaliar a maturidade da empresa para aderir a esse novo processo.

Um modelo de maturidade é uma ferramenta que permite uma avaliação do estágio atual da organização e indica um caminho de desenvolvimento até o nível de maturidade desejado (BECKER; KNACKSTEDT; PÖPPELBUB, 2009). Mais de uma dezena de modelos de maturidade digital foram desenvolvidos na última década, tanto por acadêmicos como por consultorias. Cada um deles possui particularidades interessantes e é mais adequado a determinados negócios e/ou setores. Alguns enfatizam determinados aspectos da tecnologia, enquanto outros possuem um olhar mais amplo, envolvendo as diversas áreas de uma organização. Também é comum um olhar para as competências internas que deverão ser desenvolvidas ao longo da jornada digital. Há ainda aqueles que focam no resultado e nos impactos da transformação digital.

Segundo Kane *et al.* (2015), alguns fatores caracterizam a maturidade digital de uma empresa, tais como:

1. Um processo gradual que deve ser desdobrado por toda a organização, ao longo do tempo. Nenhuma organização se torna digitalmente madura da noite para o dia. Há diferentes estágios de maturidade digital, e esse processo nunca está completo.
2. A maturidade digital não ocorre de maneira espontânea e automática. Deve ser encarada como um processo de aprendizado, no qual a organização aprende a responder adequadamente ao novo ambiente competitivo digital.

Os gestores devem desenvolver um conhecimento prático das tendências digitais, para conduzir uma adaptação mais adequada de suas organizações. A cultura organizacional é um dos maiores obstáculos a ser enfrentado pelas organizações em um processo de transformação digital. Empresas mais maduras, que tendem a possuir uma cultura mais colaborativa, aberta à inovação e centrada no consumidor, tomam decisões mais direcionadas por dados (*data-driven decision making*). A formação dos profissionais também é essencial no processo de maturidade digital.

Grau de maturidade de pequenas e médias empresas no Brasil

De acordo com o estudo *Maturidade Digital das MPEs Brasileiras*, realizado pela FGV e pela Associação Brasileira de Desenvolvimento Industrial (ABDI, 2022), a entrada no ambiente digital não necessariamente representa maturidade digital. Existe uma distância muito grande entre os níveis de digitalização das empresas no Brasil. A maior parte das empresas que responderam à pesquisa (48%) afirmou que está classificada no nível emergente de maturidade digital, isto é, elas estão realizando esforços para se digitalizar, mas ainda possuem uma estrutura e modelos de negócio tradicionais.

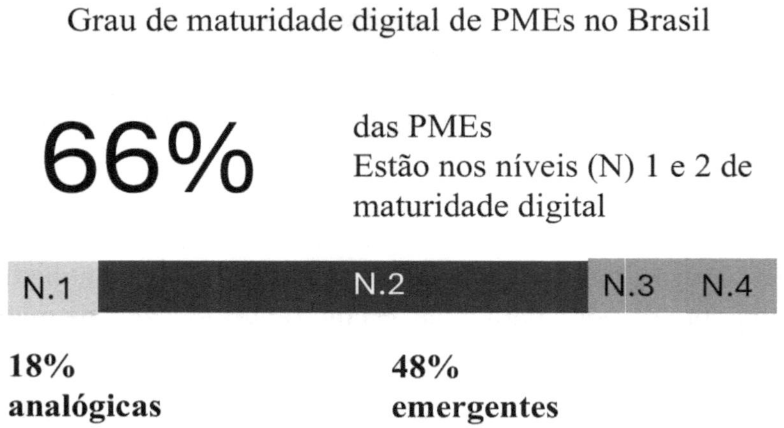

Figura 4.1. Grau de maturidade digital de PMEs no Brasil. Fonte: adaptado de ABDI (2022).

Pilares da transformação digital: pessoas, processos e tecnologia

Segundo Diana Branisso (2023), a transformação digital é a inserção de tecnologia na gestão da empresa, ampliando sua vantagem competitiva no mercado. Para que a transformação digital aconteça na sua potencialidade é necessário um ambiente propício dentro da empresa. Isso se traduz não só em recursos de infraestrutura e equipe como também em organização e cultura. A transformação digital demanda o envolvimento de diversas áreas, bem como uma cultura de organização mais ágil e colaborativa.

Costa, Freitas Jr. e Brinkhues (2020) consideram os seguintes critérios para planejamento da estratégia de operação para a implantação da transformação digital: inovação, disrupção, reestruturação de processos e de gestão de pessoas, novas tecnologias, comportamento, cultura, comunicação, aprendizagem, infraestrutura e automatização.

Um processo de transformação digital mais intenso envolve necessariamente redução de custos, mudança de processos e maior assertividade na entrega ao cliente. As empresas não necessariamente precisam se afastar do seu *core business* e passar a investir no desenvolvimento de sistemas próprios. Existem diversos exemplos de empresas que se associaram à digitalização usando a oferta de plataformas digitais como iFood e Uber Eats para agregar valor aos negócios.

Tabela 4.1. Transformação digital. Fonte: adaptado de Branisso (2023).

Principais aspectos da transformação digital	**Pessoas**
	Como estão as competências das pessoas que trabalham para você? Como estão as lideranças? Que novas competências precisam ser desenvolvidas?
	Processos
	Como as coisas são feitas na empresa? Em que medida os processos estão automatizados? Em que medida são consistentes e adaptáveis?
	Tecnologia
	Como está a sua infraestrutura de TI? Ela está alinhada e coerente com a estratégia traçada para a empresa? Como estão os seus sistemas e seu banco de dados? Como você gerencia o relacionamento com os clientes?

Conclusão

Schweitzer (2021) ressalta que a transformação digital acontece quando liderança e equipe engajadas encontram processos, recursos e ambientes que habilitam a inovação. A estrutura da organização deve estar desenhada para a para que a transformação digital avance. A liderança deve buscar formar facilitadores. Como as novas tecnologias impactam todos os setores das organizações, o primeiro passo é em direção a um esforço integrado total. Como usar a tecnologia para deixar processos organizacionais mais ágeis e eficientes? Como usar a tecnologia para melhorar a experiência do cliente e potencializar receitas?

O primeiro passo é olhar para a cultura organizacional. Quando a empresa caminha no processo de transformação digital, ela muda o olhar tanto interno quanto externo. É importante que a empresa esteja estruturada – pessoas, processos e tecnologia – para se relacionar com o ecossistema de inovação ao seu redor.

De acordo com Schweitzer (2021), se um colaborador quiser testar algo novo, deve poder fazer isso – e a liderança deve proteger esse tipo de iniciativa. Segundo ABDI (2022), 79% das empresas brasileiras afirmam implementar total ou parcialmente um ambiente que encoraje a tomada de risco e a inovação. Por fim, é muito importante estar de olho na experiência do usuário (seja ela um usuário interno ou um cliente externo), para entregar cada vez mais rápido resultado, valor e experiência (BASTOS, 2022). A transformação digital não exige grandes esforços em tecnologia, mas sim pessoas e processos que foram transformados pela tecnologia.

A relação entre inteligência artificial e *Product Owner* na transformação digital

A ascensão da inteligência artificial (IA) marca uma revolução transformadora nos métodos de desenvolvimento de produtos, especialmente no contexto ágil, onde a flexibilidade e a eficiência são essenciais. Para um *Product Owner*, figura central na gestão de projetos ágeis, compreender a importância da inteligência artificial é crucial para impulsionar a inovação, otimizar processos e atingir objetivos estratégicos.

A inteligência artificial oferece ao *Product Owner* uma gama de ferramentas poderosas para aprimorar a tomada de decisões. Ao analisar grandes conjuntos de dados em tempo real, a IA fornece *insights* valiosos sobre o comportamento do usuário, preferências e tendências de mercado. Isso permite a tomada de decisões informadas, antecipando necessidades do cliente e ajustando a estratégia do produto de forma proativa (LETHBRIDGE; LAGANIÈRE, 2005).

No contexto ágil, onde a adaptação contínua é fundamental, a inteligência artificial proporciona uma automação inteligente. Tarefas repetitivas e burocráticas podem ser delegadas a sistemas autônomos, liberando tempo para o *Product Owner* focar em atividades estratégicas e na interação com a equipe. Além disso, a IA facilita a identificação de padrões e a previsão de obstáculos potenciais, permitindo ajustes ágeis e antecipação de desafios.

A personalização é outra área em que a inteligência artificial desempenha um papel crucial. Com algoritmos de aprendizado de máquina, o *Product Owner* pode criar experiências personalizadas para os usuários, adaptando o produto às necessidades individuais. A personalização impulsionada pela IA é um processo que envolve coleta, análise e interpretação de grandes volumes de dados sobre os usuários. Esses dados podem incluir: histórico de compras (quais produtos o usuário já adquiriu?); comportamento de navegação (quais páginas o usuário visita com mais frequência?); interações com o produto (como o usuário utiliza o produto?); quais funcionalidades ele mais utiliza?); dados demográficos (idade, gênero, localização geográfica); e preferências (quais são os gostos e interesses do usuário?).

O processo de personalização, de forma geral, segue passos como estes: 1) coleta de dados - os dados são coletados de diversas fontes, como o histórico de navegação do usuário, suas interações com o produto e informações fornecidas por ele; 2) análise de dados - algoritmos de aprendizado de máquina analisam esses dados para identificar padrões e tendências no comportamento do usuário; 3) criação de perfis - com base na análise dos dados, são criados perfis individuais para cada usuário, que descrevem suas características, preferências e necessidades; e 4) personalização - as informações contidas nos perfis são utilizadas para personalizar a experiência do usuário, podendo incluir as recomendações de produtos, conteúdo personalizado, interface personalizada, ofertas e promoções personalizadas. Os principais benefícios da personalização são: aumento da satisfação do cliente; aumento das vendas; melhoria da experiência do usuário; e maior engajamento.

O Product Owner pode melhorar a tomada de decisões usando IA, que consegue analisar grandes volumes de dados para identificar padrões e tendências e sugerir soluções para otimizar processos (RUSSELL; NORVIG, 2021).

Em projetos ágeis, ao abraçar essa tecnologia disruptiva, os *Product Owners* não apenas melhoram a entrega de produtos, mas também fortalecem a capacidade de suas equipes em enfrentar os desafios dinâmicos do desenvolvimento ágil. Diante desse contexto, a IA pode trazer uma série de práticas valiosas para auxiliar o *Product Owner* na construção e gestão eficiente do *backlog* em projetos ágeis. A habilidade de extrair *insights* valiosos a partir de dados históricos amplia a compreensão do que ocorreu no passado e oferece uma visão embasada sobre o que é provável que ocorra no futuro. Ao utilizar a análise preditiva, o *Product Owner* se beneficia de uma abordagem mais fundamentada na elaboração do *backlog*. A capacidade de examinar projetos anteriores, identificando padrões de desempenho da equipe e passando a estimar com maior precisão os prazos de conclusão de tarefas, permite, assim, uma gestão mais eficiente dos recursos disponíveis. A antecipação de prazos e a compreensão dos padrões de trabalho da equipe proporcionam uma visão mais clara das demandas e dos desafios que podem surgir.

Essa perspectiva proativa é crucial em ambientes ágeis, onde a capacidade de resposta a mudanças é um dos pilares fundamentais. Contudo, é importante reconhecer que a análise preditiva não é infalível. Eventos imprevisíveis e mudanças súbitas podem ocorrer, e é necessário manter uma abordagem flexível diante dessas incertezas. A análise preditiva, portanto, deve ser vista como uma ferramenta valiosa que complementa a experiência humana, proporcionando *insights* que orientem a tomada de decisões, mas não substituindo a necessidade de adaptação contínua. Além disso, a implementação bem-sucedida da análise preditiva exige uma abordagem ética e transparente. A escolha e o tratamento dos dados devem ser realizados com cuidado para evitar viés e discriminação, garantindo que as previsões sejam equitativas e confiáveis.

Conclusão

Em um contexto onde a IA desempenha um papel significativo nas tomadas de decisão, especialmente para um *Product Owner*, a capacidade de entender como os modelos estão chegando a certas conclusões é essencial. A complexidade inerente a alguns modelos de IA pode ser uma faca de dois gumes. Por um lado, algoritmos mais sofisticados têm o potencial de gerar resultados mais precisos e úteis. Por outro lado, a falta de interpretação desses modelos pode resultar em desconfiança por parte dos *stakeholders* e até mesmo da equipe envolvida no projeto. Quando as decisões automatizadas não são compreendidas, é natural que os *stakeholders* expressem preocupações e questionem a validade das recomendações da IA.

Esse cenário pode ser particularmente desafiador para o *Product Owner*, que muitas vezes precisa comunicar e justificar as escolhas feitas durante o desenvolvimento do produto. Modelos que podem articular claramente os fatores que influenciam suas decisões proporcionam uma visão mais transparente e compreensível do processo decisório. Isso permite que o *Product Owner* explique, de forma mais eficaz, as razões por trás de certas escolhas para os *stakeholders*.

Entretanto, encontrar o equilíbrio certo entre complexidade e compreensão é um desafio constante na implementação de soluções baseadas em IA.

5. Automação de processos

Thiago Roberto Aparecido Marcelino Ferrarezi

Introdução

Neste capítulo, ao explorar a revolução digital, enfatizo sua importância para a compreensão das transformações contemporâneas. Essa revolução possui três fases significativas: a primeira foca no desenvolvimento da conectividade econômica via internet; a segunda, na adoção de plataformas digitais como fundamentos dos modelos de negócios; e a terceira, na digitalização da economia por meio da integração de novas tecnologias para um gerenciamento eficaz da produção e do consumo, levando em conta aspectos econômicos, sociais e ambientais, conforme apontado pela ECLAC (ECONOMIC COMMISSION FOR LATIN AMERICA AND THE CARIBBEAN, 2021).

Estamos testemunhando uma transição para uma sociedade digitalizada e uma economia impulsionada por tecnologias como *cloud computing*, *big data analysis*, inteligência artificial (IA), Internet das Coisas (IoT), internet 5G, computação quântica e robótica. Essas inovações estão remodelando não apenas os modelos de negócios, mas também as estruturas organizacionais e de governança, demandando soluções inovadoras em diversos aspectos regulatórios e institucionais (ECONOMIC COMMISSION FOR LATIN AMERICA AND THE CARIBBEAN, 2021).

A inteligência artificial, em particular, emerge como um fator crucial nesse ecossistema. Definida por Stuart Russell e Peter Norvig (2021) como a capacidade de uma entidade de alcançar objetivos, a IA avança além das habilidades humanas tradicionais de percepção, raciocínio e ação. Ainda que sistemas avançados como o ChatGPT sejam, em última instância, algoritmos de otimização, a IA evoluiu desde sua concepção em 1956 na conferência de Dartmouth. A missão era imitar habilidades humanas, incluindo criatividade, autoaperfeiçoamento e uso de linguagem. O aprendizado de máquina, um dos subcampos mais influentes da IA, reflete a evolução da tecnologia em direção à autonomia e adaptabilidade em ambientes complexos e variáveis (RUSSELL; NORVIG, 2021; KAUFMAN, 2023).

A IA se destaca na interpretação e reação a dados e é fundamental na geração de *big data*, influenciando diretamente a economia digital. Contudo, como Cortiz (2023) e Lemos (2023) apontam, é crucial reconhecer a IA não como uma tecnologia única, mas como uma área de conhecimento que engloba várias disciplinas como aprendizado de máquina, processamento de linguagem natural e visão computacional.

No contexto da sexta onda de inovação, Graglia e Von Huelsen (2020) destacam a IA como uma força motriz por trás de avanços significativos em eficiência energética, mobilidade urbana e transformação do trabalho. Eles advertem sobre a necessidade de uma gestão atenta aos desafios éticos e sociais que acompanham a implementação da IA. Paralelamente, Figueiredo e Graglia (2021) discutem o potencial da IA e da automação inteligente em aumentar a produtividade e o bem-estar, ressaltando a importância de integrar tecnologias 4.0 na economia brasileira para alcançar ganhos substanciais em produtividade.

A automação em perspectiva histórica

A automação de processos começou com a Revolução Industrial e se estendeu até a era da inteligência artificial (IA), marcando uma transição significativa nas capacidades e aplicabilidades das máquinas. A automação tradicional, focada na eficiência e redução de custos por meio da mecanização de tarefas repetitivas, evoluiu para sistemas mais complexos que incorporam *feedback* e adaptabilidade, um avanço delineado por Norbert Wiener na cibernética (WIENER, 1961). Essa evolução histórica deslocou o paradigma da automação de simples tarefas mecânicas para sistemas integrados capazes de realizar operações dinâmicas e complexas, abrindo caminho para a atual integração da inteligência artificial.

Com a incorporação da IA, a automação expandiu-se para além da execução de tarefas mecânicas e repetitivas, entrando no domínio do cognitivo e do adaptativo. Isso reflete a visão de J. C. R. Licklider sobre a interação homem-máquina, onde máquinas não apenas executam tarefas, mas também aprendem e adaptam-se de maneira semelhante aos seres humanos (LICKLIDER, 1960). A automação inteligente ou *Robotic Process Automation* (RPA) ilustra essa integração, permitindo às máquinas realizarem atividades que requerem aprendizado, adaptação e tomada de decisão. Esses avanços não só aumentam a eficiência e a capacidade produtiva, como redefinem o papel humano, exigindo uma adaptação constante da força de trabalho.

Contudo, a automação baseada em IA não é isenta de desafios. Questões éticas, sociais e econômicas emergem, especialmente no que tange ao desemprego e à necessidade de requalificação da força de trabalho. A sociedade e as indústrias enfrentam o dilema de como equilibrar os benefícios da inovação com as responsabilidades éticas e sociais (WIENER, 1961; LICKLIDER, 1960). A automação, particularmente na interseção com a IA, torna-se um fenômeno que transcende o tecnológico, agindo como um catalisador para transformações socioeconômicas e debates éticos, refletindo a necessidade de uma visão holística e adaptativa para o futuro.

Automação de processos: da aprendizagem de máquina à ética em IA

A automação de processos é uma realidade cada vez mais presente no mundo contemporâneo, impulsionada por um conjunto diversificado de tecnologias. Dentre elas, o *machine learning* (ML) destaca-se como uma das principais forças motrizes. Por meio do ML, sistemas são capazes de aprender e melhorar a partir da experiência sem serem explicitamente programados para isso. Isso permite uma ampla gama de aplicações, desde a filtragem de e-mails até a previsão de tendências de mercado (RUSSELL; NORVIG, 2021). Outra tecnologia fundamental é o Processamento de Linguagem Natural (PLN), que permite que as máquinas compreendam e respondam à linguagem humana, abrindo novas possibilidades para interfaces de usuário e assistentes virtuais (JURAFSKY; MARTIN, 2019).

A *Robotic Process Automation* (RPA) permite a automatização de tarefas repetitivas e baseadas em regras, que tradicionalmente requerem intervenção humana. A RPA tem a capacidade de simular ações humanas, interagindo com interfaces de sistemas da mesma forma que um humano faria, o que a torna particularmente valiosa em contextos onde a integração de sistemas é complexa ou inviável (VAN DER AALST *et al.*, 2018). O crescimento dessa tecnologia tem permitido às empresas aumentar a eficiência, reduzir erros e liberar funcionários para tarefas mais estratégicas e criativas.

No entanto, a implementação dessas tecnologias não está livre de desafios. Questões relacionadas à privacidade de dados, segurança cibernética e ética na IA são algumas das preocupações que surgem à medida que a automação se torna mais prevalente (FLORIDI, 2019). Além disso, a necessidade de uma força de trabalho qualificada para desenvolver, implementar e manter sistemas automatizados é um fator crítico para o sucesso da automação nas organizações. Assim, enquanto as tecnologias de automação oferecem oportunidades significativas de melhoria e inovação, elas também exigem uma consideração cuidadosa de suas implicações éticas, sociais e econômicas.

Reconfiguração do mercado de trabalho na era da automação de processos: impactos, requalificação e desigualdades

A automação tem um impacto profundo e multifacetado no mercado de trabalho, reconfigurando a paisagem de empregos em diversos setores. Por um lado, há uma redução na demanda por trabalhadores em funções rotineiras e repetitivas, especialmente aquelas que são facilmente codificadas para serem realizadas por máquinas. A substituição de empregos por máquinas é uma preocupação que acompanha a automação desde a Revolução Industrial, mas que ganha novas dimensões com o avanço da tecnologia (BRYNJOLFSSON; MCAFEE, 2011). Por outro lado, a automação também cria novas oportunidades de trabalho, particularmente em áreas que exigem gerenciamento, manutenção e aprimoramento de sistemas automatizados, assim como em setores que demandam criatividade, empatia e habilidades interpessoais, que ainda são exclusivamente humanas (FREY; OSBORNE, 2017).

A requalificação profissional surge como uma resposta essencial às mudanças induzidas pela automação. À medida que certas habilidades se tornam obsoletas, outras se valorizam, criando uma demanda por educação e treinamento contínuos. Instituições de ensino, empresas e governos estão reconhecendo a importância de adaptar seus sistemas educacionais e de treinamento para preparar a força de trabalho para esse novo cenário (WORLD ECONOMIC FORUM, 2020). Isso inclui capacitação técnica em áreas relacionadas à tecnologia e desenvolvimento de habilidades cognitivas e socioemocionais avançadas, como pensamento crítico, resolução de problemas complexos e colaboração.

Por fim, enquanto a automação oferece um potencial significativo para aumentar a produtividade e a eficiência, ela também levanta questões sobre distribuição de renda, desigualdade e acesso a oportunidades de emprego. Enquanto alguns se beneficiam enormemente das novas tecnologias, outros podem ser deixados para trás, exacerbando as disparidades socioeconômicas existentes (ACEMOGLU; RESTREPO, 2020). Assim, é crucial que políticas públicas e estratégias corporativas sejam desenvolvidas para garantir uma transição justa e inclusiva para a era da automação, promovendo uma distribuição equitativa dos benefícios tecnológicos e fornecendo suporte àqueles afetados negativamente pela transformação do mercado de trabalho.

Desafios éticos e sociais na automação de processos: questões e soluções

A automação, ao remodelar o cenário produtivo e ocupacional, traz consigo uma série de desafios éticos e sociais que exigem uma atenção cuidadosa e respostas ponderadas. Um dos desafios mais discutidos é o desemprego tecnológico, uma consequência direta da substituição de trabalhos humanos por máquinas. Enquanto a automação pode eliminar certos empregos, ela também transforma outros e cria novos tipos de trabalho, mas nem sempre em um ritmo ou forma que compense as perdas (ACEMOGLU; RESTREPO, 2020). Isso gera preocupações sobre a segurança no emprego e a qualidade dos novos empregos criados, levando a debates sobre como a sociedade pode e deve se adaptar a essas mudanças.

A desigualdade de renda é outro desafio ético e social significativo associado à automação. À medida que a automação avança, os benefícios tendem a se acumular de forma desproporcional entre proprietários de capital e trabalhadores altamente qualificados, enquanto trabalhadores de habilidades médias e baixas enfrentam riscos de desemprego ou depreciação salarial (PIKETTY, 2014). Isso pode exacerbar as disparidades existentes, criando uma sociedade cada vez mais dividida entre "vencedores" e "perdedores" da automação. Além disso, o impacto da automação não é distribuído uniformemente entre regiões, setores e grupos demográficos, aumentando a necessidade de políticas que reconheçam e abordem essas diferenças.

Diante desses desafios, surge a imperativa necessidade de políticas públicas robustas para uma transição justa e inclusiva para a era da automação. Isso inclui investir em educação e treinamento para equipar a força de trabalho com as habilidades necessárias para o futuro do trabalho, bem como reformular os sistemas de proteção social para oferecer suporte aos trabalhadores deslocados (WORLD ECONOMIC FORUM, 2020). Além disso, medidas como a taxação de robôs, renda básica universal ou subsídios para empregos de baixa automação tem sido propostas como formas de redistribuir os benefícios da automação e mitigar seus efeitos negativos.

No entanto, as soluções para os desafios éticos e sociais da automação não são apenas econômicas ou tecnológicas, mas fundamentalmente políticas e morais. Elas envolvem escolhas sobre que tipo de sociedade queremos ser e como valorizamos conceitos como trabalho, lazer e dignidade humana. Isso requer um diálogo abrangente entre *stakeholders*, incluindo governos, empresas, trabalhadores e a sociedade civil, para construir um consenso sobre o caminho a seguir. Assim, enquanto a automação continua a avançar, é crucial que também avancemos nosso entendimento e nossa capacidade de responder aos desafios éticos e sociais que ela apresenta.

Horizontes da automação de processos: inovação, colaboração e sustentabilidade na era da IA

O futuro da automação de processos é um tema repleto de potencialidades e incertezas, impulsionado pela contínua evolução da inteligência artificial (IA). À medida que a IA avança, espera-se uma integração cada vez mais profunda e abrangente no cotidiano das pessoas e das empresas, redefinindo o que é possível em diversos campos. A tendência é que a automação se torne mais adaptativa, inteligente e personalizada, expandindo seu alcance para tarefas cada vez mais complexas e criativas (RUSSELL; NORVIG, 2021). Além disso, o desenvolvimento de tecnologias como aprendizagem profunda (*deep learning*) e redes neurais está possibilitando avanços significativos em áreas como reconhecimento visual e auditivo, processamento de linguagem natural e diagnóstico médico, ampliando as capacidades e aplicações da automação (GOODFELLOW; BENGIO; COURVILLE, 2016).

Uma das tendências emergentes no campo da automação é a colaboração homem-máquina, onde IA e humanos trabalham lado a lado, complementando-se mutuamente. Em vez de substituir os trabalhadores, a automação pode aumentar suas capacidades, permitindo que se concentrem em aspectos mais estratégicos e criativos do trabalho. Isso requer uma redefinição das habilidades valorizadas no local de trabalho e uma reestruturação dos processos de trabalho para maximizar os benefícios da colaboração homem-máquina (DAUGHERTY; WILSON, 2018).

Outra tendência é a crescente autonomia dos sistemas automatizados. Veículos autônomos, drones de entrega e assistentes virtuais pessoais estão se tornando cada vez mais sofisticados, capazes de realizar tarefas complexas com pouca ou nenhuma intervenção humana. Isso não só tem implicações para a eficiência e a conveniência, como levanta questões importantes sobre segurança, responsabilidade e privacidade (BOSTROM, 2014).

Por fim, é importante considerar o impacto ambiental da automação. Com o aumento da eficiência e a redução do desperdício, a automação tem o potencial de contribuir para a sustentabilidade. No entanto, também existe o risco de aumento do consumo de recursos e da geração de resíduos, especialmente se o crescimento na demanda superar os ganhos de eficiência. Portanto, uma abordagem consciente e orientada para a sustentabilidade será crucial para garantir que a automação contribua para um futuro mais sustentável (HAWKEN, 2017).

O futuro da automação é simultaneamente promissor e desafiador. À medida que a IA continua a evoluir, abrirão novos horizontes de possibilidades, mas também emergirão novas questões éticas, sociais e ambientais. Navegar por esse futuro exigirá uma abordagem equilibrada, que aproveite as oportunidades da automação enquanto gerencia seus riscos e desafios.

6. Design ético

Aline Silva

Introdução

A inteligência artificial (IA) permeia cada vez mais áreas da vida diária das pessoas. Ela se expressa por meio de assistentes virtuais inteligentes, guia algoritmos de recomendação para seleção de filmes, desempenha papel influente em processos de contratação e se destaca em diversas outras aplicações que moldam o nosso dia a dia. Isso inclui desde diagnósticos médicos e personalização de experiências educacionais até otimização de sistemas de transporte e análise de dados para práticas ambientais sustentáveis.

Essas áreas de aplicação são possíveis apenas pela acumulação de grandes quantidades de dados, conhecidos como *big data*, que as pessoas constantemente deixam em suas vidas digitais. Embora essas tecnologias baseadas em IA tenham como objetivo principal a retirada de determinadas tarefas das mãos das pessoas e facilitar suas vidas, a coleta e o processamento de dados pessoais também estão associados a grandes preocupações (BREY; DAINOW, 2021), o que enfatiza sua importância de lidar eticamente com o *big data*. Escândalos como as revelações de Snowden sobre a vigilância em massa por agências de inteligência dos EUA (STEIGER; SCHÜNEMANN; DIMMROTH, 2017) ou a coleta de dados de milhões de usuários do Facebook para publicidade personalizada e interferência nas eleições presidenciais dos EUA de 2016 pela Cambridge Analytica (HINDS; WILLIAMS; JOINSON, 2020) causaram grande indignação pública. A atenção, portanto, voltou-se fortemente para a questão da privacidade e da ética.

Angwin *et al.* (2016) sugerem que modelos de inteligência artificial podem incorporar preconceitos dos seres humanos e sociais e multiplicar seus efeitos.

Através de um *case* nomeado COMPAS, usado para prever a reincidência de prisioneiros no condado de Broward, na Flórida, os autores identificaram que os réus afro-americanos eram classificados incorretamente como de "alto risco" quase duas vezes mais em comparação a réus brancos, pois o programa continha vieses discriminatórios. Foram analisadas pontuações de mais de sete mil prisioneiros na Flórida, concluindo-se que o modelo estava mais propenso a classificar, equivocadamente, acusados negros como "prováveis reincidentes" e, por outro lado, enquadrar, também de forma equivocada, acusados brancos como "indivíduos com baixo risco de reincidência".

É viável aprimorar a inteligência artificial para torná-la mais rápida, capaz de processar volumes maiores de dados e potencialmente mais "inteligente", com a capacidade de aprender continuamente. No entanto, persistem questões humanas cruciais que demandam consideração no desenvolvimento e na implementação da inteligência artificial. Essas preocupações são exacerbadas pelo fato de que o funcionamento interno de certos algoritmos, especialmente aqueles que utilizam aprendizado profundo de máquina, pode ser um mistério completo para o usuário médio de tecnologia e, muitas vezes, até para aqueles com habilidades avançadas na área. Enquanto no aprendizado de máquina convencional há uma estrutura de aprendizado estatístico mais simplificada entre a entrada de dados e a saída, no aprendizado profundo de máquina há múltiplas camadas de redes neurais que se sobrepõem, tornando o raciocínio do sistema mais complexo de compreender. Até o momento, existem poucas ferramentas e técnicas disponíveis para facilitar a compreensão das decisões tomadas por um algoritmo (CORTIZ, 2019).

Embora os sistemas de inteligência artificial ofereçam uma ampla gama de vantagens, como eficiência, produtividade e precisão, a implementação dessa tecnologia não está isenta de riscos, especialmente no que tange às considerações éticas. Nesse contexto, surgem indagações e desafios significativos para assegurar que a inteligência artificial (IA) seja utilizada de maneira responsável, em conformidade com os princípios e valores fundamentais da humanidade. Essas reflexões abrangem aspectos éticos, de privacidade, justiça, segurança e outros elementos que demandam uma abordagem criteriosa para garantir que o desenvolvimento e a implementação da IA não comprometam os direitos e valores essenciais da sociedade. A busca por uma inteligência artificial capaz de conciliar o progresso tecnológico com aspectos éticos e humanitários representa um desafio e exige uma abordagem multidisciplinar e um comprometimento coletivo para assegurar que a IA beneficie integralmente a sociedade, em vez de favorecer apenas parte dela.

Nos últimos anos, empresas privadas, instituições de pesquisa e organizações do setor público têm manifestado preocupações e delineado princípios e diretrizes relacionados à ética na inteligência artificial (IA). No entanto, mesmo com um consenso aparente sobre a necessidade de uma IA "ética", há controvérsias em torno da definição exata do termo e das especificações éticas, normas técnicas e melhores práticas necessárias durante sua implementação.

O conceito de **ética por design** tem suas raízes em estudos europeus em ciência da computação, ética e inovação e surgiu entre o meio e o final da década de 2010 (DIGNUM *et al.*, 2018), como uma abordagem para incluir sistematicamente e de forma abrangente considerações éticas no processo de design e desenvolvimento de novos sistemas e dispositivos tecnológicos. Embora a abordagem possa ser aplicada a qualquer tecnologia, historicamente seu foco tem sido no design de sistemas de inteligência artificial. Dessa forma, o impulso para esse conceito foi fortalecido por meio de uma resolução de 2019 do Parlamento Europeu, que enfatiza a necessidade de uma política abrangente de inteligência artificial. Nessa resolução, o parlamento expressa sua convicção de que qualquer modelo de IA implementado deve ser concebido com ética desde o seu desenho (EUROPEAN PARLIAMENT, 2019).

No período de 2019 a 2021, a tarefa de desenvolver uma abordagem completa foi assumida por uma colaboração entre dois projetos financiados pela União Europeia com foco na ética da inteligência artificial: os projetos Sherpa e Sienna. Esses foram os dois maiores projetos financiados pela UE na época, com foco em aspectos éticos e de direitos humanos da IA. Com a aprovação da Comissão Europeia, eles se propuseram a desenvolver uma abordagem de ética por design para IA (BREY; DAINOW, 2021). Sendo que a primeira versão dessa abordagem foi desenvolvida no âmbito do projeto Sherpa (PROJECT SHERPA, s.d.), e uma versão subsequente e aprimorada no projeto Sienna (BREY; DAINOW, 2021). Essa última versão também se tornou a base para um documento de orientação que foi publicado como parte do processo de revisão ética para projetos de IA no âmbito do programa de financiamento Horizon Europe.

O estudo Sherpa (PROJECT SHERPA, s.d.) utilizou um questionário para obter resultados sobre questões éticas relacionadas à inteligência artificial (IA) e *big data* e trouxe alguns resultados.

a) As questões éticas mais importantes levantadas pela IA e/ou *big data*, de acordo com os participantes, foram "falta de transparência", "falta de privacidade", "viés e discriminação algorítmica", "perda de tomada de decisão humana" e "controle e uso malicioso de dados".
b) A abordagem mais mencionada para lidar com essas questões foi a regulamentação por meio de leis e legislações. No entanto, alguns participantes destacaram limitações práticas na criação e implementação de uma abordagem internacional.
c) Críticas comuns às regulamentações incluíram a alegação de que elas limitam a inovação, são abstratas e difíceis de medir e são custosas para a indústria. Outra crítica foi a lentidão da regulamentação em acompanhar o avanço rápido da indústria tecnológica.
d) Os problemas mais mencionados para a sociedade priorizar foram "impacto social", "transparência", "respeito aos direitos humanos" e "impacto nas minorias".
e) A proposta mais mencionada para abordar essas questões foi novamente a regulamentação, embora acordos internacionais ou regionais tenham sido mencionados ocasionalmente. Uma sugestão adicional foi a criação de "jurados de cidadãos" para facilitar o diálogo entre a indústria tecnológica e os afetados por suas criações.

O estudo da Sherpa destaca um consenso em favor da regulamentação para lidar com as questões éticas na IA, apontando a falta de regulamentação na indústria de desenvolvimento de software e sistemas inteligentes. O desafio é encontrar um equilíbrio entre a regulamentação necessária e o avanço tecnológico, reconhecendo que a ética por si só pode não ser suficiente sem medidas regulatórias.

De acordo com o artigo *A unified framework of five principles for AI in Society*, de Floridi e Cowls (2019), o design ético em IA refere-se à incorporação de princípios éticos no desenvolvimento, na implementação e no uso de sistemas de IA e propõe cinco princípios essenciais:

- **Beneficência:** a IA deve ser projetada para beneficiar as pessoas e promover o bem-estar humano. Os sistemas de IA devem buscar o melhor interesse dos indivíduos e da sociedade como um todo.

- **Não maleficência:** a IA deve ser desenvolvida e utilizada de forma a evitar causar danos às pessoas. Os sistemas de IA devem ser seguros e não devem ser projetados para prejudicar, discriminar ou violar os direitos dos usuários.
- **Autonomia:** a IA deve respeitar a autonomia dos indivíduos, garantindo que as decisões tomadas por sistemas de IA sejam transparentes, compreensíveis e permitam o controle e a participação das pessoas afetadas.
- **Justiça:** a IA deve ser imparcial e equitativa, evitando a reprodução de vieses e discriminações presentes em dados e práticas sociais. Os sistemas de IA devem promover a igualdade de oportunidades e o tratamento justo para todos.
- **Explicabilidade:** a IA deve ser transparente e explicável. Os sistemas de IA devem ser capazes de fornecer justificativas compreensíveis para suas decisões e ações, permitindo que os usuários e a sociedade entendam como as decisões foram tomadas.

O design ético concentra-se em: preservação da autonomia humana, privacidade, salvaguarda de dados pessoais, governança de dados, justiça, bem-estar individual, social e ambiental, transparência, responsabilidade e supervisão.

Para Barocas e Selbst em seu artigo *Big data's disparate impact* (2016), o design ético é crucial para atenuar o impacto desigual e discriminatório que os sistemas de *big data* podem exercer sobre diferentes grupos na sociedade. Os autores ressaltam que os sistemas de *big data* têm o potencial de perpetuar e amplificar desigualdades existentes, uma vez que frequentemente se baseiam em dados históricos que refletem e reforçam os preconceitos sociais e as desigualdades estruturais. Assim, o design ético procura evitar a reprodução desses vieses e a continuação de práticas discriminatórias. Conforme apontam os mesmos autores, essa abordagem implica na análise crítica de como os dados são coletados, tratados e utilizados nos sistemas de *big data*, considerando questões como privacidade, transparência, justiça e equidade. Por exemplo, ao desenvolver algoritmos de tomada de decisão baseados em *big data*, é imperativo avaliar se estão considerando de maneira justa as diversas características e os contextos individuais, evitando discriminação indevida. Barocas e Selbst (2016) destacam a importância de adotar uma abordagem proativa no design ético, em vez de simplesmente reagir a problemas e consequências negativas após a implementação. Eles advogam pela incorporação de princípios éticos desde o início do processo de design, envolvendo especialistas em ética e considerando a diversidade de perspectivas.

Segundo Jobin, Ienca e Vayena (2019), a implementação do design ético nas empresas envolve a adoção de práticas e abordagens que garantam princípios éticos ao desenvolver e utilizar tecnologias como inteligência artificial e *big data*, além de estratégias que as empresas podem adotar para promover o design ético em seu ambiente e dia a dia de trabalho.

A ética por design para IA, ou EbD-AI, surgiu como uma abordagem de ética para a inteligência artificial (IA); no entanto, ela foi baseada na convicção de que a tecnologia não é neutra e que valores podem, até certo ponto, ser incorporados ao processo de design. Uma premissa fundamental aqui é que as escolhas de design não são moralmente neutras, podendo ter consequências éticas significativas. Embora muitas das consequências de uma nova tecnologia dependam parcial ou totalmente de como e em que contexto ela é usada, o design também é relevante: escolhas podem gerar consequências específicas em uma ampla gama de usos ou contextos. Por exemplo, um aplicativo projetado para coletar e disseminar automaticamente informações pessoais de seus usuários, sem consentimento informado, viola a privacidade de uma maneira que é amplamente independente de como e quando está sendo usado (EUROPEAN COMMISSION, 2021).

A ideia de que valores podem ser incorporados ao design já é relativamente familiar dentro da ciência da computação (NUROCK; CHATILA; PARIZEAU, 2021). Mais recentemente, a "transparência por design" foi proposta como uma abordagem (FELZMANN *et al.*, 2020). É apropriado dizer que incorporar a consideração de um valor ético durante o processo de design aumenta a probabilidade de que esse valor seja realizado no sistema resultante.

A "ética por design para IA" fornece aos cientistas e desenvolvedores tarefas tangíveis específicas que devem ser realizadas durante o desenvolvimento do sistema. No entanto, não especifica como essas tarefas devem ser realizadas, pois isso dependerá da aplicação a ser desenvolvida e da organização responsável pela implementação. A premissa da abordagem ética por design para IA é que é mais eficaz fornecer aos desenvolvedores tarefas previamente identificadas para serem realizadas, em vez de pedir a eles que realizem deliberações filosóficas. Os desenvolvedores, muitas vezes, carecem das habilidades necessárias para realizar análises éticas e deliberações que lhes permitam identificar, avaliar e mitigar problemas éticos em sistemas de IA. Essa lacuna de competências éticas é agravada pelos desafios enfrentados por esses profissionais, como a falta de diversidade em suas áreas e vieses presentes nos dados de entrada, fatores que podem contribuir para a propensão de sistemas de IA a questões éticas (EUROPEAN COMMISSION, 2021).

A solução proposta por essa abordagem é adicionar um *framework* na forma de um conjunto de tarefas que podem ser incorporadas à metodologia de desenvolvimento. Os cientistas de dados estão familiarizados com metodologias e *frameworks* para classes específicas de preocupações, como confiabilidade (EUROPEAN COMMISSION, 2021). O EbD-AI eleva as preocupações éticas ao mesmo nível dessas outras preocupações, para que se tornem uma parte rotineira do desenvolvimento do sistema. Na abordagem EbD-AI, o foco está na instância de valores morais essenciais para que um design atenda aos padrões éticos, abrangendo desde privacidade até equidade.

A ética desempenha um papel fundamental no desenvolvimento de sistemas de IA. Por exemplo, o respeito pela autonomia humana, pela privacidade e pela justiça deve ser incorporado aos sistemas de IA. Além disso, a transparência e a responsabilidade são essenciais para garantir que esses sistemas sejam compreensíveis e controláveis. Em última análise, a ética vai além das obrigações legais, buscando proteger os direitos individuais, promover o bem-estar e construir uma sociedade sustentável (EUROPEAN COMMISSION, 2021).

Para abordar essas preocupações e definir bases comuns para a (auto) regulação, governos, empresas do setor privado e organizações da sociedade civil estabeleceram diretrizes éticas para o desenvolvimento e uso de IA. O objetivo é enfrentar os desafios delineados pela comunidade científica e, assim, garantir a chamada 'IA centrada no ser humano' (GRAHAM *et al.*, 2019).

Um grupo de especialistas de alto nível em IA (AI HLEG) estabelecido pela Comissão Europeia defende sete requisitos para uma IA confiável: (1) agência e supervisão humana, (2) robustez técnica e segurança, (3) privacidade e governança de dados, (4) transparência, (5) diversidade, não discriminação e justiça, (6) bem-estar social e ambiental e, finalmente, (7) responsabilidade (EUROPEAN COMMISSION, 2021). Da mesma forma, a OCDE recomenda uma distinção entre cinco princípios éticos: (1) crescimento inclusivo; desenvolvimento sustentável e bem-estar; (2) valores centrados no ser humano e na justiça; (3) transparência e explicabilidade; (4) robustez, segurança e segurança; e (5) responsabilidade (EUROPEAN COMMISSION, 2021).

Há um amplo consenso sobre a necessidade de uma IA ética, mas não sobre como ela deveria ser implementada em termos concretos, especialmente no que diz respeito a sistemas que já foram implementados e precisariam ser modificados, ou incorporadas novas diretrizes para tornar a IA ética. Hagendorff (2020) destaca que os requisitos de responsabilidade, privacidade e justiça podem ser encontrados em 80% das 22 diretrizes que ele analisou em uma de suas pesquisas. Ao mesmo tempo, o autor aponta que esses princípios podem ser mais facilmente operacionalizados matematicamente e, assim, implementados no desenvolvimento técnico de novos algoritmos.

Jobin, Ienca e Vayena (2019) conduziram uma revisão sistemática de um total de 84 diretrizes éticas de todo o mundo, embora a maioria dos documentos seja originária de democracias ocidentais. No total, os autores identificam 11 princípios éticos abrangentes, cinco dos quais (transparência, justiça e equidade, não maleficência, responsabilidade e privacidade) podem ser encontrados em mais da metade das diretrizes analisadas. Além disso, os atributos de beneficência e de liberdade e autonomia ainda podem ser encontrados em 41 e 34 das 84 diretrizes, respectivamente. Os princípios éticos de confiança, sustentabilidade, dignidade e solidariedade, por outro lado, são mencionados em menos de um terço dos documentos.

A ética por design preconiza a incorporação de princípios éticos desde a concepção de sistemas de IA, levando em consideração os impactos sociais, possíveis vieses e implicações de privacidade nas fases iniciais do desenvolvimento. Seu propósito é criar sistemas que, desde seu início, estejam alinhados com padrões éticos, minimizando riscos não intencionais. Em contrapartida, a ética de uso concentra-se na implementação responsável de tecnologias de IA após sua criação, oferecendo um guia minucioso com escolhas éticas e decisões durante a aplicação real dos sistemas. Reconhecendo que até mesmo a IA projetada eticamente pode ter consequências imprevistas, a ética de uso estabelece diretrizes e políticas para garantir uma aplicação que respeite os direitos humanos, a privacidade e os valores sociais (EUROPEAN COMMISSION, 2021).

Diante desse desafio, implementar supervisão humana no processo de tomada de decisão pode garantir que a autonomia humana não seja comprometida e os efeitos colaterais indesejados sejam evitados (EUROPEAN COMMISSION, 2021). A neutralidade de uma decisão algorítmica – sem viés humano – pode explicar por que a tomada de decisões algorítmica é percebida muitas vezes como mais justa do que as decisões humanas (ARAUJO *et al.*, 2020; KIESLICH; LÜNICH; MARCINKOWSKI, 2021). Mesmo que essas percepções sejam dependentes do contexto (KIESLICH *et al.*, 2020), pode-se presumir que, em alguns casos de uso, nenhum controle humano é desejado.

Quanto mais informações disponíveis sobre desejos, necessidades e ações de um usuário, mais úteis e precisos podem ser os algoritmos de recomendação em plataformas de mídia social. Essas informações incluem não apenas dados privados sobre um usuário, como o histórico de navegação, mas também dados sensíveis, como gênero, por exemplo. Coletar esses dados e melhorar simultaneamente a recomendação pode resultar em compensações entre precisão e privacidade (MACHANAVAJJHALA; KOROLOVA; SARMA, 2011) ou entre precisão e equidade (BINNS; GALLO, 2019). Para uma empresa avaliar se seu algoritmo de contratação discrimina minorias sociais, ela precisa coletar informações sensíveis de seus candidatos, como etnia, o que pode violar direitos fundamentais de privacidade (BINNS; GALLO, 2019). Ao adicionar mais variáveis, como transparência, segurança, autonomia e responsabilidade, à equação, surgem interações altamente complexas entre os vários princípios éticos.

Inteligência artificial centrada no ser humano

A inteligência artificial centrada no ser humano é um conceito essencial, porém abstrato, utilizado em pesquisas éticas sobre IA. Por exemplo, alguns autores argumentam que a IA só pode ser centrada no ser humano se, no lado de entrada, considerar a complexidade sociocultural dos seres humanos e, no lado de saída, fornecer explicações fáceis de entender para leigos (RIEDL, 2019). Outro conceito de IA centrada no ser humano foca no objetivo geral da IA, ou seja, que ela seja usada "a serviço da humanidade e do bem comum, com o objetivo de melhorar o bem-estar e a liberdade humana" (EUROPEAN COMMISSION, 2021).

Um denominador comum desses diferentes conceitos é que considerar as percepções daqueles mais afetados pelas decisões tomadas por sistemas algorítmicos é uma estratégia-chave para alcançar uma IA centrada no ser humano. Pesquisas empíricas sugerem ainda que perceber a IA como antiética tem implicações prejudiciais para uma organização em termos de reputação reduzida (ACIKGOZ *et al.*, 2020), bem como uma probabilidade de protestos (KIESLICH K.; LÜNICH; MARCINKOWSKI, 2021) e busca por ações judiciais (ACIKGOZ *et al.*, 2020). Portanto, para abordar a questão fundamental de que tipo de IA desejamos como sociedade, o conhecimento detalhado sobre as preferências públicas para os princípios éticos da IA é fundamental. Todas as abordagens destacam a importância de uma perspectiva centrada no humano, necessidade de transparência nos sistemas de IA e sobre diversidade nas equipes de desenvolvimento, além de ressaltar a importância da avaliação contínua diante da natureza dinâmica da IA.

Uma crescente linha de pesquisa empírica aborda essa questão e constata que as preferências públicas para a IA são altamente dependentes do contexto, bem como de características individuais (SMITH, 2018; KIESLICH *et al.*, 2020). Enquanto algumas pessoas percebem algoritmos como aceitáveis em alguns domínios (por exemplo, recomendação em mídias sociais), os rejeitam em outros (por exemplo, previsão de pontuações financeiras). Além disso, os julgamentos sobre a IA dependem consideravelmente de características sociodemográficas, como idade ou etnia.

Nos EUA, um estudo do centro de pesquisas Pew (SMITH, 2018) identificou quatro principais preocupações expressas pelos entrevistados: (1) violação de privacidade, (2) resultados injustos, (3) remoção do elemento humano de decisões cruciais, ou seja, a crença de que algumas tarefas podem ser mais bem avaliadas por seres humanos, que não se baseiam apenas em características mensuráveis (por exemplo, a inclusão de empatia em uma decisão) e (4) incapacidade dos sistemas de IA de capturar a complexidade humana, referindo-se à ideia de que os algoritmos não conseguem levar em conta aspectos individuais dos seres humanos em suas decisões e, portanto, tomam decisões imprecisas.

A literatura empírica também demonstra que as pessoas, em grande parte, desejam incorporar os princípios éticos preconizados nas diretrizes legais. Primeiramente, as pessoas baseiam sua avaliação de um sistema de IA em sua precisão. O estudo seminal de Dietvorst, Simmons e Massey (2015) descobriu que as pessoas evitam algoritmos depois de vê-los cometer um erro, mesmo que o algoritmo ainda supere os tomadores de decisões humanos. De maneira semelhante, as pessoas perdem a confiança em sistemas de IA com falhas (ROBINETTE; HOWARD; WAGNER, 2017).

Em segundo lugar, a equidade é um indicador crucial para avaliar sistemas de IA (KIESLICH *et al.*, 2020). Quando um sistema de IA é percebido como injusto, pode levar a consequências prejudiciais para a instituição que implementa tal sistema (ACIKGOZ *et al.*, 2020; KIESLICH K.; LÜNICH; MARCINKOWSKI, 2021).

Em terceiro lugar, manter humanos no ciclo de decisões algorítmicas, ou seja, garantir supervisão humana em pelo menos alguns pontos do processo de tomada de decisão, é percebido como mais justo (NAGTEGAAL, 2021) e mais legítimo (KIESLICH *et al.*, 2020; KIESLICH; LÜNICH; MARCINKOWSKI, 2021) em comparação com deixar as decisões para algoritmos.

Em quarto lugar, em termos de transparência, por um lado, maior abertura sobre o algoritmo é essencial para construir confiança nos sistemas de IA (NEUHAUS *et al.*, 2019), envolver os usuários (KIZILCEC, 2016), reduzir a ansiedade (JHAVER; KARPFEN; ANTIN, 2018) e aumentar a experiência do usuário (VITALE *et al.*, 2018). No entanto, por outro lado, estudos mostram que muita transparência pode prejudicar a experiência do usuário (LIM; DEY, 2011) e confundi-lo, complicando a interação entre humanos e sistemas de IA (ESLAMI *et al.*, 2018).

Em quinto lugar, a proteção da privacidade pode ser um fator essencial para avaliar sistemas de IA, levando as pessoas a rejeitar recomendações algorítmicas baseadas em dados pessoais (BURBACH *et al.*, 2018). No entanto, outros estudos sugerem que os usuários muitas vezes não estão cientes dos riscos de privacidade e raramente usam configurações de controle de privacidade em dispositivos baseados em IA (por exemplo, Zheng *et al.*, 2018).

Em sexto lugar, pessoas percebem a responsabilidade obscura por decisões algorítmicas como um dos riscos mais cruciais da IA (KIESLICH *et al.*, 2020). Além disso, a responsabilidade e as regulamentações claras são vistas como contramedidas altamente eficazes contra a discriminação algorítmica (KIESLICH *et al.*, 2020). De maneira semelhante, outros estudos descobriram que percepções de responsabilidade aumentam a satisfação das pessoas com algoritmos (SHIN; PARK, 2019) e sua confiança neles (SHIN, 2020).

Por último, em termos de segurança, as pessoas consideram a perda de controle para os algoritmos como um risco crucial dos sistemas de IA (KIESLICH *et al.*, 2020).

Sendo assim, apenas alguns estudos comparam a influência de diferentes princípios éticos nas preferências das pessoas. Em vários estudos, Shin e colegas testaram os efeitos de três aspectos cruciais da IA ética: equidade, transparência e responsabilidade. No entanto, os resultados são mistos. Enquanto a equidade teve o impacto mais substancial na satisfação das pessoas com os algoritmos (seguida por transparência e responsabilidade) (SHIN; PARK, 2019), a transparência foi o preditor mais forte da confiança das pessoas nos algoritmos (seguida por equidade e responsabilidade) (SHIN, 2020). Outro estudo descobriu que a explicabilidade teve a influência mais decisiva na confiança algorítmica (SHIN, 2020). No entanto, até onde sabemos, nenhum estudo empírico examinou diferentes matrizes de *trade-off* entre os vários princípios éticos e investigou as preferências das pessoas por princípios individuais em detrimento de outros.

Conclusão

Na conclusão deste capítulo dedicado ao design ético, ressalta-se a crucial importância de integrar princípios éticos ao longo de todo o processo de design e em todas as fases de projetos de inteligência artificial (IA). Isso garante a criação de produtos, serviços ou sistemas que não apenas sigam padrões éticos, mas também promovam o bem-estar dos usuários. Ao abordar as complexidades éticas associadas à inteligência artificial e tecnologias emergentes, destaca-se a urgência de abordagens que considerem elementos como transparência, privacidade, igualdade e sustentabilidade.

A integração ética na inteligência artificial (IA) tem como objetivo principal alinhar os avanços tecnológicos com princípios fundamentais, além de incorporar esses valores no cerne do desenvolvimento tecnológico, assegurando que a IA contribua de maneira positiva para a sociedade por meio da colaboração entre ciência, sociedade e tecnologia. Portanto, a ética não deve ser vista como uma simples adição, mas sim como o cerne do processo de design, moldando um futuro tecnológico mais ético, inclusivo e sustentável.

7. Indústria 4.0

André F. B. Macruz

Este capítulo tem como objetivo introduzir o leitor ao contexto da Quarta Revolução Industrial, também referenciada como Indústria 4.0 e transformação digital (TD). Serão apresentados resumidamente sua origem e evolução até os dias atuais, os objetivos a serem alcançados, desafios para o seu desenvolvimento, impactos na economia, nas organizações e na sociedade, finalizando com as tecnologias associadas.

Introdução

Segundo a Accenture, em 2030, 12,5% de todo o PIB mundial estará investido no "mundo digital". Nesse contexto, as empresas que não estiverem inseridas nesse evento correm o risco de desaparecer do mercado (KNICKREHM; BERTHON; DAUGHTERTY, 2016).

Ao longo das últimas duas décadas, observou-se um crescente movimento de empresas que buscam incorporar tecnologias digitais em suas operações. Essas iniciativas englobam uma ampla gama de mudanças, desde a reestruturação de processos organizacionais e infraestrutura até a transformação de relações com clientes e fornecedores. Tais mudanças, que muitas vezes implicam em uma revisão do próprio conceito de gerenciamento, têm provocado impactos significativos na gestão organizacional (MATT; HESS; BENLIAN, 2015).

O termo "Indústria 4.0" surgiu na Feira de Hannover em 2011, como uma referência à "Quarta Revolução Industrial". De acordo com Schwab e Davis (2019), essa denominação se deve às mudanças radicais e abruptas promovidas por essa revolução, que foram inicialmente observadas na indústria, o principal campo de aplicação das tecnologias digitais avançadas.

A transformação digital (TD) tem ganhado destaque em diversos mercados ao redor do mundo, sendo objeto de discussão entre muitos especialistas contemporâneos. No entanto, Kane (2017) aponta que não há um consenso sobre o seu significado. O termo tem sido usado em vários contextos para referir-se à "Quarta Revolução Industrial" e "Indústria 4.0", bem como à aplicação de tecnologias digitais avançadas, como Internet das Coisas (IoT), *big data*, *analytics*, computação na nuvem (*cloud computing*), *machine-to-machine* (M2M), *Cyber Physical Systems* (CPS), *machine learning*.

Kane (2017) propõe uma visão mais holística da TD, definindo-a como a adoção de processos e práticas empresariais que permitem à organização competir efetivamente em um mundo cada vez mais digital. Essa perspectiva é corroborada por Cianni e Steckler (2017), que argumentam que a tecnologia é apenas uma pequena parte do processo de TD. Para eles, questões como estratégia, gestão de recursos humanos, estrutura organizacional, liderança, comunicação e cultura são essenciais. Eles também destacam que a TD é um processo evolutivo, que não ocorre de repente, mas sim através de pequenas transformações que, ao longo do tempo, capacitam a empresa a atender às demandas de um mundo digital com excelência.

Kane (2017) sugere que o processo de digitalização deve ser entendido como um processo de "maturidade". Para facilitar a compreensão dos modelos de TD e Indústria 4.0, ele propõe que o processo de digitalização seja dividido em etapas que representam diferentes níveis de digitalização da organização. Assim, foram desenvolvidos modelos Indústria 4.0, lineares e matriciais, com roteiros de processos a serem adotados de acordo com o tipo de indústria e as especificidades da organização e da cadeia de valor.

Da indústria 1.0 à indústria 4.0

Segundo Schwab (2018), a evolução da indústria tem sido marcada por uma série de revoluções que transformaram profundamente a maneira como produzimos e consumimos bens. Cada uma dessas revoluções foi impulsionada por inovações tecnológicas que permitiram aumentos significativos na produtividade e na eficiência, bem como mudanças na organização do trabalho e na estrutura da economia, conforme figura a seguir:

Figura 7.1. Etapas da indústria 4.0. Fonte: adaptado de Martins *et al.* (2019).

A transição do século XVIII para o XIX foi marcada pela Primeira Revolução Industrial, um período de transformações significativas na produção, com a introdução de máquinas a vapor e a mecanização dos processos produtivos. Esse período, que teve a Inglaterra como epicentro, foi caracterizado pela transição de métodos de produção manuais para mecanizados, resultando em um aumento expressivo na produção e na eficiência. Inovações notáveis incluem a lançadeira volante de John Kay, que acelerou o processo de tecelagem, e a máquina a vapor de James Watt, que revolucionou a indústria e os transportes. A consequência direta na indústria têxtil foi o surgimento de várias indústrias de tecidos de algodão, enquanto no transporte os trens e barcos a vapor se tornaram comuns. Esse período também foi marcado pelo crescimento das cidades e pela migração da população rural para áreas urbanas em busca de emprego nas fábricas (SCHWAB, 2018).

Ainda segundo o mesmo autor, a Segunda Revolução Industrial, ocorrida entre o final do século XIX e o início do século XX, foi impulsionada pela eletrificação e pela introdução de novas tecnologias, como o motor de combustão interna e a linha de montagem. Essas inovações permitiram um aumento ainda maior na produtividade e eficiência, bem como na produção em massa de bens de consumo. Além disso, esse período foi marcado pelo desenvolvimento de novas formas de organização empresarial e pelo crescimento do setor de serviços. Entre as principais realizações dessa revolução, destacam-se a eletrificação, a produção em massa, o desenvolvimento de novos materiais e energia, avanços nos transportes e comunicações, e o crescimento do setor de serviços.

Schwab e Davis (2019) relatam, no livro *Aplicando a Quarta Revolução Industrial*, que a Terceira Revolução Industrial, também conhecida como Revolução Digital, ocorreu na segunda metade do século XX e foi caracterizada pela introdução de computadores e tecnologias de informação e comunicação. Essas tecnologias permitiram a automação de muitos processos de produção e a criação de novos produtos e serviços. Além disso, a Terceira Revolução Industrial se caracterizou pelo desenvolvimento de novas formas de organização do trabalho, como o trabalho remoto, pelo desenvolvimento da economia do conhecimento, pela otimização dos processos produtivos e pelo crescimento acelerado das economias. As principais realizações dessa revolução incluem o desenvolvimento da informática e das telecomunicações, o avanço da robótica, a evolução da biotecnologia e da genética, a utilização da energia atômica, o desenvolvimento da indústria aeroespacial e o desenvolvimento da internet.

A Quarta Revolução Industrial – Indústria 4.0

Segundo Schwab (2018), a Quarta Revolução Industrial é caracterizada por transformações estruturadas em nossos sistemas sociais e econômicos provenientes da fusão dos mundos físico, biológico e digital (através de adoção de tecnologias digitais avançadas). Segue o autor afirmando que a Indústria 4.0 está transformando a maneira como produzimos e consumimos bens, nosso modo de vida, nosso modelo de trabalho e de relacionamento em sociedade, gerando impactos significativos na economia, tais como: aumentos na produtividade e eficiência, mudanças na organização do trabalho, na estrutura da economia, no processo de desenvolvimento de produtos e serviços.

De acordo com Schwab (2018), a Indústria 4.0 se distingue da Indústria 3.0 por três fatores transformacionais:

a) **Rapidez:** diferentemente das revoluções industriais anteriores, a atual evolui a um ritmo exponencial e não linear. Isso é consequência do mundo multifacetado e interconectado em que vivemos, e da geração constante de tecnologias avançadas.
b) **Amplitude e profundidade:** a revolução digital é a base da Indústria 4.0, que combina diversas tecnologias, resultando em mudanças na tecnologia, nos processos, na organização e nas pessoas.
c) **Impacto sistêmico:** a Indústria 4.0 envolve a transformação da plataforma sistêmica das organizações em todos os países.

Objetivo

Segundo Martins *et al.* (2019) em estudo da McKinsey, para que se comprove uma transformação digital dentro do conceito de Indústria 4.0, pelo menos um dos quatro fatores de valor deve sofrer mudanças que refletirão nas melhores práticas de gestão considerando as quatro dimensões organizacionais, conforme tabela a seguir:

Tabela 7.1. Fatores de valor *versus* dimensões organizacionais. Fonte: adaptado de Martins *et al.* (2019)

Fatores de valor	Dimensões organizacionais
Modelos de negócio (novas formas de operar e novos modelos econômicos)	Estratégia
Conectividade (engajamento em tempo real)	Capacidades
Processos (foco na experiência do cliente, na automação e na agilidade)	Organização
Analytics (melhor tomada de decisão e cultura de dados)	Cultura organizacional

Principais características da Indústria 4.0

Segundo Schwab (2018), a Primeira Revolução Industrial, que teve início no final do século XVIII, ensinou uma lição que permanece relevante até hoje: o progresso está intrinsecamente ligado à inovação tecnológica adotada pela sociedade. Nesse contexto, é fundamental que tanto o governo e as instituições públicas quanto o setor privado desempenhem seus papéis no apoio, na sustentabilidade, no investimento e ou no financiamento de projetos voltados para a Indústria 4.0. Além disso, é essencial que os cidadãos reconheçam os benefícios de longo prazo dessas inovações. Ainda segundo o mesmo autor, as mudanças atuais são significativas tanto em escala quanto em escopo, o que explica a importância das rupturas e inovações que estamos vivenciando. A velocidade com que a inovação ocorre atualmente é sem precedentes; *startups* digitais de vários tipos de indústrias surgem em uma velocidade exponencial, com soluções que desestruturam o processo de geração e entrega de produtos e serviços, reduzindo os custos aproximadamente a zero.

A Quarta Revolução Industrial possibilitou a criação de novos produtos e serviços que melhoraram a eficiência de nossas vidas como consumidores, praticamente sem custo adicional. As tecnologias de fabricação digital estão começando a interagir com o mundo biológico. Designers e arquitetos estão combinando design computacional, fabricação aditiva, engenharia de materiais e biologia sintética para criar sistemas inovadores que envolvem a interação entre microrganismos, nossos corpos, os produtos que consumimos e até mesmo os edifícios onde moramos, construindo objetos que são continuamente mutáveis e adaptáveis (SCHWAB; DAVIS, 2019; MADDIKUNTA *et al.*, 2022). Ainda segundo o autor, a inteligência artificial (IA) está cada vez mais presente em nosso dia a dia, em carros autônomos, drones, assistentes virtuais e softwares de tradução, transformando nossas vidas. A IA tem avançado rapidamente, impulsionada pelo aumento exponencial da capacidade de processamento e pela disponibilidade de grandes quantidades de dados.

Os assistentes pessoais inteligentes, que surgiram há apenas dois anos, estão evoluindo a uma velocidade impressionante em relação ao reconhecimento de voz. A inteligência artificial está avançando tão rapidamente que em breve se tornará comum falar com computadores, dando origem ao que os tecnólogos chamam de computação ambiental. Nesse cenário, os assistentes pessoais robotizados estarão sempre disponíveis para tomar notas e responder às consultas dos usuários. Nossos dispositivos se tornarão parte de nosso ecossistema pessoal, nos ouvindo, antecipando nossas necessidades e nos ajudando quando necessário, mesmo sem solicitação explícita (XU *et al.*, 2021; MADDIKUNTA *et al.*, 2022).

A Quinta Revolução Industrial – Indústria 5.0

Segundo Breque, De Nul e Petridis (2021), Maddikunta *et al.* (2022) e Ghobakhloo *et al.* (2023), a definição da Indústria 5.0 é resultado da incorporação do conceito de Sociedade 5.0, criado no Japão, aos princípios e objetivos da Indústria 4.0. Segundo os mesmos autores, diferentemente das outras revoluções industriais que aconteceram sequencialmente e demoraram décadas para se desenvolverem, a Indústria 5.0 deverá coexistir com a Indústria 4.0 como um fenômeno paralelo que ajudará a resolver as principais críticas dos pesquisadores e governos à Indústria 4.0, isto é, de estar voltada somente para o desenvolvimento da tecnologia, o aumento de produtividade, a diminuição dos custos e o aumento dos lucros, sem considerar o ser humano, sua qualidade de vida e a preservação do meio ambiente. Afirmam os autores que a Indústria 5.0 irá complementar e ampliar os recursos e ajustar os princípios e objetivos da Indústria 4.0, apresentando dois fundamentos que justificam o movimento como uma revolução industrial:

a) As tecnologias disruptivas provenientes do 6G, a inteligência artificial (IA) e a computação cognitiva estão promovendo a mudança do modelo de trabalho, integrando os humanos com as máquinas e o ambiente virtual.
b) Agenda da Comissão Europeia para a Indústria 5.0, argumentando que esse fenômeno deve dar prioridade a uma indústria mais amiga do ambiente, centrada no ser humano e resiliente.

Breque, De Nul e Petridis (2021) e Ghobakhloo *et al.* (2023) citam que, por ser um movimento embrionário, o reconhecimento acadêmico ainda é pequeno, porém, dada a oficialização da Indústria 5.0 para atender às exigências da Sociedade 5.0 incorporadas nas políticas do Mercado Comum Europeu já refletir no mercado econômico mundial, o desenvolvimento da Indústria 5.0 e/ou a incorporação de seus preceitos à Indústria 4.0 é iminente na economia mundial.

As bases da Indústria 5.0 são a centralidade humana, a sustentabilidade e a resiliência. Para sua incorporação nas organizações econômicas e sociais, projetos de ações políticas em áreas como: política social, educação, fiscal, energia, política industrial etc. já são realidades desde 2017 (BREQUE; DE NUL; PETRIDIS, 2021).

Desafios e impactos da Indústria 4.0 e Indústria 5.0

Conforme Schwab (2018), para que as organizações evoluam dentro do contexto da Indústria 4.0, é necessário superar três desafios principais:

a) **Equidade na distribuição dos benefícios:** as disrupções tecnológicas devem ser gerenciadas de forma que os benefícios sejam distribuídos de maneira justa entre os diferentes *stakeholders*.
b) **Mitigação das externalidades:** é imperativo conter as externalidades negativas inevitáveis que acompanham as inovações tecnológicas, garantindo que não prejudiquem o ambiente ou a sociedade.

c) **Empoderamento humano:** as tecnologias emergentes devem ser desenvolvidas e implementadas de modo a capacitar os indivíduos, em vez de restringir ou determinar suas ações, assegurando que a tecnologia sirva à humanidade e não o contrário.

Segundo Xu *et al.* (2021) e Breque, De Nul e Petridis (2021), os investimentos no aumento do nível de digitalização das organizações com base na Indústria 5.0 implica em superar diversos desafios. Exemplos: o desenvolvimento da IA que entra em conflito com a complexidade da vida humana, direitos autorais, sigilo da informação, direitos e responsabilidades civis etc. representa um grande desafio para as indústrias 4.0 e 5.0. (a União Europeia, em dezembro de 2023, depois de longos anos de debates, chega a um primeiro acordo para regulamentar o uso da IA); a computação quântica pode comprometer a privacidade e a segurança, tornando obsoletas as abordagens criptográficas existentes; os veículos autônomos podem contribuir para o aumento do congestionamento do tráfego em cidades já superlotadas; e o surgimento da realidade virtual pode agravar o problema do assédio *on-line*, causando danos psicológicos.

Schwab e Davis (2019) afirmam que o impacto dos novos sistemas tecnológicos na sociedade é difícil de mensurar devido à interconexão dos componentes sociais e à coprodução de inovações, citando como exemplos:

a) Pode intensificar as tensões entre sociedades profundamente religiosas e aquelas moldadas por uma visão de mundo mais secular, potencialmente levando à violência de grupos radicais.
b) A oferta da força de trabalho e da capacidade de produção conflita com a demanda de produtos de massa personalizados e da necessidade de mão de obra qualificada.
c) A inovação tecnológica implica em diminuição da mão de obra operacional, portanto gerando uma situação problemática de queda do PIB em países subdesenvolvidos em função da falta de mão de obra qualificada.

Para Breque, De Nul e Petridis (2021), o desenvolvimento de normas e regulamentos sociais apropriados no domínio biológico apresenta desafios significativos: surgem questões sobre o significado do ser humano, o compartilhamento de dados e informações sobre nosso corpo e saúde e os direitos e responsabilidades associados à manipulação genética das gerações futuras. Ainda segundo os autores, a Indústria 5.0 provoca uma grande mudança disruptiva nas empresas, transformando-as de organizações voltadas para produtos em organizações voltadas para serviços e/ou serviços digitais por meio de plataformas tecnológicas: questões como propriedade, colaboração e interação com plataformas digitais tornam-se grandes desafios para a inovação aberta, colaboração, parcerias, definição de propriedade, limitação de conteúdo e gestão da cadeia de valor.

Schwab e Davis (2019) e Breque, De Nul e Petridis (2021) apresentam alguns desafios e impactos importantes das indústrias 4.0 e 5.0 referentes especificamente aos fatores sociais:

a) Adequar o quadro institucional necessário para governar a difusão das inovações e atenuar as rupturas é fator primordial para definição de políticas governamentais.
b) O mundo carece de uma narrativa coerente, positiva e comum que descreva as oportunidades e os desafios da Quarta Revolução Industrial, uma narrativa essencial caso queiramos empoderar um grupo diversificado de indivíduos e comunidades e evitar uma reação popular contra as mudanças fundamentais em curso.
c) Os desafios colocados pelo aumento da desigualdade são difíceis de quantificar, pois, em grande maioria, somos consumidores e produtores; dessa forma, a inovação e a ruptura afetarão nossos padrões de vida e bem-estar tanto de forma positiva quanto negativa.
d) Os grandes beneficiários da Quarta Revolução Industrial são os provedores de capital intelectual ou físico – os inovadores, os investidores e os acionistas; isso explica o fosso crescente entre a riqueza daqueles que dependem do seu trabalho e aqueles que possuem capital, fator gerador de desilusão na classe trabalhadora quanto a não ter poder para manter, ou mesmo aumentar, sua renda real durante a vida e para seus progenitores.
e) O efeito plataforma, entendido como concentração de poder destas sobre compradores e vendedores de uma grande variedade de produtos e serviços, o que lhes colocaram na posição de domínio do mercado e únicos detentores dos rendimentos crescentes de escala. Os benefícios são óbvios, especialmente para os

consumidores: maior valor, mais conveniência e custos mais baixos. Os riscos sociais também são evidentes. Ao evitar a concentração de poder e valor nas mãos de poucos, precisamos encontrar formas de equilibrar os benefícios e os riscos das plataformas digitais (incluindo as plataformas industriais) que garantam abertura e oportunidades às inovações colaborativas.

f) As indústrias 4.0 e 5.0 têm o potencial de aumentar o crescimento econômico e enfrentar os desafios globais, necessitando para isso da criação de novos modelos de negócios, produtos e serviços adequados à especificidade do país e do aumento do nível de inovação e do desenvolvimento econômico.

g) Em relação a robótica e IA, ambas substituem o trabalho humano operacional, favorecendo aqueles com habilidades técnicas e contribuindo para um conjunto limitado de vencedores nas plataformas digitais e nos mercados conectados.

h) Mudanças nas habilidades necessárias e na natureza do trabalho são impactos diretos das iniciativas das indústrias 4.0 e 5.0. Isso pode levar ao deslocamento de empregos, ao mesmo tempo em que cria oportunidades para aqueles que podem participar de ecossistemas de inovação, dos novos modelos de negócio, produtos e serviços e serviços digitais.

i) As indústrias 4.0 e 5.0 também afetam a sociedade, influenciando as identidades, a privacidade, os padrões de consumo, os relacionamentos, as hierarquias e até mesmo a natureza da existência humana. Isso traz entusiasmo e medo à medida que navegamos por mudanças sem precedentes em um ritmo rápido.

j) As tecnologias que suportam as indústrias 4.0 e 5.0 têm um impacto profundo na forma como as empresas são lideradas, organizadas e gerenciadas. Elas contribuem para a redução da expectativa de vida média das empresas, aumentam a velocidade de domínio do mercado e exigem adaptabilidade.

Tecnologias envolvidas nas indústrias 4.0 e 5.0

Na tabela a seguir, estão listadas as tecnologias facilitadoras das indústrias 4.0 e 5.0:

Tabela 7.2. Tecnologias aplicadas nas indústrias 4.0 e 5.0. Fonte: Leng *et al.* (2022).

Tipo	Facilitadores	Área de aplicação
Colaboração homem-máquina	Ergonomia	Analisar, compreender e projetar o trabalho humano.
	Colaboração mútuo-cognitiva e humano-robô	Eliminar possíveis falhas na manufatura manual ou robótica, enquanto melhora a flexibilidade e configurabilidade.
	Tecnologia de sistema de recomendação	Beneficia a colaboração entre seres humanos e máquinas.
		Cuidados de saúde, ortopedia, medicina, cirurgia e indústrias químicas.
Capacidades de simulação	Simulação avançada	Produzir um design mais resiliente e sustentável.
		Automação industrial completa para maior robustez e flexibilidade.
	Gêmeo digital	Maior resiliência no planejamento e na simulação industrial.
	Metaverso	Proporcionar imersão e presença para a colaboração humano-robô (HRC).
	Sistemas habilitados para IoT	Acesso remoto e acessibilidade aprimorada.
	Realidade estendida (XR)	Simulação, prototipagem, design de produtos, educação personalizada.
	Internet de todas as coisas (IoE)	Criar conexões inteligentes e novas capacidades.
	Holografia	Visualização 3D no espaço, especialmente visualização humana.

Tipo	Facilitadores	Área de aplicação
Infraestruturas de computação	*Blockchain*	Mecanismo robusto e resiliente para gestão de dados ao longo do ciclo de vida dos produtos.
	Computação descentralizada	Permitir autonomia e descentralização no sistema de manufatura.
	Big data	Maior resiliência no serviço e mais liberdade para personalização em massa.
	Computação cognitiva	Apoiar os processos de decisão para os trabalhadores em ambientes de trabalho.
	Computação verde	Computação sustentável e bio-orientada.
	Sistemas de gestão baseados em IA	Melhor alocação de tarefas, melhor gerenciamento de trabalhos reiterativos e melhores serviços.
Necessidades sociais	Prevenção de resíduos	Recusa e remoção de práticas, materiais e subprodutos intoxicantes.
	Materiais inteligentes	Aplicável nas indústrias de defesa, médica, manufatura e automotiva.
	Mitigação de desastres	Aumentar a resiliência do sistema.
	Fontes de energia renovável	Redução das emissões de combustíveis fósseis e cumprimento do objetivo de sustentabilidade (ODS 7).
	Produção agrícola sustentável	Produção resiliente, preservação da fertilidade da terra e remoção de poluentes.
	Manufatura de zero defeitos	Gestão/garantia de qualidade e produção sustentável.
	Fintech	Sistemas digitais rápidos, seguros e resilientes, e transações digitais aprimoradas.

8. Serviços 4.0

Américo Rodrigues de Figueiredo

Introdução

A era da informação forjou os fundamentos da era digital, que se caracteriza por uma espécie de revolução acelerada, com impactos nas várias dimensões da sociedade contemporânea, assim como nas estratégias empresariais, das nações e nas relações entre países. Baseado em Dowbor (2020), pondera-se que o capitalismo atual se caracteriza por conhecimento, tecnologias, design e o que se denomina como imaterial, sendo o grande eixo transformador a tecnologia, considerada o principal fator de produção. Isso, portanto, desloca o capitalismo, porque o capitalismo tecnológico, diferentemente das máquinas e do trabalho físico, é imaterial. A máquina continua importante, contudo, o eixo estruturante é o conhecimento incorporado. O conhecimento é um bem imaterial, é fluido, navega de forma instantânea e pode ser apropriado indefinidamente sem custos adicionais. Há uma força transformadora, que muda o eixo econômico da economia industrial para a economia baseada em dados e em serviços.

Na esteira da economia de dados e serviços, surge uma derivação importante, denominada economia dos intangíveis, constructo que se explica pela proeminência de negócios baseados em desenvolvimento de softwares com o apoio das tecnologias da informação e comunicação (TICs) e investimento na criação de algoritmos eficientes, permitindo a flexibilidade da intermediação direta entre compradores e vendedores de bens e serviços em um ecossistema via *web*. Exemplos de empresas com atuação global que operam na economia dos intangíveis são Google, Amazon, Facebook, Apple e Microsoft. A lógica subjacente desses negócios considera a conexão entre usuários demandantes de informação e usuários provedores de informação por meio de aplicativos disponíveis em computadores e celulares. Criam-se ambientes virtuais propícios para o surgimento de conexões em redes. E por meio dessas redes ocorrem a produção do material, o conhecimento, a oferta e a troca de bens e serviços tangíveis e/ou intangíveis.

A emergência de um novo paradigma tecnológico – indústria e serviços como parte do mesmo ecossistema

De acordo com Kon (2020), os serviços intangíveis se situam como principal componente na produção e geração de valor de vários bens tangíveis; a integração entre indústria e serviços na produção da indústria manufatureira é a base do aumento da produtividade e do valor agregado pelas empresas.

A reformulação de antigos conceitos a respeito do papel das atividades produtivas na dinâmica do desenvolvimento econômico aponta para a forte integração e o múltiplo comprometimento dos vários setores industriais e de serviços da economia para a indução ao processo de crescimento. Ampliou-se a compreensão sobre o relevante papel das atividades intangíveis de serviços na geração de renda e riqueza das economias, também como indutor do desenvolvimento e não apenas como induzido pelo crescimento industrial (KON, 2020).

O avanço tecnológico sistêmico é uma nova forma de interação crescentemente difundida em âmbito global, derrubando barreiras entre indústrias e reforçando a interdependência entre setores. A representatividade de serviços na composição da indústria manufatureira, como também a dependência desta indústria em relação às atividades terciárias, é crescente e constante (BRYSON; DANIELS, 2007).

Baseado em Kon (2020), argumentamos que os serviços passaram a ser o principal componente na geração de valor de inúmeras indústrias de bens materiais. Segundo a autora, uma pesquisa mostrou que em muitas manufaturas, já nas décadas finais do século XX, os custos de insumos materiais não excediam 20% a 30%, enquanto os custos operacionais dos serviços na produção e distribuição representavam de 70% a 80%. Dessa forma, a distinção tradicional entre firma individual e firma de serviços tende a perder o significado em determinadas situações.

Outro fenômeno que se observa é o crescimento da *servitização* (também denominado *servicificação*) ou terciarização da economia: aumento considerável da participação dos serviços ou do setor terciário no produto agregado da economia (KON, 2016).

Segundo Kon (2020), vários estudos ressaltam os avanços do conceito de ecossistemas de negócios. A criação desses ecossistemas de inovação ganhou relevância na observação de que a inovação é uma fonte significativa de geração de valor agregado e riqueza de uma economia, visando a indução do desenvolvimento econômico e de base para a recuperação econômica em períodos de menor dinamismo ou crise.

Outra característica se refere ao fato de que a maioria desses ecossistemas se desenvolve com base em um paradigma tecnológico específico. Considera-se que um ecossistema de inovação está equilibrado, próspero e saudável quando os recursos investidos na economia do conhecimento trazem retorno subsequente por meio da inovação resultante, que induz ao lucro na economia comercial em que se insere.

Gallouj e Savona (2010) destacam ter havido mudanças no funcionamento das economias nas últimas décadas, que exigem outra forma de olhar a inovação, particularmente a crescente interdependência e integração entre a produção e o consumo de bens e de serviços. A mudança se deu também nas estratégias competitivas que remetem aos ecossistemas de inovação. Isso mudou o foco da inovação de novas tecnologias para novo conhecimento, e da realização individual de inovação da empresa para as cadeias, redes e sistemas de tecnologias, que colocam atividades de manufaturas e serviços como fortemente inter-relacionadas. Tal fenômeno impulsionou a emergência de um novo ecossistema de inovação, que combina *startups* dedicadas às necessidades da indústria, como se pode observar no gráfico a seguir. A análise do ecossistema de *startups* voltadas para a indústria revela uma tendência de crescimento acelerado a partir de 2013, evidenciada pelo aumento no número de fundações. Esse fenômeno é reforçado pela proliferação de programas de aceleradoras, *hubs* de inovação, editais e outros mecanismos de fomento à colaboração entre as *startups* e o setor industrial. Importante mencionar que a recente redução no registro de novas *startups* não implica um arrefecimento do setor, mas pode ser atribuída à dificuldade em identificar empresas muito novas, que ainda não têm uma presença estabelecida no mercado (DISTRITO, 2021).

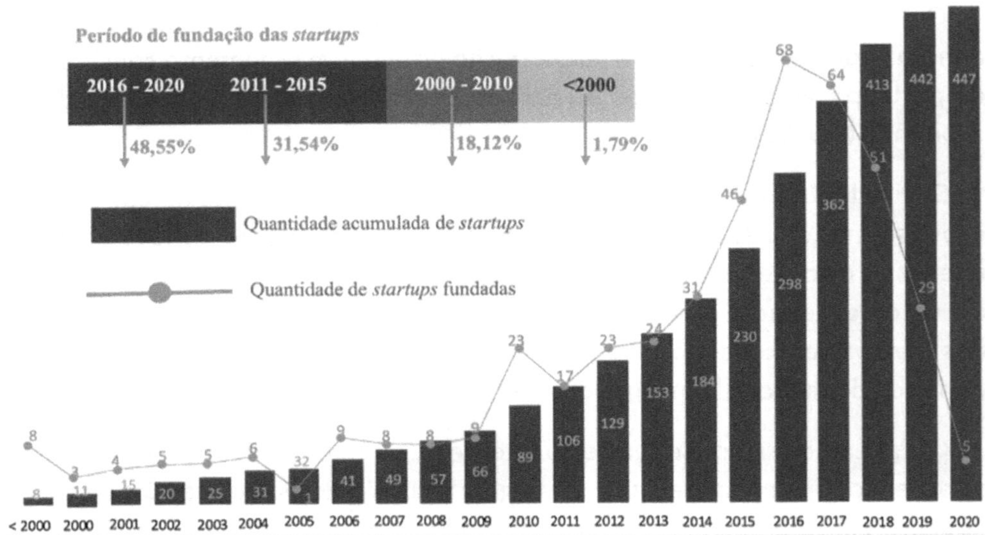

Figura 8.1. Indústria e *startups*: um novo ecossistema de inovação. Fonte: adaptado de Distrito (2021).

Servicificação e a economia digital

Com base em Arbache (2021), tendo em vista a crescente participação dos serviços na economia dos países, o termo *servicificação* passa a ser adotado e surge como parte de um contexto mais amplo de transformações, relacionadas às mudanças nas preferências dos consumidores, urbanização, mudanças demográficas e vários outros fatores estruturais. Os avanços na servicificação são decorrentes do desenvolvimento de tecnologias digitais e de comunicação (TIC), com destaque para a inteligência artificial e as plataformas digitais. Esse movimento está viabilizando uma evolução nas cadeias de produção e abastecimento, e de relacionamento das empresas com os seus provedores e clientes, permitindo a gestão e o monitoramento em tempo real e o surgimento de novas cadeias globais de valor. Um exemplo nesse sentido é o negócio de turbinas de aviões, em que os fabricantes as comercializam não como um bem final, mas como parte de um portfólio de serviços que inclui *pay-per-use* para empuxo e mobilidade, monitoramento, *leasing* e seguros.

Com o advento da servicificação, *big data* e outras tecnologias digitais assumem centralidade e as empresas passam a operar sob uma nova lógica de desenvolvimento de produtos e serviços. Serviços e tecnologias digitais ensejam um processo mais rigoroso de certificações, protocolos de interconexão e interoperabilidade, além de padrões técnicos e regulatórios. A servicificação e as tecnologias digitais estão profundamente entrelaçadas, impulsionando-se mutuamente.

A economia digital e a transformação das empresas para o eixo dos serviços

Fabricantes como Rolls-Royce, Caterpillar, ABB, Siemens, IBM, Cisco e outras empresas de âmbito global transformaram seus modelos de negócios para competir fornecendo serviços em vez de produtos sozinhos (FAVORETTO *et al.*, 2022). Apenas após as contribuições seminais de Baines *et al.* (2007; 2009) no campo dos sistemas produto-serviço é que o conceito de *servitização* se tornou amplamente reconhecido e popular, tanto entre empresas de produtos quanto em diversas comunidades de pesquisa.

Chama atenção a decisão recente da Amazon sobre lançar um serviço de logística para comerciantes de seu *marketplace*, visando uma nova fonte de receita (BLOOMBERG, 2023).

> *A Amazon vem agregando serviços há anos em um esforço para se tornar uma empresa líder em logística que supervisiona o fluxo de produtos das fábricas na China até as portas dos clientes em todo o mundo. Ela está tentando substituir uma variedade de empresas que lidam com tarefas como frete marítimo, alfândega, transporte terrestre e armazenamento de estoque, por um serviço contínuo.*
>
> *Os serviços de vendas da Amazon geraram US$ 32,3 bilhões no segundo trimestre, um aumento de 18% em relação ao mesmo período do ano anterior e mais do que o lucrativo negócio de serviços em nuvem.*

O crescimento dos serviços tem levado empresas de produtos a adotar a servitização, mudando a sua orientação de produtos para serviços. Essa transição proporciona benefícios financeiros, estratégicos e de marketing, mas também desafia as empresas a desenvolver ofertas de serviços, criar departamentos específicos e cultivar uma cultura organizacional orientada para os serviços, exigindo novos processos e competências centrais (FAVORETTO *et al.*, 2022). Apesar de ser amplamente adotada, a servitização ainda é objeto de intensos debates devido à sua implementação, que está longe de ser simples, e os fabricantes frequentemente enfrentam desafios ao adotá-la. Isso se torna ainda mais evidente quando consideramos a recente conexão entre servitização e tecnologias digitais, denominada servitização digital. Nos últimos anos, as tecnologias digitais avançadas, como aquelas da Indústria 4.0, têm se revelado instrumentos úteis para apoiar a transformação dos fabricantes, movendo-os de modelos de negócios centrados exclusivamente em produtos para modelos avançados centrados em serviços (ou produto-serviço-software) (CHIRUMALLA; LEONI; OGHAZI, 2023).

Tabela 8.1. Estudos relevantes sobre transformação digital dos serviços. Fonte: elaborado pelo autor, em pesquisa nas bases de dados acadêmicas.

Autores[3]	Foco da pesquisa	Autores	Foco da pesquisa
Klötzner (2016)	Transformação de serviços e servitização nas indústrias de manufatura.	Zaki (2019)	Quatro trajetórias de transformação digital para remodelar o serviço digital.
Zysman (2006)	Algoritmos para a transformação de serviços.	Matzner *et al.* (2018)	Papel da transformação digital na gestão de serviços.
Ghazawneh (2019)	Cinco categorias principais de serviços digitais a desenvolver, criados por prestadores de serviços por meio da transformação digital.	Barravecchia *et al.* (2021)	Explorar tópicos de pesquisas e tendências futuras no campo de sistemas produto-serviço.
Vial (2019)	Compreender a estrutura e os componentes da transformação digital.	Chatfield e Reddick (2019)	Processo de criação de um modelo baseado em soluções de IoT para administração pública.

[3] Os dados completos dos autores poderão ser encontrados na Bibliografia, ao final do livro.

Autores[3]	Foco da pesquisa	Autores	Foco da pesquisa
Kandampully *et al.* (2021)	Explorar os caminhos da transformação de serviços e identificar situações e contextos relacionados.	Scupola e Mergel (2021)	Explorar a cocriação de valor na transformação de serviços digitais.
Augenstein (2017)	Projetar uma ferramenta inteligente de transformação de modelos de negócios.	Shen, Sun e Ali (2021)	Explorar o papel da servitização e da digitalização na manufatura.
Coleta, Salum e Brito (2022)	Entendendo e desmistificando o RPA (*Robotic Process Automation*): uma trilogia.	Rehse, Hoffmann e Kosanke (2016)	Aproveitando o poder transformador do serviço 4.0.

Conclusão

Estamos vivenciando uma era marcada pela ascensão dos ativos intangíveis, o crescente enfoque no binômio serviços-produtos e a consolidação da economia digital como decorrência dos avanços da inteligência artificial. Essas mudanças estão redefinindo os paradigmas operacionais das empresas, os métodos de design e fabricação de produtos, bem como o processo de geração de inovação.

A transição da economia industrial para uma economia orientada por dados e serviços emerge como um fenômeno notável nesse contexto, tendo as tecnologias digitais como elemento central dessa transição paradigmática. A integração entre a indústria e os serviços está se tornando cada vez mais evidente, com os serviços desempenhando um papel fundamental na criação de valor em diversos setores. A prática da servicificação está se consolidando em muitos setores, inclusive governos, contribuindo significativamente para o valor agregado dos empreendimentos.

Paralelamente, a transformação digital desempenha um papel crucial nessa evolução. As empresas estão se adaptando para oferecer serviços mais personalizados e interativos, com a participação direta dos consumidores no processo de inovação. A criação de ecossistemas de inovação, nos quais várias partes interessadas colaboram de forma integrada, está se tornando uma abordagem estratégica essencial.

Além disso, a servicificação digital está redefinindo os modelos de negócios, como ilustrado pelo exemplo da Amazon, que expandiu suas operações para incluir serviços de logística como parte de sua estratégia de crescimento. Isso destaca a importância de as empresas se adaptarem às novas realidades da economia digital para permanecerem competitivas.

No entanto, apesar das oportunidades significativas que a servitização e a transformação digital oferecem, elas também apresentam desafios complexos. A mudança de mentalidade, a evolução da cultura organizacional orientada a serviços e a adaptação de processos são essenciais para o sucesso nesse ambiente em constante evolução.

Em resumo, a economia dos ativos intangíveis, a servicificação e a economia digital estão moldando um novo paradigma econômico, no qual os serviços desempenham um papel central na criação de valor. As empresas que conseguirem abraçar essas tendências e se adaptarem à nova realidade aumentarão suas chances de construir vantagem competitiva. A transformação está em curso, e as oportunidades são vastas para aqueles que souberem capitalizá-las.

PARTE III. NOVAS TECNOLOGIAS

9. *Blockchain*

Matheus Zanini
Juliane Onita

Introdução

Elaborar um capítulo sobre *blockchain* é colocar em palavras e ilustrações a arte de relatar o avanço tecnológico, firmando a teoria do efeito beija-flor, elaborada por Steven Johnson em seu célebre livro *Como chegamos até aqui* (2021). Esse efeito parte da mecânica extremamente incomum de voo dos beija-flores. Sua estrutura física foi sendo adaptada ao longo dos anos para que conseguissem extrair o néctar das plantas por meio de um voo que praticamente os faz parar ao lado da flor.

Como anota Johnson (2021), esse é um exemplo dos estranhos saltos que a evolução faz constantemente, e que configuram a teoria por ele apontada: uma mudança estrutural biológica das plantas, explicada pela teoria de Darwin e a seleção natural, levou ao desenvolvimento de uma maneira única de voo, dando continuidade à magia da natureza. Mas é preciso registrar que teorias sobre causalidade, como o efeito beija-flor ou o efeito borboleta, elaborado por Edward Lorenz (1917-2008), não são conclusões e explicações racionais para tudo. Elas apenas apontam o caminho que foi traçado e que levou a um resultado, ora não esperado, ora não imaginado. E disso, sim, extrai-se um dos maiores fundamentos da inovação: nem sempre a inovação apontará benesses – por vezes, dará luz a fraquezas e deficiências antes não percebidas.

Assim sendo, o *blockchain*, tal qual outra inovação posta, não deve ser visto apenas como resultado de algumas poucas novas tecnologias de processadores e hardwares. Ele é muito mais que isso: é a constituição de um novo caminho de pensamento, é o resultado de um conjunto de informações analisadas e trabalhadas de uma forma nunca vista. É a interseção de pensamentos filosóficos, equações matemáticas, relacionamento humano e organização social.

O capítulo ora desenvolvido fará uma concatenação de materiais sobre o *blockchain*, para que, ao final, se tenha um resultado simples: compreender o caminho pelo qual o *blockchain* foi idealizado, pensado, elaborado, construído e posto em prática.

Com isso, este breve relato será dividido em etapas temporais. Nosso marco zero será o *white paper* do Bitcoin, em que Satoshi Nakamoto pela primeira vez faz uma menção direta à estrutura hoje conhecida como *blockchain*. Falaremos das primeiras pesquisas envolvendo protocolos de confiança e criptografia. Em seguida, será o momento de entender as aplicações e os fatores de negociação que utilizam, ou podem vir a utilizar, o *blockchain*.

Assim, como objetivo, deseja-se que o leitor compreenda, ao final, que uma inovação é, em verdade, um conjunto de variáveis que, se reunidas, resultam em um trabalho organizado e estruturado.

Crise de confiança como impulso para o desenvolvimento de protocolos de confirmação

Em 1982, David Lee Chaum publicava sua tese de doutorado, intitulada *Computer Systems Established, Maintained, and Trusted by Mutually Suspicious Groups* ("Sistemas de computador estabelecidos, mantidos e confiados por grupos mutuamente suspeitos"), que abordava a questão do número de organizações "não confiáveis" estar cada vez maior, trazendo assim a necessidade de um mecanismo que fosse estruturado por meio de criptografia, para que os indivíduos pudessem interagir e transacionar de maneira segura (CHAUM, 1982).

O conceito de criptografia é antigo, sendo datado de mais de mil anos antes de Cristo. Seu uso mais conhecido na era moderna se deu a partir de 1930 pelo exército alemão na Segunda Guerra, para codificar e decodificar informações advindas do centro de controle militar e enviar orientações aos soldados que estavam no *front*.

Nota-se que o desenvolvimento inicial visava trazer segurança informacional. Ou seja, os primeiros traços da jornada do *blockchain* foram ocasionados pela necessidade humana de se sentir seguro. Tecnologicamente, a saída foi então pensar em soluções que automatizassem um dos itens mais inseguros do mundo: o dinheiro.

Tal qual apontado por Chaum (1982) na página 100 de seu doutorado, não bastava que uma organização, que mantivesse o dinheiro guardado, confiasse em seus sistemas de proteção. Era preciso que os usuários tivessem a segurança – afinal, como observam Belluzzo e Galípolo (2021), o dinheiro é o poder da abstração real, ou seja, por mais que não seja nem visível, tampouco tangível, ele tem o poder de construir a realidade a sua volta, dando concretude ao mesmo tempo em que dissimula a realidade (BELLUZZO; GALÍPOLO, 2021).

O cenário que se forma, portanto, é aquele que demonstra como a tecnologia está diretamente associada aos interesses sociais dos seres humanos. Um sentimento, tal qual a insegurança, conduziu academicamente uma das teses mais importantes para o desenvolvimento do conceito de moeda digital. Frisa-se que não se está aqui atribuindo o desenvolvimento do *blockchain* unicamente ao doutorado de Chaum (1982). Afinal, ele apenas teorizou algo que posteriormente o engenheiro Wei Dai foi materializar, ao propor a criação do *b-money*, um sistema de caixa eletrônico anônimo distribuído.

Para reforçar a tese, é preciso lembrar que, em 1991, Stuart Haber e W. Scott Stornetta publicaram o artigo *How to Time-Stamp a Digital Document*, em que trabalharam para demonstrar como uma cadeia de blocos poderia ser utilizada para comprovar o momento de aferição de um resultado em um exame biológico. Isso tudo porque, anos antes, um artigo científico da área de biologia foi fraudado, sendo adicionada uma tinta especial que mudou os resultados.

Portanto, antes do *white paper* do bitcoin, já existiam discussões sobre o uso de eventuais soluções que pudessem sanar, principalmente, duas problemáticas: garantir um resultado seguro e atestar a confiabilidade da transação. É a clara imagem de que não bastava o fim: os meios importavam, e isso estava incentivando o avanço tecnológico.

É preciso lembrar que, entre as décadas de 70 e 90, estavam surgindo os primeiros softwares com maiores capacidades de processamento, e o mercado de semicondutores nos Estados Unidos da América estava aquecido, com os primeiros investimentos de risco em *startups* que posteriormente seriam grandes empresas de tecnologia, como a Apple (MALLABY, 2022).

Tecnologicamente, os semicondutores permitiram que se desenhassem processos industriais que levariam ao surgimento de computadores pessoais. Esse avanço, oriundo do desenvolvimento de microprocessadores, elevou, por exemplo, o consumo de eletrônicos. Não apenas computadores pessoais, como televisores, rádios e afins, passaram a integrar a rotina digital da sociedade. Esse processo de individualização de pertences fomentava cada vez mais sentimentos como os narrados pelos autores citados. A partir deste desenvolvimento, foi possível tornar digital o conceito criado por Luca Pacioli em 1494. O frei franciscano, em seu livro *Summa de Arithmetica, Geometria, Proportioni et Proportionalità*, abordou os primeiros conceitos matemáticos a serem utilizados em contabilidade – entre eles estava o método das partidas dobradas, conhecido sistema de débitos e créditos de uma empresa.

Hoje, por meio da criptografia dos blocos *blockchain*, é possível fazer o registro e a validação dos dados transacionados.

Ao fim, percebe-se então que houve um pequeno conjunto de fatores que levaram a ideias que incentivaram o desenvolvimento do *blockchain*. Em retrospecto, o conjunto desses elementos permitiu que outros aspectos, ainda mais relacionados com o avanço digital, transformassem a tecnologia do *blockchain* em algo possível.

A construção dos protocolos e os processos relacionados

O primeiro fragmento da ordem cronológica aqui discorrida demonstra como a desconfiança foi um dos fatores que fomentaram o desenvolvimento de padrões de segurança ao longo da realização de negócios.

Como novo ponto de inflexão, em 2008, durante a crise do crédito *subprime* nos Estados Unidos da América, e que posteriormente se espalharia por todo o ambiente global, uma vez mais surgia o questionamento: há segurança nos padrões de transação atuais? A resposta, quase atemporal, foi a publicação do *white paper* do bitcoin.

Nele, Satoshi Nakamoto explica sua proposta de criação de uma versão de dinheiro eletrônico, "puramente ponto a ponto!", sem a necessidade de interação com instituição financeira. Na introdução, Nakamoto reforça a questão da confiança, destacando que o aumento de transações decorrente do comércio na internet exige uma sistema de pagamentos eletrônicos baseado em base criptográfica e não em confiança.

Nesse sentido, propõe que o Bitcoin, a moeda eletrônica, seja uma cadeia de assinaturas digitais - esse feito foi o precursor para que posteriormente, em 2014, fosse pensado o Ethereum e o DeFi (*Decentralized Finance* - finanças descentralizadas) - em que não haverá um ente centralizador e controlador de informações.

Por definição, os protocolos tecnológicos são conjuntos de regras que, se cumpridas, autorizam o compartilhamento de dados entre computadores. Registra-se que este não é apenas um benefício das moedas eletrônicas e transações por *blockchain*. Toda operação digital terá essa interação.

No caso do *blockchain* do bitcoin, a preocupação que surge quando se retira o ente central é que pode surgir o problema do duplo gasto, isto é, uma mesma moeda ser entregue para dois destinatários. Aqui, resgatam-se dois conceitos: o livro razão e o carimbo digital dos artigos de biologia.

O denominado carimbo de tempo (*Timestamp Server*, no idioma original de publicação) carimba todos os *hashes* que são transacionados. Esse *hash* é uma espécie de algoritmo baseado no livro razão de Paciolie que se alia ao conceito de criptografia. Em suma, o *hash* nada mais é do que transformar um arquivo em uma sequência de letras e números que irão identificá-lo. Aqui não há um interesse em configurar uma proteção da informação, mas sim de compactar para que o arquivo seja resumido e identificado de maneira única.

A partir disso, cada item transacionado, no caso, a moeda digital, é identificado e carimbado para que então se garanta o processo de não duplicidade de uso. Para que se implemente tal processo, será necessária uma prova de trabalho, a *proof of work*.

Essa prova de trabalho será responsável por garantir que naquela *hash* há o material que está sendo negociado. Há nessa etapa um esforço computacional para que seja possível identificar se o *hash* de fato está preenchido (em termos técnicos, é preciso verificar o número de *zero bits* e incrementar um *nonce* no bloco - o *nonce* é um algoritmo gerado aleatoriamente para que se evite a reprodução).

Diante desse cenário, nota-se que o desenvolvimento da cadeira de *blockchain* do bitcoin é apenas a ponta do desenvolvimento digital. Isso se dá para possibilitar o desenvolvimento do esforço computacional para a prova de trabalho. Foi preciso aprimorar o hardware e o software que processariam as informações necessárias para isso.

Muito além da mudança processada no ambiente técnico, foi preciso que o mundo acadêmico também se esforçasse para notar o potencial de pesquisas científicas como as de Chaum (1982). Como consequência, o capitalismo, sem seu poder de abstração real, encadeou uma série de propostas para que as moedas digitais, tais quais o bitcoin, possuísse lastro na economia de mercado para que pudesse ser "metrificada" como ativo de renda variável.

Fato é que não basta apenas olhar para o desenvolvimento de mercado, é preciso olhar para as revoluções e entender que a inovação depende de uma conversa entre os setores e a compreensão dos efeitos desses novos usos (GRAGLIA; VON HUELSEN, 2023). Afinal, como se discorre na etapa final deste breve excerto, a cadeia do *blockchain* da Ethereum permite, por exemplo, a existência de *smart contracts*, que vão muito além da transação financeira que originou esse debate. Talvez aqui esteja o erro do dito mercado: se for analisar o bitcoin como uma moeda real, existirão distorções e, obviamente, não será algo interessante. Entretanto, isso pode ser discutido posteriormente. O que importa é o leitor compreender, até esta etapa, os elementos que constituem o desenvolvimento da jornada até a criação do *blockchain*.

O uso de *blockchain* para além da transação financeira: o exemplo do *blockchain* Ethereum

Com o avanço digital até o desenvolvimento do *blockchain*, uma gama de novas tecnologias puderam surgir. Assim como os avanços narrados, a consolidação da cadeia de blocos traz inúmeras possibilidades de aplicações que impactarão o desenvolvimento humano.

A exemplo disso, os *smart contracts* (contratos inteligentes) são programas que executam transações em aplicativos de finanças descentralizadas (DeFi) automaticamente, no momento em que determinadas condições são obedecidas, e podendo abarcar desde emissão de *tokens*, criação de serviços de corretagem, empréstimos, *stablecoins*, contratos jurídicos, compras *on-line* e até contratos e acordos dentro do mercado imobiliário. Nas palavras do cientista da computação Nick Szabo (2008), esse contrato é "um conjunto de promessas especificadas em formato digital, incluindo protocolos dentro dos quais as partes realizam essas promessas".

Sua natureza se assemelha muito às criptomoedas, vez que, assim como elas, não exige intermediários como bancos ou reguladores para garantir as negociações. Por sua vez, todo o processo é feito de maneira automática por códigos computacionais que seguem as regras, obrigações e penalidades definidas pelas partes. Após tais regras serem cumpridas, os contratos são executados. Uma vez publicadas, as informações acordadas não poderão ser alteradas ou manipuladas. Em outras palavras, ninguém tem o direito de fazer alterações unilateralmente.

Evidentemente que, para muitos, paira-se uma dúvida em relação a como essas etapas ocorrem e são respaldadas sem a presença de terceiros garantindo o processamento, mas é aqui que o *blockchain* vem à tela e exerce sua função.

Por se tratar de um banco de dados público, descentralizado e imutável, que registra as transações feitas pelos usuários e também possibilita a criação e aplicação de regras sem o auxílio de uma empresa ou governo, o *blockchain* acaba por ser o melhor meio de garantir que tais acordos sejam feitos de forma segura e verificável, sem manipulação para ganho pessoal e por ter sua segurança resguardada pelos algoritmos ali presentes.

Vale-se a menção de que os *smart contracts* só decolaram com o crescimento dos *blockchains* no cenário mundial, especialmente o Ethereum, já que foi o responsável pelo "pontapé" inicial no mercado de aplicativos descentralizados, abrangendo desde *tokens*, *stablecoins*, NFTs (*tokens* infungíveis) até *games* do metaverso. Mas é importante salientar que temos vários outros *blockchains*, como Cardano, EOS, TRON, Tezos, Solana etc.

Com todos os seus possíveis desdobramentos e situações, é de se esperar que se iniciem debates de caráter jurídico como meio de legislar sua regulamentação e proteger as partes, especialmente porque, conforme o avanço tecnológico, tendem a ser cada vez mais requisitados e utilizados.

Em âmbito internacional o tema não é apenas assunto, como já existem diretrizes jurídicas para seus desdobramentos, como a Lei Modelo da Uncitral sobre Comércio Eletrônico (art.11), a Convenção das Nações Unidas sobre Contratos de Compra e Venda Internacional de Mercadorias (Decreto nº 8.327/14) e a Convenção das Nações Unidas Sobre o Uso de Comunicações Eletrônicas nos Contratos Internacionais (art. 8).

Em contrapartida, por sua vez, no Brasil, sua validade jurídica tem ganhado cada vez mais espaço e interesse entre pesquisadores e juristas. Todavia, por se tratar de algo novo e que não possui uma legislação específica brasileira para respaldar as celebrações de acordo de vontades, tem-se cuidado em sua tratativa, exatamente por gerar insegurança jurídica.

Enquanto temos essa lacuna legislativa, usa-se de base o que consagra o art. 104 e seus incisos, bem como o art. 425, ambos do Código Civil. O primeiro para a validação do negócio jurídico, e o segundo o enquadrando como um contrato de gênero atípico, não lhe permitido que se encontre imune às normas que balizam todo tipo de negócio jurídico.

Tal mudança legislativa vem sendo debatida e requerida desde o começo de 2022, tramitando na Câmara um projeto de lei que tem por premissa a modificação do Código Civil, para que traga de maneira expressa, além de modificações necessárias já existentes, a previsão legal para o uso do modelo de *smart contract*.

A adaptação do mundo real para receber e incorporar esses novos avanços provenientes de novas tecnologias, como o *blockchain* e os próprios *smart contracts*, se faz cada vez mais urgente e necessária, não apenas para resguardar os direitos das pessoas, evitar inúmeros problemas provenientes delas, mas principalmente porque teremos diversos avanços que podem ser benéficos e eficientes para o mundo como um todo.

Áreas como saúde, política, jurídica, vendas, comunicação, engenharia, tecnologias de informação, mercado financeiro e tantas outras podem ser devidamente protegidas e validadas, evitando que ocorram fraudes, corrupções, vazamento de dados sensíveis, divulgação de *fake news* etc. Todavia, necessário salientar que é preciso ter muita atenção e cuidado em relação ao seu uso e desenvolvimento, porque, por mais que seja uma excelente solução e segurança em vários aspectos, na prática ainda apresenta a necessidade de melhoria em diversos quesitos, especialmente porque, pela ausência de regulação e regulamentação mais robustas, algumas falhas graves têm acontecido, desde lavagens de dinheiro, estelionato, *pump and dump*[4], até casos como o do Faraó do Bitcoin. Essas situações precisam ser estudadas e remediadas para trazer o lado bom que a tecnologia pode oferecer.

[4] *Pump and dump* é uma fraude financeira que consiste em manipular o preço de um ativo, como uma ação ou criptomoeda, para que os investidores comprem e, em seguida, vendam o ativo a um preço mais alto. O termo *pump and dump* significa "inflar e largar". A prática é realizada da seguinte forma: os responsáveis pelo golpe divulgam notícias falsas ou boatos sobre o ativo, com o objetivo de valorizá-lo. Os investidores ficam otimistas e compram o ativo. Quando o ativo atinge o valor desejado, os responsáveis pelo golpe começam a vendê-lo em grande quantidade. A oferta supera a demanda, fazendo com que o preço despenque. Os investidores que compraram o ativo durante a fase de *pump* acabam com grandes perdas. Esse tipo de golpe é mais comum no mercado de criptomoedas, que tem pouca regulamentação e volume. No mercado tradicional, existem regulamentos que sancionam financeiramente os investidores que recorrem a esse método.

10. Computação quântica

Glauco Reis

Este capítulo tem a árdua missão de desmistificar o que é computação quântica e como ela está relacionada com a inteligência artificial. E digo árdua porque um dos expoentes nesta área, Richard Feynman, proferiu frases como "eu penso que posso dizer com segurança que ninguém entende de mecânica quântica" e "se você acha que entendeu alguma coisa sobre mecânica quântica, então é porque você não entendeu nada" (FEYNMAN, 2017). Soma-se a isso o graal da ficção científica, a série *Black Mirror*, que não conseguiu mostrar no episódio "Joan is Awful" (IMDB, 2023) o que seria possível se fazer com esse tipo de computação no futuro. Ao contrário das temporadas anteriores, que, embora distantes em termos de realidade prática, mostravam futuros tangíveis, nesse episódio assistimos o quanto existe de confusão e desconhecimento sobre o tema. Mas a pergunta de um milhão é: o que é afinal a computação quântica e para que serve?

Vamos imaginar que um biólogo deseje estudar como minúsculas partículas de fuligem reagem com o meio ambiente. Esse é um estudo muito relevante, por exemplo, no campo das alergias, ou para entender como a poluição se propaga na atmosfera. Talvez em um primeiro momento o biólogo possa criar um ambiente isolado, talvez uma caixa hermeticamente fechada e com pouca ou nenhuma interferência do exterior, e lá dentro coloque as partículas de fuligem em suspensão. Assim ele pode, através de experimentos práticos, chegar até um modelo preciso e que possa ser expresso em termos matemáticos. O que desejamos é uma fórmula matemática ou heurística que explique o comportamento de forma geral. Uma representação visual do experimento do biólogo pode ser vista na imagem a seguir.

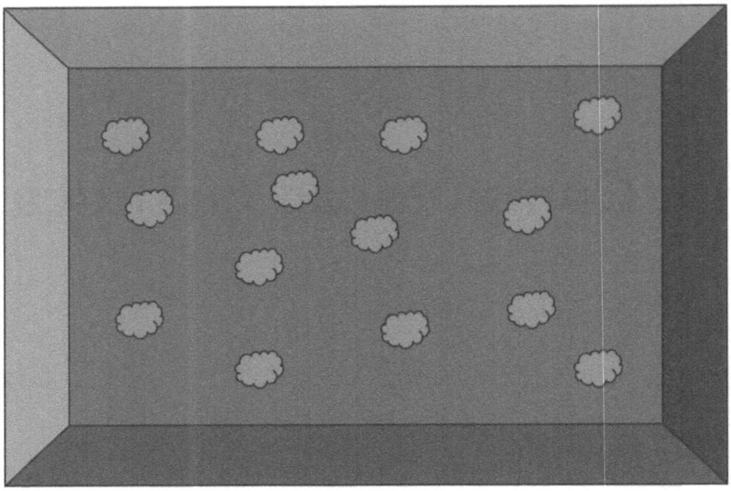

Figura 10.1. Fuligem dentro de uma caixa. Fonte: o autor.

Talvez você possa afirmar que este seria um problema muito específico, que dificilmente poderia ser comparado a outros cenários. Mas na realidade a generalização desse tipo de problema é bem comum. Você pode desejar estudar a migração de cardumes de peixes nos oceanos, ou pode desejar modelar como reações se processam em reatores termonucleares, ou ainda entender como os elétrons se propagam dentro de uma bateria de um veículo comum para gerar energia elétrica, como o trânsito se distribui nas grandes metrópoles e, finalmente, qual o comportamento de compra coletivo de vendas em um site na internet. Todos esses problemas têm algo em comum: uma grande quantidade de elementos isolados, mas que interagem de alguma forma em um ecossistema para proporcionar um resultado. Hoje a ciência pode utilizar computadores tradicionais para estudar este tipo de problema, mas existem desafios reais, sendo um deles a velocidade computacional dos processadores.

Existe um segmento da ciência que estuda elementos ainda menores do que a fuligem e fundamentais da matéria, como prótons, elétrons, fótons e outros (OMNES, 1999). Cientistas como Albert Einstein (HOFFMAN, 1981), Werner Heisenberg (HEISENBERG, 2007), Paul Dirac (PAIS *et al.*, 2005) e Erwin Schrödinger (SCHRÖDINGER, 2012) estudaram durante suas vidas um segmento da física que culminou na criação de uma nova ciência chamada mecânica quântica, e muitos outros hoje se empenham para entender os seus mistérios. Mas o que ela tem de tão especial, afinal? Bom, as regras que utilizamos para definir e explicar o universo têm comportamentos diferentes no mundo quântico. Aqui no mundo real, aplicamos as leis da física clássica. Sabemos que se jogarmos uma maçã para cima, ela certamente descerá verticalmente em nossa direção. Temos noção de velocidade quando dirigimos, sabemos definir o tamanho de objetos, seja perto ou longe. Sabemos que todos os objetos do nosso cotidiano mantêm um estado. Você não precisa ser um físico ou matemático, pois usamos isso instintivamente no nosso dia a dia. Sabemos que um mesmo objeto não pode estar em dois locais ao mesmo tempo, e também entendemos que não é possível algo estar em dois estados ao mesmo tempo. Uma porta não pode estar aberta e fechada ao mesmo tempo, e assim com tudo que temos por aqui no mundo que conhecemos. Mas acontece que as regras que utilizamos no nosso mundo real não se aplicam igualmente à mecânica quântica. Esse é um mundo novo e especial, com diferentes comportamentos, e é exatamente isso que intriga os cientistas. Se todo o universo é formado pelas mesmas partículas fundamentais, como podem as leis da física clássica serem diferentes aqui no nosso mundo e lá no mundo das partículas (vou chamar carinhosamente de mundo quântico)? Alguns físicos acreditam em uma unificação das mecânicas clássica e quântica, e buscam uma fórmula única que descreva todo o universo (TUFFANI, 2000).

Olha só, para você ficar perplexo, ou apaixonado pela mecânica quântica como eu, vamos explorar alguns fenômenos que acontecem com as partículas e que ainda não compreendemos completamente. O primeiro deles é chamado de superposição (WIKIPEDIA, 2024a). Aqui no nosso mundo, não podemos estar acordados e dormindo ao mesmo tempo. Nem estar de um lado da rua e do outro lado ao mesmo tempo. Temos no mundo em que vivemos estados bem definidos para tudo, e eles podem ser observados e medidos. Mas, no mundo quântico, uma partícula pode estar em dois ou mais estados distintos "ao mesmo tempo". Os cientistas fazem incessantemente experimentos, mas existe um problema: as partículas são tão pequenas que qualquer tentativa de efetuar medidas para chegar a conclusões mais objetivas faz com que essas partículas sejam perturbadas, e as medidas obtidas sejam alteradas pela própria leitura dos resultados. Um dos experimentos muito interessantes conduzidos pelos cientistas foi o "two-slit" ou "double-slit" (WIKIPEDIA, 2024b). Embora não exploremos ele em detalhes aqui, é um experimento que pode ser repetido com sucesso quantas vezes quisermos e é uma prova da existência da superposição. Também é uma prova de que esses componentes fundamentais da matéria se comportam uma hora como partícula e outra hora como ondas.

Mas existe um experimento mental conduzido por Erwin Schrödinger, e mais simples de entendermos, que tenta explicar para leigos o que seria a superposição. O experimento dele ficou conhecido como o "gato de Schrödinger" (WIKIPEDIA, 2024c). Nesse experimento mental um gato é colocado dentro de uma caixa. Nessa caixa existe uma pequena quantidade de um isótopo radioativo. Este tipo de substância passa por um processo chamado decaimento, onde elétrons vão se desprendendo das moléculas até que ele reduza o nível de emissão radioativa para algo abaixo de um certo patamar, inofensivo às criaturas vivas. O gato que está lá dentro da caixa não precisa se preocupar com essa substância radioativa, ele tem outras preocupações mais imediatas, e além disso a radiação é muito baixa para fazer mal a ele. Quando o decaimento chega em certo nível, um braço mecânico é acionado e quebra um pote de veneno que finalmente faz com que o gato morra. Ainda bem que esse é um experimento apenas mental! O interessante é que não é possível prever o decaimento de um isótopo radioativo. Pode levar menos de um segundo, uma hora ou meses para o braço mecânico ser acionado. O fato é que, antes de abrirmos a caixa, não sabemos se o gato está vivo ou morto. Só saberemos seu estado real quando abrirmos a caixa. O mesmo acontece com as partículas: não sabemos seu estado até medi-las, mas quando o fizermos o próprio ato de medir seu estado irá interferir de alguma forma no resultado obtido. Aqui no mundo real temos estados definidos e que podem ser observados sem que seu estado se modifique, mas no mundo quântico não temos precisão para observar sem interferir no estado da partícula. Também não é comum para os fenômenos do mundo que várias condições ou estados coexistam ao mesmo tempo.

Também não é comum no mundo real um mesmo objeto apresentar comportamentos diferentes. Uma poça d'água pode ser liquefeita ou sólida, mas não os dois estados ao mesmo tempo. Novamente vamos usar uma metáfora para explicar isso: imagine que você jogue uma pedra em um rio. Enquanto você joga a pedra e quando ela cai no rio, ela está se comportando como um objeto concreto (ou uma partícula). A pedra irá afundar e irá gerar ondas na água, iniciando pelo local onde a pedra caiu e expandindo as ondas do centro para fora, em todas as direções. Nesse momento é como se a pedra se transformasse nas ondas e sua existência continuasse como as ondas. Imagine em um exercício mental que a pedra se transformou em ondas. No mundo quântico, se você olhar para a onda gerada, irá encontrar novamente a pedra que foi jogada. Ela se "transforma" em partícula quando olhamos para ela. Ou talvez o mais correto seja dizer que seu comportamento é similar ao de uma partícula quando tentamos medi-la. Partículas atômicas, como fótons, elétrons e outros elementos fundamentais da matéria, se comportam algumas vezes como partículas e outras vezes como ondas. Dependendo dos experimentos que fizermos, podemos comprovar um comportamento ou outro. Não existe nada equivalente aqui no mundo real, mas os experimentos mostram que é assim que acontece no mundo quântico. Quando medimos o elétron ou fóton, ele se comporta como partícula, mas outros experimentos nos confirmam que ele se propaga como uma onda.

O segundo comportamento que iremos comentar é o do emaranhamento (WIKIPEDIA, 2024d). Nesse experimento, podemos "conectar" duas partículas de forma que elas sigam por dois caminhos diferentes, mas que apresentem comportamentos integrados, não importando a distância. Uma partícula pode ser dividida, já que uma onda pode se propagar para vários caminhos diferentes, e dissemos que ela pode se comportar como onda ou como partícula, mas dizemos que essas partículas estão emaranhadas e permanecem conectadas de alguma forma. Se interferirmos no estado de uma dessas ondas/partículas, o estado da outra se modifica de forma complementar. E não importa a que distância as partículas estejam. É o mesmo que dizer que, se tivermos uma partícula aqui na Terra e outra partícula em uma parte distante do universo, as duas estariam conectadas por uma força invisível e desconhecida, e modificar uma delas alteraria também o estado da outra. Albert Einstein era resistente a essa ideia, porque isso poderia indicar uma comunicação mais rápida do que a velocidade da luz, o que era impossível segundo a teoria da relatividade. Não conseguimos fazer esse experimento com partículas tão distantes, mas conseguimos provar que essa conexão é verdadeira para pequenas distâncias, e isso é suficiente para utilizarmos os princípios em computadores quânticos.

Somente observando esses dois comportamentos muito estranhos, a superposição e o emaranhamento, já percebemos que existe um mundo novo a ser estudado. Agora podemos voltar para aquela caixa com pequenas partículas de fuligem lá do começo do capítulo. Podemos criar um tipo de caixa hermeticamente fechada e observar os comportamentos das partículas, como fizemos com a fuligem. A questão é que uma partícula de fuligem é milhares de vezes maior do que uma partícula atômica. No mesmo espaço de uma caixa, precisamos criar modelos matemáticos muito mais complexos para as partículas atômicas, pois teremos uma quantidade imensa delas interagindo dentro da caixa. Um computador tradicional, para processar a matemática dessas partículas, em primeiro lugar precisaria ser muito potente. Em segundo lugar, precisaria levar em consideração esse comportamento estranho das partículas, e já percebemos que não as compreendemos muito bem ainda!

Mas então surgiu uma ideia notável, daquele que é considerado o maior físico dos tempos modernos, Richard Feynman (FEYNMAN, 1982). Se quiser conhecer uma faceta genial desse incrível cientista, assista ao filme "The Challenger" (IMDB, 2013). Lá, ele faz um experimento em um tribunal que mostra sem nenhuma sombra de dúvida as reais causas do acidente. Um segmento da física ao qual ele dedicou parte de sua vida foi a mecânica quântica, propondo que a melhor forma de estudar as partículas, com seu comportamento tão peculiar, seria criar um computador usando as próprias partículas. Para, para, para! Como assim um computador baseado em partículas?

Precisamos expandir nossa mente para entender do que um computador é composto. Para essa explicação vou simplificar o tradicional conceito de computador, aquele com CPU, memória, E/S e registradores (TANENBAUM; AUSTIN, 2013). No nosso exemplo ele será formado por elementos computacionais que têm estados e operações que atuam sobre esses elementos computacionais. Por exemplo, um computador tradicional usa como elementos computacionais os *bits*. Se juntarmos vários *bits* podemos criar unidades mais complexas como o *byte*. Cada um desses *bits* pode ter os estados 0 ou 1. É o que chamamos de binário. E temos operações que podem ser aplicadas sobre esses *bits*, que são as várias portas lógicas que compõem os circuitos do computador (*AND*, *OR*, *XOR*, *NOT* etc.). Mas será que conseguimos construir computadores teóricos com outros elementos? Claro que sim! Você já viu um ábaco? Ele é um computador matemático que permite fazer operações aritméticas. É composto por esferas que podem ser deslizadas por canaletas ou presas a fios. Cada canaleta é um elemento computacional (assim como um *bit*). Em cada canaleta temos normalmente um número de contas ou esferas, que podem ser deslizadas para um lado ou para outro. Os estados são representados pela posição das esferas nessas canaletas. As operações, no caso do ábaco, são os conjuntos de deslizamentos que alteram os estados para criar uma aritmética. O ábaco é um tipo de computador que não utiliza energia elétrica!

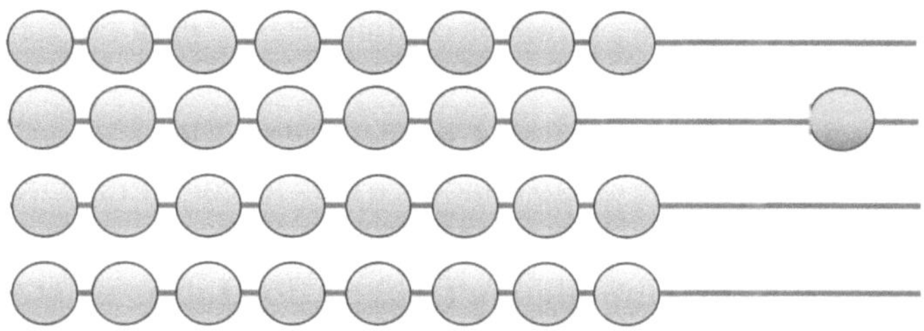

Figura 10.2. Ábaco. Fonte: o autor.

Da mesma forma que o computador tradicional e o ábaco, podemos criar unidades computacionais das mais variadas formas. Uma caixinha de música pode ser considerada um computador que gera um conjunto de notas musicais conforme um cilindro vai girando movido por corda. Uma régua de cálculos faz contas deslizando-se réguas demarcadas com valores apropriados. A máquina de Anticítera (WIKIPEDIA, 2024e) é o mais antigo dispositivo computacional de que se tem conhecimento, e permite identificar posições dos astros pelo giro de discos conectados por engrenagens.

Agora, entendendo que computadores podem ser construídos de várias formas, aquela ideia de Richard Feynman não é tão absurda assim! Na verdade, um computador quântico pode ser construído de diversas maneiras, mas vamos explorar uma forma elucidativa de construir o nosso!

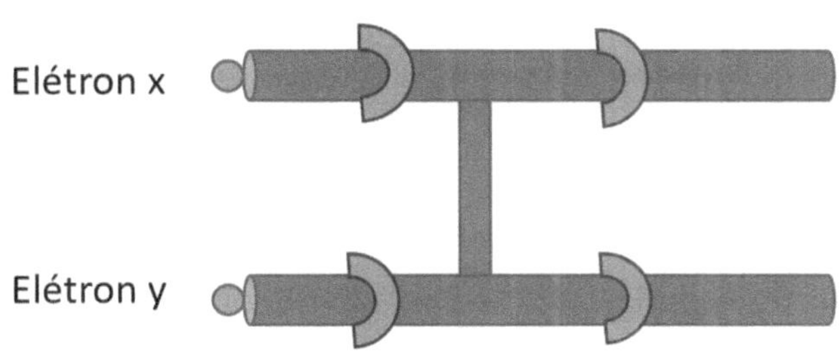

Figura 10.3. Computador quântico. Fonte: o autor.

Criamos um conjunto de "tubos" por onde cada uma das partículas entra. Esses tubos podem ficar dentro de uma caixa, assim como fizemos com a fuligem. Essa partícula pode ser um elétron ou um fóton, por exemplo. Uma vez inserida no tubo, ela irá caminhar pelo tubo até a saída do outro lado. Cada tubo será um *bit*, ou mais charmosamente chamado de um *qubit*. Quando ele entra no tubo, tem um estado definido, que pode ser um nível de energia ou qualquer medida que possamos extrair de uma partícula. Quaisquer estados que possam definir um *qubit* são válidos, inclusive podemos definir que ele está em dois estados ao mesmo tempo, em superposição. Conforme ele vai caminhando pelo tubo, passa por lugares especiais, que são aqueles semicírculos. Eles são os "operadores" definidos pelos programas que serão criados, e eles forçam uma partícula a mudar seu estado de alguma forma, seja para aumentar ou reduzir o nível de energia, alterar sua orientação etc. Em alguns trechos dos tubos existem canais de comunicação entre eles. Eles permitem interações entre uma partícula de um tubo e uma partícula de outro tubo. Na verdade, nesses pontos de comunicação podemos criar o emaranhamento que comentamos anteriormente. Quando existem esses tubos, e duas partículas passam por esse ponto de conexão, elas começam a atuar de forma coordenada. E assim se segue até que as partículas saem lá do outro lado do tubo. Quando elas saem, podem ser medidas e geram um resultado qualquer de processamento. O que entendemos como "processamento" no computador quântico é o caminhar das partículas pelos tubos, sendo modificado por instruções que alteram seu estado, até a saída do outro lado de forma que possam ser visualizadas, mas lembrando que apenas alguns estados são possíveis de se ler. Você pode estar imaginando como seria programar em um computador quântico, e a resposta é muito fácil de visualizar: basta criar essa sequência de tubos com uma linguagem especial para computação quântica e colocar as operações ao longo da tubulação para fazermos o que desejarmos em termos computacionais. Essa imagem anterior, por exemplo, poderia ser construída com um circuito quântico parecido com este:

In [4]:

```
qc = QuantumCircuit(2)
qc.h(0)
qc.h(1)
qc.cx(0, 1)
qc.x(0)
qc.x(1)
qc.draw(output='mpl',style={'backgroundcolor': '#EEEEEE'})
```

Out[4]:

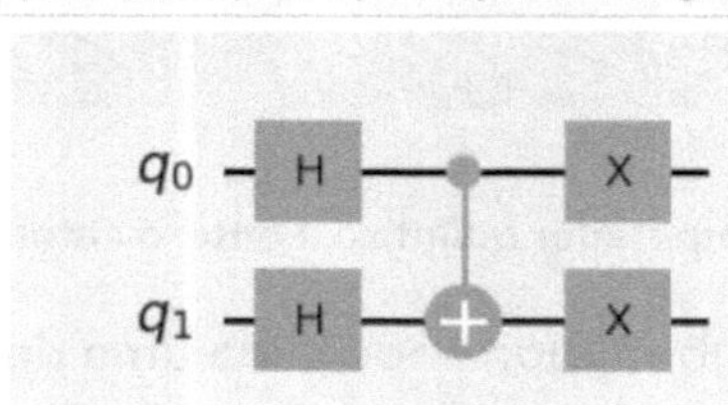

Figura 10.4. Circuito quântico. Fonte: o autor.

O texto da figura é equivalente ao programa que cria um circuito quântico, e o desenho logo abaixo é a representação gráfica do mesmo circuito. Dá para ver a semelhança do desenho gerado com aquele anterior? Cada linha horizontal representa um tubo da outra imagem, a conexão entre as linhas permite criar um emaranhamento, assim como a conexão entre os tubos do anterior, e cada um dos quadrados ao longo da linha "modificam" os *qubits* de alguma forma, assim como os semicírculos da imagem anterior.

Bom, já temos uma ideia do que é um computador quântico, mas por que estamos agora criando computadores quânticos? Por que não continuar simplesmente evoluindo os computadores tradicionais, que já têm uma arquitetura consolidada, sabemos como construí-los e temos domínio dele?

Existem várias respostas para isso. Uma simples e direta é que a lei de Moore está começando a mostrar os sinais de sua idade. A lei de Moore, uma constatação estatística proposta por Gordon Moore (WIKIPEDIA, 2024f) nos diz que a densidade dos processadores duplica a cada dois anos. Ou, de forma mais simples, os circuitos ficam menores e mais complexos a cada dois anos. Estamos chegando a um limite perigoso, quando os circuitos começam a ficar tão pequenos que as leis da física começam a ser definidas pelas leis da mecânica quântica. Não estamos muito longe desse ponto, e precisaremos mudar para algum paradigma computacional que permita ir além em termos de miniaturização. Usar esse computador baseado em mecânica quântica nos traz a vantagem já no início, de estarmos usando as leis da mecânica quântica e, portanto, não esbarrarmos nesse limite rapidamente! Mas é claro que existem ainda inúmeros desafios. Um deles é fazer com que as partículas sejam mais estáveis enquanto caminham pelos tubos. Hoje ainda existe muita instabilidade no processamento, a que chamamos de decoerência. Precisamos de dispositivos de resfriamento bem potentes para manter as partículas mais frias, e consequentemente mais estáveis. Existem outros desafios, como criar algoritmos específicos para esse tipo de computador, que precisam ser diferentes dos algoritmos tradicionais. Existe um segmento do conhecimento que pode se beneficiar em especial com a popularização dos computadores quânticos, que é a inteligência artificial!

Uma pequena história da IA

Para conectarmos os computadores quânticos com a inteligência artificial precisamos entender um pouco sobre como as IAs modernas funcionam. Vamos a uma pequena história resumida da IA. Os computadores foram criados para executar sequências de passos muito precisos e bem definidos. Estes são chamados de programas de computador. Mas acontece que o cérebro humano não funciona assim. Ele se utiliza de uma estrutura massivamente paralela de células nervosas chamadas de neurônios, que estão em um ambiente de reações químicas permeado por Cloro (Cl-), Sódio (Na+) e potássio (K+) (LENT, 2022). Cada substância navega para dentro e para fora dos neurônios e gera diferenças de potencial equivalentes a "disparos elétricos". Isoladamente, um neurônio é muito parecido com uma chave, ativada e desativada através de movimentações químicas que se transformam em estímulos elétricos. Estima-se que nosso cérebro tenha algo em torno de 80 a 100 bilhões desses neurônios, e que cada um deles esteja conectado a 10 mil outros. A essa estrutura complexa chamamos cérebro: ele nos proporciona os pensamentos, a criatividade e tudo o que nos faz humanos. Os seres humanos conseguem fazer coisas que computadores têm dificuldade, apesar de serem mais rápidos para tarefas repetitivas. O reconhecimento de padrões, cores e imagens, processamento de sons, além da capacidade de inferência para comparar duas coisas são difíceis de processar pelos computadores. Simplesmente não temos fórmulas ou algoritmos para isso.

Em uma publicação de 1943 (MCCULLOCH; PITTS, 1943) um neurocientista e um matemático aventaram a possibilidade de que neurônios pudessem ser simulados por computadores, endereçando esses problemas que os computadores não conseguiam processar até então. Este foi provavelmente o princípio da IA moderna. Mais ou menos 10 anos após a descrição conceitual, em 1957, Frank Rosemblatt efetuou a primeira implementação prática de um neurônio (ROSEMBLATT, 1957). O neurônio proposto era basicamente uma simplificação em relação ao neurônio biológico. Esse desenho é o que comumente se encontra pela internet, mas representa perfeitamente a ideia de Rosemblatt.

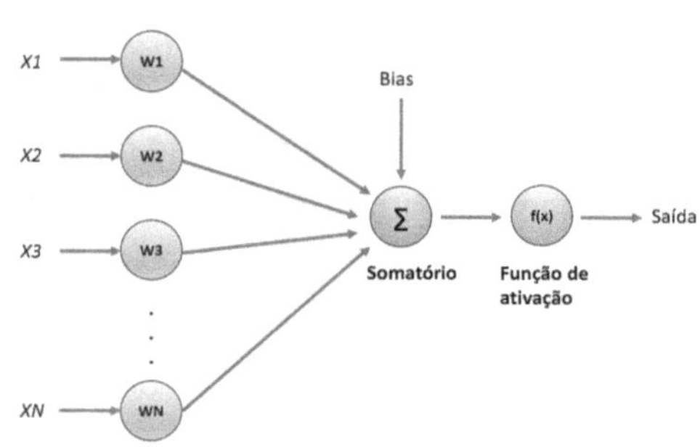

Figura 10.5. Implementação prática de um neurônio por Rosemblatt (1957). Fonte: o autor.

A primeira alteração foi a substituição das reações químicas pela matemática. Elas receberam o nome de peso sináptico (os valores de W1 até WN da figura), e funcionam como "atenuadores" que aumentam ou reduzem um valor na entrada, e podemos entendê-los como a importância que cada entrada impõe no resultado da saída. Eles são ajustados no neurônio ao longo do treinamento. Quanto menor o valor do peso, menor será a somatória, e, portanto, menor a importância da entrada respectiva. Cada uma das entradas é representada pelos valores (X1..XN). Você pode fornecer como entrada tudo que puder ser convertido em números. Se for uma imagem a analisar, cada entrada pode ser a intensidade da cor de um ponto da imagem. Se for um texto, cada entrada pode ser uma palavra ou letra, convertidas para um número. Se for um som, pode-se colocar cada uma das frequências que compõem o som como entrada. Os pesos sinápticos variam durante o treinamento e são ajustados para que o valor da saída represente algo que desejamos.

Tivemos uma longa história de empolgações e fracassos com a IA desde então. A primeira grande decepção aconteceu quando Marvin Minsky provou que um neurônio isoladamente não servia para muitas coisas (MINSKY, PAPERT; 1969). Somente muitos anos depois outras pesquisas mostraram que poderíamos dispor de neurônios em camadas, e muitos problemas poderiam ser resolvidos dessa forma. A esse conjunto de neurônios em camadas chamamos de rede neural. As redes neurais modernas utilizam os mesmos elementos básicos propostos por Rosemblatt em 1957. Muito da evolução se deu em termos do aprendizado, tipos de topologias, mas sobre os mesmos componentes básicos. Porém, como uma rede formada por neurônios artificiais iguais aos propostos por Rosemblatt teria vantagem sobre um algoritmo tradicional de computador? Essa é uma questão importante e profunda!

A resposta é que se você não conhece uma fórmula ou sequência de passos para resolver um problema, ou se os parâmetros dos sistemas se modificam com muita frequência, é muito vantajoso usar uma rede neural. Por exemplo, se você não consegue criar uma fórmula, ou identificar os pontos de uma imagem para saber quando uma expressão facial é triste ou alegre, uma rede neural pode ser treinada com diversas imagens de expressões, identificadas por um humano (o que chamamos de treinamento supervisionado). Lembra aqueles pesos na entrada? Quando conectamos vários neurônios em camadas, podemos ir ajustando esses pesos até que a saída acabe por apresentar algo que desejamos. Isso é o que chamamos de treinamento supervisionado. Ao aplicarmos uma grande quantidade de imagens na entrada, e informarmos o que esperamos na saída, cada entrada desse neurônio (os pesos sinápticos) pode ter seus valores ajustados para dar uma importância maior ou menor para aquela pequena informação na entrada, ou seja, cada um dos pontos. Após submeter a rede inteira a esse treinamento supervisionado com muitas imagens, e após muitos ajustes nesses pesos, a rede neural naturalmente passa a apresentar resultados corretos na saída, mas não precisamos definir ou mesmo conhecer o algoritmo usado para essa identificação. Fazemos como o cérebro humano faz. Ele vai aprendendo com a experiência e vai sendo treinado. Se você pedir para alguém descrever quais traços indicam uma pessoa feliz, possivelmente a pessoa não saberá explicar, mas ainda assim ela consegue identificar uma pessoa feliz. A rede neural funciona da mesma forma! Esse é o lado bom e ruim de uma rede neural: não sabemos por que ela apresenta os resultados que apresenta! O que chamamos de "alucinação" em IA é um cálculo com aqueles pesos e entradas que gera um resultado matemático que não desejamos. Simples assim.

Bem, temos tudo de que precisamos. Nossa rede neural processa informações que um computador tradicional teria dificuldade pela falta de um algoritmo, mas ainda podemos utilizar algoritmos tradicionais para outras atividades e assim nos beneficiar da velocidade dos processadores. Mas como acontece com cada um dos segmentos do conhecimento humano, as redes neurais se tornaram mais complexas com o tempo. As IAs generativas trouxeram as redes neurais para outro patamar. Sem olhar para o passado, uma IA generativa como o GPT4 tem **um trilhão de parâmetros**. Mas o que isso significa? Sabe aqueles pesos sinápticos lá do neurônio simplificado, de W1 até WN? Cada um deles **também** é um parâmetro. Ou seja, temos bilhões de neurônios, e somadas todas as entradas temos trilhões de pesos sinápticos para ajustar cada vez que desejarmos treinar um novo modelo. É por isso que a geração de um modelo pode levar anos para ser treinada. Mesmo com o uso de GPUs, que são processadores orientados para execução massiva e paralela, o que reduz um pouco os tempos, ainda assim é algo caro e que pode consumir imensos recursos computacionais. Estamos fazendo trilhões de contas para ajustar os pesos sinápticos até termos essa rede neural gigantesca ajustada para responder a questões genéricas. E esse é um dos segmentos que a computação quântica pode ajudar!

Conectando a IA com os computadores quânticos

Em que um computador quântico poderia ser útil para treinar uma rede neural tão grande quanto essa? Os *qubits* explicados anteriormente funcionam sobre partículas que têm estados. Esses estados são estatísticos, ou seja, podem ser representados pela probabilidade de um *qubit* estar em um estado ou em outro. Da mesma forma, os pesos sinápticos das redes neurais têm um caráter inerentemente estatístico. Ou seja, os computadores quânticos e as redes neurais usam um mesmo tipo de matemática, a estatística. Estima-se que um computador quântico possa treinar um modelo centenas ou milhares de vezes mais rapidamente do que os computadores tradicionais. Estima-se que os tempos de treinamento para redes neurais muito complexas podem se reduzir de anos para meses ou horas, dependendo do poder computacional dos processadores quânticos. E como tudo isso afeta nosso dia a dia? Bom, hoje os esforços nos estudos para a criação de novos modelos para IAs generativas demandam grande quantidade de recursos computacionais. Com a popularização e amadurecimento da computação quântica, não só tornamos a criação de novos modelos mais simples, como também gastaríamos um tempo consideravelmente menor para estudos científicos de novos modelos. Não parece haver dúvidas de que a computação quântica pode acelerar em anos as pesquisas em IA. Embora nebuloso, até mesmo existe a possibilidade de que a execução das redes neurais seja mais rápida com esse tipo de processador, tornando as respostas mais parecidas com as humanas. Talvez tenha passado muito rapidamente, mas uma rede neural passa por dois estágios. Existe o treinamento, que muito provavelmente os computadores quânticos poderiam treinar mais rapidamente, mas também existe a consulta ou execução da rede neural, que possivelmente também poderia ser algo feito pelos computadores quânticos. De qualquer forma, esses dois segmentos, a computação quântica e a inteligência artificial, têm o poder de moldar o futuro da computação nos próximos anos. E parece mesmo que as duas estão destinadas a se tornar fortes aliadas no futuro!

11. Ferramentas de IA generativa em situações de ensino e aprendizagem

Patrícia Sant'Ana
Caio Gaeta

Introdução

Até o ano de 2022, debater a utilização de inteligência artificial (IA) parecia uma prática distante dos bancos escolares, que caberia exclusivamente a cientistas e técnicos de computação. Por mais que já estivesse presente no cotidiano de muitas escolas como parte de softwares adotados[5], a IA passou a integrar o vocabulário de professores e estudantes por meio da popularização de ferramentas de IA generativas, especialmente representada pelo lançamento da plataforma ChatGPT 3.5, em novembro de 2022[6].

Um dos aspectos possíveis de aplicação da IA na educação, mais especificamente em situações de ensino e aprendizagem, é por meio do trabalho com ferramentas de IA generativa, que podem ser utilizadas de diversas formas, como: no auxílio dos professores para a elaboração de planos de aula; no apoio à realização de pesquisas, de resumos e de projetos; no estímulo à criatividade, à autonomia e ao protagonismo; na diversificação, no enriquecimento e na personalização das experiências de aprendizagem.

---

[5] Não aprofundaremos no histórico da tecnologia de IA, mas cabe ressaltar que seu uso já é recorrente em tecnologias digitais há décadas, tendo o início geralmente referenciado na década de 1930. A popularização do termo se deve ao diferencial apresentado por ferramentas de linguagem natural.

[6] O lançamento foi marcado pelo recorde de maior número de inscritos dentro das primeiras 48h registrados até então, atingindo 100 milhões de usuários em uma semana.

No entanto, o uso dessas ferramentas na educação também implica desafios e dilemas, que precisam ser enfrentados com olhar atento. Alguns desses desafios versam sobre a garantia da qualidade social da educação, o que envolve a formação de educadores, gestores e alunos para a leitura, a análise crítica do mundo da cultura digital e a garantia de promoção de inclusão, equidade e justiça social, além de respeito à diversidade, à ética e aos direitos humanos.

Diante desse cenário, é fundamental que educadores e estudantes estejam preparados para utilizar as ferramentas de IA generativa de forma crítica e criativa, desenvolvendo competências que lhes permitam compreender, questionar, avaliar, selecionar, adaptar, produzir e compartilhar conteúdos gerados pela IA, bem como interagir com essas ferramentas de forma colaborativa, dialógica e reflexiva. Para isso, é necessário que as políticas públicas educacionais estejam alinhadas com as demandas e as tendências da sociedade contemporânea, que é cada vez mais digital, conectada e inteligente.

Políticas educacionais sobre competências digitais e alfabetização em IA: conjuntura nacional e internacional

Apesar da desigualdade no acesso à internet, a recursos e a ferramentas digitais em território nacional, nos últimos dez anos o Brasil tem testemunhado notável crescimento na implementação de políticas e nas ações voltadas à democratização da internet e ao desenvolvimento de competências da população em tecnologias digitais de informação e comunicação (TDIC). Nesse sentido, podemos destacar dados do Censo Escolar, trechos da Base Nacional Comum Curricular (BNCC), a publicação da Lei nº 14.533/2023 (BRASIL, 2023) e a Diretriz Curricular de Tecnologia e Inovação voltada à Rede Estadual de Ensino do Estado de São Paulo (SÃO PAULO, 2019).

O Censo Escolar de 2022 aponta, por exemplo, que 84,4% das escolas da rede estadual de ensino médio têm acesso à internet banda larga e 55,4% contam com computadores portáteis para alunos (BRASIL, 2023). A BNCC, mesmo que timidamente, já anunciava o uso de TDIC de forma crítica e reflexiva, colocando o professor e o aluno na condição de autor e não apenas de usuário de tecnologias: "compreender, utilizar e criar tecnologias digitais de informação e comunicação de forma crítica, significativa, reflexiva e ética nas diversas práticas sociais (incluindo as escolares) para se comunicar, acessar e disseminar informações, produzir conhecimentos, resolver problemas e exercer protagonismo e autoria na vida pessoal e coletiva" (MINISTÉRIO DA EDUCAÇÃO, 2023).

A Política Nacional de Educação Digital (PNED), sancionada pela lei nº 14.533, de 11 de janeiro de 2023, estabeleceu medidas para promover a inclusão digital da população brasileira a partir da articulação e do incremento de diferentes projetos, ações e programas governamentais relacionados à inclusão digital. A PNED tem em suas estratégias prioritárias o desenvolvimento de competências digitais, midiáticas e informacionais dos grupos de cidadãos mais vulneráveis, além de ressaltar a formação de professores para o processo de ensinar e aprender com as tecnologias e os recursos digitais. Por sua vez, a Diretriz Curricular de Tecnologia e Inovação voltada à Rede Estadual de Ensino do Estado de São Paulo (SÃO PAULO, 2019) articula o uso das tecnologias a todos os componentes curriculares, "[...] por meio do desenvolvimento de habilidades que permitam aos estudantes buscar dados e informações de forma crítica nas diferentes mídias, apropriar-se das linguagens da cultura digital, dos novos e multiletramentos; empregar ferramentas de software e aplicativos; utilizar, propor e implementar soluções envolvendo diferentes tecnologias" (SÃO PAULO, 2019, p. 3).

Além de estar alinhado ao modelo de competências e habilidades preconizadas pelo currículo paulista (conforme Competência 5 da Base Nacional Comum Curricular[7]), esse documento abarca, de forma articulada e integrada, os seguintes eixos estruturantes em tecnologia e inovação: 1. Tecnologias Digitais de Informação e Comunicação (TDIC), 2. Letramento Digital 3. Pensamento Computacional. Tais eixos contemplam questões relativas: 1ª) à ética, à privacidade, à confiabilidade, à segurança de informações recebidas e compartilhadas por meio das TDICs; 2ª) à mudança de mentalidade (do paradigma industrial, da *web* 1.0, para o pós-industrial, que converge com a *web* 2.0) necessária para uma visão mais ampla de letramento digital, que compreende as dimensões técnica, cognitiva, social e cultural, partindo de uma perspectiva crítica que orienta o aspecto funcional-instrumental na apropriação tecnológica e no trato com diferentes mídias digitais e linguagens midiáticas; 3ª) ao desenvolvimento de capacidade analítica e do pensamento computacional, que permite alavancar a aprendizagem em modalidades como linguagem de programação, robótica, narrativas digitais, *maker* e pensamento científico.

---

[7] "Compreender, utilizar e criar tecnologias digitais de informação e comunicação de forma crítica, significativa, reflexiva e ética nas diversas práticas sociais (incluindo as escolares) para se comunicar, acessar e disseminar informações, produzir conhecimentos, resolver problemas e exercer protagonismo e autoria na vida pessoal e coletiva" (BNCC, p. 9)

Apesar de haver poucas menções a conceitos e ferramentas especificamente de IA na BNCC, na PNED e na Diretriz, esses textos convergem na concepção dos pesquisadores mais proeminentes sobre IA em Educação na atualidade e contemplam as propostas pedagógicas que embasam as principais diretrizes internacionais sobre definições de competências e elaboração de currículos de IA, a exemplo da publicação de 2022 da Unesco *K-12 AI curricula: a mapping of government-endorsed AI curricula* (UNESCO, 2022b). O relatório mapeia iniciativas e desenvolve ampla análise dos currículos de IA (especialmente de IAs generativas), aprovados pelos governos, em instituições de educação básica de países como Bélgica, China, Portugal e Emirados Árabes Unidos, tendo em vista orientar o planejamento de "políticas capacitadoras, a elaboração de currículos nacionais ou programas de estudos institucionais e estratégias de implementação para o desenvolvimento de competências em IA" (UNESCO, 2022a, p. 6).

A Unesco vem publicando estudos e recomendações sobre *big data* e IA desde 2015, com o objetivo de atingir melhoria da qualidade da educação, a equidade no desenvolvimento e no exercício da cidadania contemporânea, cuja centralidade está, em grande parte, imersa na digitalidade. Além disso, manifesta uma preocupação em formar crianças e jovens com as competências necessárias para "navegar com sucesso no mundo existente", isto é, que participem integralmente de um *modus vivendi* da cultura digital, em um mundo impactado pela IA e pela crescente automação de postos de trabalho.

Na publicação de 2022, a Unesco (2002a) dá destaque para a importância de abordar a ética em IA (listada em dez princípios: 1. proporcionalidade e não causar dano; 2. segurança e proteção; 3. justiça e não discriminação; 4. sustentabilidade; 5. privacidade; 6. supervisão e determinação humana; 7. transparência e explicabilidade; 8. responsabilidade e prestação de contas; 9. conscientização e alfabetização; 10. governança e colaboração adaptáveis e com múltiplas partes interessadas). Além de elencar considerações específicas sobre métodos pedagógicos e de ensino e aprendizagem para abordar IA (como contextualização de dados e reconhecimento de preconceitos), também apresenta competências propostas para alfabetização em IA a partir da perspectiva de três diferentes marcos, com o objetivo de fundamentar suas indicações com abordagens de diferentes pesquisadores, evitando vincular suas orientações a produtos ou cursos específicos. O documento detalha a experiência dos 11 países analisados que tiveram currículos de IA aprovados e adotados pelos governos, e traz diretrizes sobre formação de professores, ferramentas e exemplos práticos que podem nortear o trabalho educativo com IA.

Assim como a BNCC, a PNED e a Diretriz, o relatório da Unesco congrega o princípio de que, da mesma forma que outras ferramentas digitais emergentes, a IA deve ser entendida e estudada como componente da cultura. As ferramentas de IA vêm acelerando o processo de automação de tarefas produtivas, reconfigurando dinâmicas socioeconômicas e alterando a forma como a sociedade pensa, se comunica e produz conhecimento; justamente por isso, tão – ou mais – importante que sua instrumentalização e o entendimento de suas potencialidades é a compreensão de suas limitações, de seus vieses e da abrangência de seus impactos.

Aplicações de IA no processo de ensino e aprendizagem

Em ambientes educacionais, ferramentas de IA podem ocupar espaços distintos de acordo com a intencionalidade dos sujeitos envolvidos. Bem como com outras tecnologias, as possibilidades de estratégias de aprendizagem com IA não se esgotam e podem ser recriadas continuamente. Contudo, o entendimento de certas definições conceituais e exemplos de caso podem guiar este processo de utilização.

Para apresentar os conceitos de forma prática, partiremos de alguns exemplos de utilização para explorar problemáticas e o potencial da sua utilização.

Pesquisa de referências bibliográficas

Diversas páginas e ferramentas virtuais permitem, desde antes das ferramentas aqui abordadas, a realização de pesquisa de referências bibliográficas. Bibliotecas virtuais, páginas de revistas científicas e buscadores especializados são espaços virtuais comumente acessados por muitos estudantes, professores e pesquisadores. Com o surgimento de ferramentas de IAG, é estimado que as plataformas possam trazer recomendações de fontes de pesquisa sobre temas determinados.

Uma grave limitação dessa funcionalidade pode se dar pelo fenômeno da "alucinação" das máquinas. Esse é o termo utilizado quando a IA gera respostas confiantes que, no entanto, não coincidem com a realidade. É possível verificar, por exemplo, a criação de uma lista de livros ou autores que não existem, inventados pela ferramenta de IAG durante o processo de interpretação dos seus dados de treinamento.

Outro aspecto que pode limitar a pesquisa de referências bibliográficas está relacionado ao banco de dados utilizado para treinar a ferramenta. É possível que a ferramenta esteja cronologicamente restrita (como é o caso do ChatGPT 3.5, que teve sua última atualização em janeiro de 2022) e não apresente resultados atualizados. A restrição das indicações também pode ser de outra natureza, como pelo fato de a ferramenta ter sido treinada com referências de determinado viés, eixo temático, obras de determinados países ou idiomas.

Para lidar com a questão da confiabilidade, algumas plataformas foram adequadas para o atendimento de funções de pesquisa. Ferramentas como Consensus, Elicit e Semantic Scholar podem ser utilizadas para curadoria de artigos, com um funcionamento similar às bases já consolidadas, mas beneficiadas por novas tecnologias de IAG.

Um exemplo de boa prática, nesse sentido, pode ser conferido pela ferramenta Consensus, que elenca publicações científicas com base nas perguntas realizadas à plataforma. Diferentemente dos casos de *chatbots* convencionais como ChatGPT, a ferramenta tem como parâmetro apresentar as fontes de pesquisa e indicar *links* para acesso às publicações originais.

Pesquisa de conteúdo sobre temas das aulas

O formato de conversa entre humano e a máquina, adotado pelas principais ferramentas de IAG, torna prática a realização de perguntas sobre qualquer assunto pelos usuários. Isso não garante, no entanto, que as respostas apresentadas serão sempre confiáveis.

As ferramentas de IA se valem de um sistema matemático para geração dos textos e formula suas respostas com base em cálculos sobre qual é a palavra mais provável para continuação da escrita. Isso pode gerar sentenças muito bem escritas da perspectiva gramatical, que, no entanto, podem ser incorretas quando comparadas à realidade ou mesmo ser inventadas – como mencionamos sobre o fenômeno da alucinação.

Um caso que ganhou evidência e que exemplifica esse risco é a notícia de que, para o ChatGPT, o piloto Ayrton Senna teria morrido em Interlagos, São Paulo, depois de bater em Nakajima. Nesse caso, a ferramenta levou em consideração sua base de conhecimento para inferir uma resposta que ainda não tinha. Seu resultado pode ser plausível para alguém que não conhece a história, mas se mostra falso frente ao fato de que o piloto morreu em Ímola, na Itália (GOMES, 2023).

Por mais que as ferramentas tenham capacidade de atualizar suas informações e aperfeiçoar suas respostas ao longo do tempo com base no *feedback* dos usuários e na atualização dos bancos de dados, é importante saber que as respostas podem conter erros.

Mesmo com essa limitação, é possível utilizar as ferramentas de forma interessante. Um exemplo de ferramenta que vale ser mencionada é o Bing Chat, da Microsoft, que traz referências de onde sua resposta foi formulada. Isso permite que os usuários consultem diretamente as fontes para análise do texto formulado. Outra medida é utilizar a própria característica da máquina como ponto de partida de uma atividade de checagem de fatos, por exemplo: trabalhando com alunos um exercício de pesquisa posterior à utilização da ferramenta para validar ou criticar o texto gerado.

Tradução e revisão de textos

Por mais que ferramentas de tradução e revisão existam há anos no ambiente virtual, as novas tecnologias de IA generativa podem trazer grandes contribuições a esse cenário.

Como as ferramentas possuem recursos avançados para interpretação de textos, é possível ter resultados mais precisos no uso de conceitos complexos e gírias, bem como sentenças que demandem uma interpretação mais sutil do que os antigos tradutores permitiam.

Nesse caso, uma limitação pode estar relacionada a expressões populares e outras particularidades regionais de linguagem. Isso pode variar de acordo com a base de informações que a ferramenta possui e tende a ser recorrentemente otimizada pela atualização dos dados.

Entretanto, para casos em que a ferramenta tenha uma boa base para referências, é possível realizar consultas e até mesmo utilizar para revisão de textos. Para esse propósito, é possível verificar não somente questões gramaticais, como também tirar dúvidas acerca do significado das frases e expressões. Também é possível solicitar sugestões de reescrita e adequação do texto, considerando, por óbvio, que este ainda assim deve ser revisado pelo usuário final.

Automatização de processos repetitivos

Tarefas repetitivas e que possam ser automatizadas, como a organização de dados e informações em parâmetros bem definidos, podem ser muito beneficiadas por essas ferramentas. Mas é sempre importante considerar se os dados ali inseridos são sujeitos ao compartilhamento ou se são confidenciais ou sensíveis. Algumas ferramentas asseguram a confidencialidade no tratamento das informações, e é sempre crucial conferir a política da ferramenta escolhida por essa razão.

Relacionada a essa categoria está a criação de listas de atividades por ferramentas de IA, tema bastante controverso. Pelas razões que conferimos anteriormente, não é seguro atribuir à ferramenta, de forma acrítica, a elaboração de trabalhos essencialmente humanos.

Também entendemos que quanto mais a tarefa se aproxima de um fazer humano, no sentido de explorar capacidades criativas, interpretações de contexto e habilidades que ultrapassam a mecânica da IA, mais importante é o trabalho humano de revisão crítica e ajustes do conteúdo gerado.

Ainda que as desenvolvedoras de ferramentas de IAG se dediquem a diminuir ao máximo casos de alucinação, esse fenômeno faz parte da tecnologia e se explicita naquelas que entregam como produto a geração de textos, como ChatGPT (Open AI), Bard (Google) e Bing Chat (Microsoft).

Mesmo com a existência desses problemas e com a compreensão sobre a limitação das ferramentas, é possível pensar situações específicas em que as ferramentas de IA amparem o processo avaliativo. Exemplo disso é a aplicação em contextos de ciências exatas e aulas de programação, em que a lógica matemática da IA apresenta mais viabilidade de disponibilizar conteúdos coerentes.

Como todas as demais finalidades, portanto, é importante que haja uma atenta revisão humana para os resultados gerados, a fim de conferir a existência das indicações e a pertinência com base nas limitações possíveis.

Considerações finais

A inteligência artificial (IA) tem o potencial de transformar a educação de maneiras significativas, oferecendo novas oportunidades para personalização, engajamento e aprendizado. No entanto, a implementação bem-sucedida da IA na educação requer uma compreensão cuidadosa de suas capacidades e limitações, bem como uma consideração das implicações éticas, sociais e pedagógicas.

Embora a IA ofereça oportunidades para melhoria do ensino e da aprendizagem, é crucial que os educadores estejam formados com o conhecimento e as habilidades necessárias para usar essas ferramentas de maneira a promover a construção do conhecimento pelos alunos de forma colaborativa e ética. Além disso, as políticas públicas devem apoiar a integração responsável da IA na educação, garantindo que todos os estudantes tenham acesso a essas tecnologias e que seu uso não exacerbe as desigualdades existentes.

Felizmente, nas diretrizes curriculares aqui mencionadas podemos enxergar um paradigma humanista e freiriano, de professores e estudantes que precisam se educar entre si, mediatizados pelo mundo, a favor da sua autonomia, para que possam permanecer no centro das escolhas sobre a sociedade que estão construindo e ter liberdade de pensamento para definir os rumos de sua própria história. "A formação técnico-científica não é antagônica à formação humanista dos homens, desde que a ciência e tecnologia, na sociedade revolucionária, devem estar a serviço de sua libertação permanente, de sua humanização" (FREIRE, 2017, p. 215).

Finalmente, é importante lembrar que a IA é uma ferramenta, não um substituto para o ensino de qualidade. A IA pode auxiliar os professores e melhorar a experiência de aprendizagem dos alunos, mas não pode substituir a orientação, o apoio e a inspiração que um educador pode fornecer. À medida que continuamos a explorar o potencial da IA na educação, devemos nos esforçar para garantir que ela seja usada para melhorar, e não substituir, a interação humana e o engajamento no processo de aprendizagem.

PARTE IV. INTELIGÊNCIA ARTIFICIAL E O MERCADO DE TRABALHO

12. IA e os algoritmos de aprendizagem

David Kohan Marzagão

A primeira distinção importante a se fazer é entre inteligência artificial (IA) e aprendizagem de máquinas (AM ou ML em inglês). De forma geral, AM é vista como um subconjunto da IA, com grandes influências da estatística. Um termo usado para distinguir IA de AM é chamar AM de uma **IA não simbólica**. Quando calculamos a rota de um navegador usando técnicas de, por exemplo, menor caminho em grafos, ou outras técnicas de busca em grafos, estamos usando um caso clássico do que chamamos de **IA simbólica**. Por outro lado, se, para a mesma tarefa, utilizamos aprendizagem por reforço, criando rotas com alguma aleatoriedade e dando uma 'recompensa' ao algoritmo para rotas que sejam boas, estamos utilizando técnicas no âmbito de AP (aprendizado profundo, ou, em inglês, DL, de *deep learning*). Um artigo recente publicado por pesquisadores do Google descreve avanços nesse desafio (BARNES *et al.*, 2023).

A partir de agora, iremos focar em alguns dos princípios fundamentais usados em AP. Algumas definições de AM nos ajudam a entender um pouco suas particularidades. Arthur Samuel, em 1959, definiu aprendizagem de máquina como "The field of study that gives computers the ability to learn without being explicitly programmed". A ideia de não precisar programar explicitamente todos os passos é bastante interessante. Considere, por exemplo, o problema clássico de identificar fotos de cachorros e de gatos. Programar explicitamente um algoritmo que os diferencie teria que dar conta de diversas nuances dessas fotos. Por exemplo, poderíamos definir que um focinho de gato tem um contorno diferente do de um cachorro, e elaborar funções que os descrevam. Mas como levar em conta o ângulo das fotos e todas as variações naturais que encontramos?

A ideia de não precisar programar explicitamente, portanto, é bastante interessante. Outras definições de AM são mais detalhistas, como, por exemplo "A computer observes some data, builds a model based on the data, and uses the model as both a hypothesis about the world and a piece of software that can solve problems" (RUSSELL; NORVIG, 2021).

A noção de observação de dados e criação de modelos baseados em tais dados é talvez o que mais distingue a IA simbólica da não simbólica. Na IA simbólica, dados não são uma necessidade para a criação dos algoritmos. Voltando ao exemplo de menor caminho, podemos elaborar um algoritmo que encontre menores caminhos e subsequentemente *provar* que tal algoritmo funciona em todos os casos. Em AP, por outro lado, são raros os algoritmos que podemos *provar* que funciona. Por conta disso, faz-se ainda mais necessário que criemos mecanismos de interpretação de tais algoritmos de AP.

Tais métodos são também chamados de *métodos de explicabilidade*, e veremos alguns exemplos deles no final deste capítulo.

Aprendizagem supervisionada

Na aprendizagem supervisionada, dados estão associados com uma classe ou com um valor. Essa informação associada ao dado é chamada de rótulo (do inglês *label*). A ideia é que o algoritmo capture padrões nesses dados e possa então procurar essas características em dados novos e fazer a predição dos rótulos desses dados novos. Na prática, nós queremos ter uma medida de quão bom esses algoritmos são, e se tivermos dados novos dos quais não sabemos os rótulos pode ficar difícil decidir qual algoritmo é melhor do que o outro. É prática comum, portanto, separar a base de dados total entre **conjunto de treino** e **conjunto de teste**. É também como ter um **conjunto de validação**, que não discutiremos a fundo, mas está relacionado com aprimorar outros parâmetros do algoritmo. Com os dados de treino, o algoritmo será definido e, com o teste, será avaliado o quão bom ele é. Note que "bom" é um termo usado aqui propositalmente de forma muito vaga. Avaliar um algoritmo é um tema muito importante e não trataremos aqui a fundo.

Antes de vermos um exemplo concreto, vamos fazer uma última diferenciação importante. Considere o problema de definir se a foto é de um cachorro ou gato, ou o problema de determinar o dia da semana de uma pessoa através de seus compromissos. Ambos os problemas, por mais que bastante distintos em termos de técnicas a serem usadas e formato dos dados, têm algo em comum. Ambos têm o objetivo de colocar dados em uma determinada *classe* ('gato', 'cachorro', 'segunda-feira' etc.). São ambos **problemas de classificação**. Em contraste, problemas como determinar o preço de um imóvel baseado em suas propriedades ou determinar o tempo que demora para uma determinada tarefa são **problemas de regressão**. Nestes, o objetivo é encontrar um número (ou um conjunto de números), de forma que existe uma métrica no espaço de resultados possíveis, e podemos calcular medidas como quão longe do valor real meu algoritmo determinou a predição.

Vamos agora nos debruçar em um exemplo concreto de problema de classificação. Na década de 1930, Fisher fez uso e popularizou uma base de dados de medidas de 150 flores diferentes pertencentes a três espécies (FISHER, 1936). Essas três variantes de flores íris se chamam "setosa", "versicolor" e "virgínica". A ideia é: como podemos criar um algoritmo que classifique corretamente essas flores?

Em vez de fotos de flores, no entanto, a base de dados utilizada por Fisher tinha medidas de cada exemplar. Há quatro medidas coletadas: comprimento da sépala (*sepal length*), largura da sépala (*sepal width*), comprimento da pétala (*petal length*), largura da pétala (*petal width*). Por exemplo, o primeiro dado do banco de dados é: o comprimento da sépala é de 5,1cm, largura da sépala é 3,5cm, e assim por diante. Ainda, a base de dados nos informa que esse exemplar é de "setosa". Dos 150 exemplares, temos 50 de cada classe. O desafio se torna, portanto, o seguinte: é possível inferir a classe da flor somente por essas quatro medidas?

Observemos a Figura 12.1, que mostra dois modos de visualização em duas dimensões de dados que são quadridimensionais. Observamos que as flores da variante *setosa* estão mais separadas das outras, e parecem ser mais fáceis de serem delimitadas. Em contraste, *versicolor* e *virginica* parecem se intersectar em certas partes do espaço e talvez faça com que algoritmos errem ao predizer dados nessa região. Há um detalhe muito importante nessa análise: por mais que seja razoável imaginar que pontos estão perto ou longe, lembremos que os pontos estão em um espaço de quatro dimensões e as distância que vemos na figura são só parte de toda a informação.

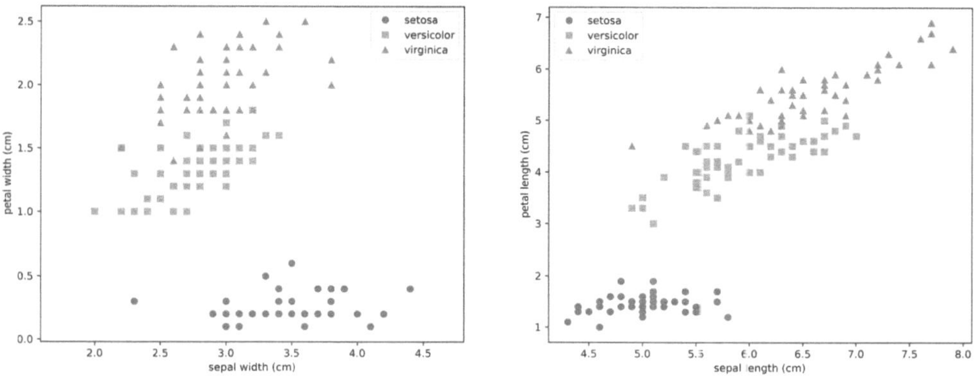

Figura 12.1. Dois *plots* em duas dimensões de dados que são, na verdade, quadridimensionais. Cada dado está ilustrado da seguinte forma: setosas (círculos), versicolor (quadrados) e virgínica (triângulos). Na esquerda temos largura da sépala (eixo x) contra largura da pétala (eixo y) e à direita temos comprimento da sépala (eixo x) e comprimento da pétala (eixo y). Fonte: imagem produzida pelo próprio autor em Python usando a base de dados 'Iris'.

Vamos agora aplicar um algoritmo de classificação para entendermos melhor como se dá um processo, nesse caso simples, de previsão. Antes de mais nada, devemos separar uma parte dos dados para treino. Normalmente esse número é em torno de 80% a 90%, mas pode facilmente mudar dependendo dos dados sendo analisados. A título de ilustração, vamos definir 60% dos dados como de treino e 40% de teste. Vamos usar um algoritmo muito simples, chamado de *K-Nearest-Neighbours* (K Vizinhos mais Próximos), ou simplesmente KNN. Considere que K é igual a 3. O algoritmo KNN faz o seguinte: para cada dado de teste, procuramos os três dados de treino mais próximos e definimos a classe do dado de teste como o da classe mais prevalente entre os vizinhos (em caso de empate, fazemos, por exemplo, uma escolha arbitrária). Observe a Figura 12.2 e note que o quadrado de maior tamanho (predição incorreta) parece estar cercado de outros quadrados (classe *versicolor*) e, portanto, foi classificado de forma errada. Outros pontos classificados erroneamente são os dois triângulos (que deveriam ser quadrados). A acurácia (proporção de acertos nas predições) é de 95% nesse caso, pois 57 dos 60 dados de teste foram classificados corretamente.

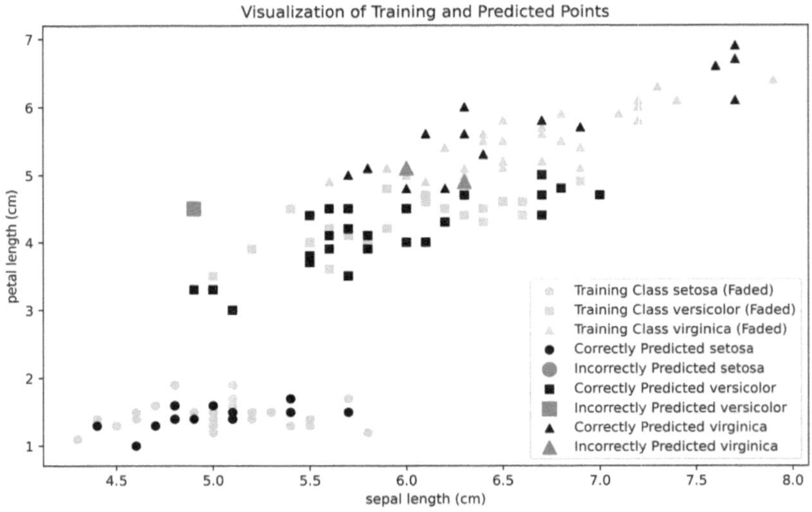

Figura 12.2. Em tom transparente, estão os dados de treino, com formatos de acordo com as classes a que pertencem. Pontos opacos maiores são dados classificados incorretamente, enquanto os de tamanho igual ao mais transparente são dados classificados corretamente. Há apenas três dados classificados incorretamente nessa figura, dois como virgínica e um como versicolor. Note que as distâncias mostradas aqui são informação parcial, pois dados têm quatro dimensões. Fonte: imagem produzida pelo próprio autor em Python usando a base de dados 'Iris'.

Esse algoritmo KNN não é necessariamente um exemplo clássico de aprendizagem supervisionada. Por um lado, ele é simples de entender, e por isso o utilizamos aqui, mas, por outro, ele é um modelo que chamamos de **não paramétrico**. Em termos mais simples, não é um modelo com o qual aprendemos com os dados de treino e que nos permite de certa forma 'jogar fora' os dados de treino e ficar com um modelo após o treino. Pelo contrário, utilizamos os dados de treino para cada previsão. Essa explicação, mesmo que um pouco simplificada, dá também a nuance do que outros algoritmos de AM supervisionados podem fazer: aprendemos um modelo (por exemplo, uma linha de regressão) e depois usamos para predições sem necessitarmos dos dados usados para treino para cada predição.

Aprendizagem não supervisionada

Como lidaríamos com a base de dados de flores Iris caso não houvesse rótulos? Esse é o tipo de problema que algoritmos de aprendizagem não supervisionada tentam resolver. Imagine que recebemos uma base de dados como na Figura 12.1, mas todos os símbolos (e cores) são iguais. Nesse caso, podemos efetuar algoritmos como *K-Means*, que encontra K *clusters* de dados e conjectura que dados em um mesmo *cluster* são parecidos (no nosso caso, a mesma variedade de íris). Note que o algoritmo não tem contato nem com os nomes 'virgínica', 'setosa' e 'versicolor', mas somente com as coordenadas de cada ponto. Não iremos entrar em detalhes de como o algoritmo funciona, mas a ideia é que ele vai interativamente encontrando melhores centros de *clusters* de forma tal que a distância entre pontos do mesmo centro seja pequena (ou seja, *clusters* devem ser pontos que estão perto um do outro). Não há separação de treino e teste nesse caso. A Figura 12.3 mostra o resultado de aplicar K-*Means* aos 150 pontos da base de dados Iris. Note, novamente, que as distâncias entre os pontos não correspondem completamente às que vemos em duas dimensões. As cores e os formatos indicam pontos designados a um mesmo *cluster*. Note ainda que o resultado não é perfeito e que há pontos em *clusters* diferentes que pertencem à mesma variedade na base de dados com rótulos. A exceção parece ser 'sedosas', que estão em um *cluster* mais afastado.

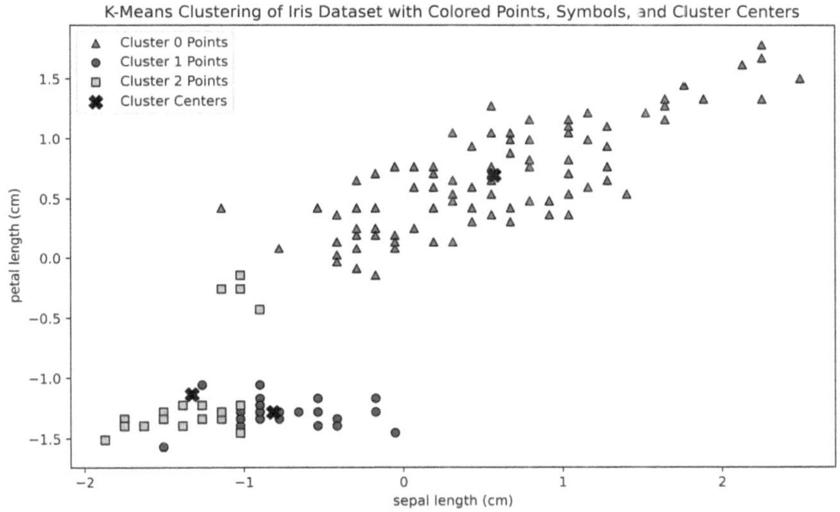

Figura 12.3. Separação dos 150 exemplares em três *clusters*. Os centros dos *clusters* estão marcados com uma cruz, enquanto pontos com o mesmo formato pertencem ao mesmo centro, isto é, têm o mesmo centro como o centro mais próximo. Fonte: imagem produzida pelo próprio autor em Python usando a base de dados 'Iris'.

Aprendizagem por reforço

Não iremos tratar aqui da aprendizagem por reforço em detalhes, mas vale dizer que é um processo em que treinamos um algoritmo através de recompensas para decisões que geram melhores resultados. O caso clássico mais recente é o Alpha Go, desenvolvido pelo Deep Mind, que ganha quando joga contra grão-mestres no jogo Go (SILVER *et al.*, 2016). Um livro didático muito bom para aprendermos o básico de aprendizagem por reforço é o de Sutton e Barto (2018), *Reinforcement learning: an introduction.*

Explicando resultados

Uma área de pesquisa muito ativa no momento é aquela que procura criar explicações para as decisões tomadas por algoritmos de AM. Nos últimos anos, essa área cresceu imensamente. Neste capítulo, mostramos os resultados de um modelo pioneiro introduzido na metade da década passada. Desde então, drásticas melhorias e modelos alternativos e mais robustos foram apresentados. Descrevemos aqui como esse modelo pioneiro funciona.

Linear Interpretable Model-Agnostic Explanations (LIME) (RIBEIRO; SINGH; GUESTRIN, 2016) trabalha com explicações e não tem acesso a como os modelos estão funcionando 'por dentro', mas sim os trata como uma caixa-preta. O projeto dá exemplos com texto, imagem e dados tabulares. Vamos focar aqui nas imagens.

Considere a imagem hipotética de um gato tocando violino. Usamos um classificador de imagens que define a probabilidade do conteúdo de uma imagem. Esse classificador, no entanto, está preparado para classificar apenas um elemento da imagem, e não, digamos, um par de elementos (gato e violino). Considere que os três resultados mais prováveis dados por esse algoritmo são (1) violino, (2) violoncelo e (3) gato. Como podemos tentar entender o que esse algoritmo procura em cada caso, e qual parte da imagem está sendo analisada? O modelo LIME tenta resolver essa pergunta mostrando as partes da imagem que mais contribuem para que a predição seja 'violino'. Por exemplo, irá destacar a parte da imagem que contém traços de violino. Como faz isso? O modelo LIME faz, em linhas gerais, o seguinte: são criadas cópias da imagem, mas com a supressão de certas partes da figura, que são submetidas ao mesmo algoritmo de classificação. Dependendo da diferença na probabilidade de cada classificação, infere-se a importância daquela parte. Como assim? Por exemplo, quando tiramos o fundo da imagem, onde não tem nem gato nem violino, as probabilidades que o algoritmo dá para gato e violino não mudam. Mas caso tiremos a parte da imagem que contém o rosto do gato, teremos (se tudo estiver se comportando como esperado) uma redução da probabilidade de a imagem ser classificada como gato e, portanto, uma interpretação de que essa parte da imagem é associada ao elemento "gato". Uma explicação não muito boa pode nos dizer que há algo de errado com o nosso algoritmo, ou com o modelo LIME no caso, ou ainda algo de errado com a nossa base de dados. Um artigo interessante que discute métodos de interpretabilidade no geral é *Techniques for interpretable machine learning* (DU; LIU; HU, 2019).

Conclusões

Neste capítulo demos um breve panorama geral dos fundamentos de algoritmos de aprendizagem de máquina. Vimos aqui os fundamentos da ideia de aplicabilidade e como ela funciona em um exemplo hipotético. Muitos tópicos não foram nem ao menos mencionados, como métodos de linguagem natural. A área de AP é vasta e é incrementada a cada dia.

13. Impactos da IA no mercado de trabalho

Marcelo Graglia

Billy Turnbull era um rapaz astuto, nos seus recém completados 14 anos de vida. Naquela manhã fria de maio de 1831, caminhava pela rua principal de Bedlington em direção à mina que ficava no lado oeste da cidade, próxima à estrada que levava ao norte. Seu pai, Brian, criava porcos nos fundos do quintal. Toda quinta-feira à noite levava os animais até a propriedade do velho Wilson e os mantinha nas pequenas casas de carvão até a manhã do sábado, quando Hay, o açougueiro, supervisionava o abate dos bichos. Por entre a névoa, Billy já distinguia as paredes de pedra da igreja de São Authbert. Cerca de quatrocentos metros abaixo, virou à esquerda, após a casa de Walter Daglass. Ele tinha um irmão mais velho, cujo nome Billy não conseguia lembrar. Pelo que sabia, eram totalmente britânicos, sem sotaques estranhos nem nada. Antes de se mudarem para aquele local, tinha uma casa e um depósito de carvão logo abaixo do mercado. Três portas acima, havia um arco que levava a um pátio com seis residências e um pomar; sua avó morava na frente direita e uma tia morava no andar de cima, nos fundos. As casas eram decrépitas, para dizer o mínimo. O campo de batatas ficava do outro lado da parede dos fundos e Billy sempre seguia por ali para cortar caminho. Naquela manhã fria, quando Billy Turnbull finalmente chegou na entrada da mina, a querela já estava armada. Dezenas de homens, vestidos em seus farrapos e com seus rostos tingidos pelo pó preto do carvão se aglomeravam em torno da máquina a vapor recém-adquirida pelo Sr. Stephens, proprietário do local. Com suas pás e picaretas, amotinados, golpeavam o equipamento que respondia emitindo longos chiados. Em pouco tempo, a máquina parecia morta, imóvel e silenciosa. Assustado, Billy viu Brian Llewellin saindo do meio dos mineiros e vindo em sua direção. Quando o amigo se aproximou, perguntou: "O que está havendo, Brian?" Ao que este respondeu: "Não sou Brian, meu nome é Ned Ludd".

A história anterior foi construída a partir de personagens fictícios, mas baseada em fatos históricos. Ned Ludd era a alcunha utilizada por muitos dos trabalhadores envolvidos em protestos e sabotagens, supostamente o nome de um aprendiz que se revoltou com as condições de trabalho numa tecelagem inglesa. O ludismo foi um movimento de trabalhadores iniciado na Inglaterra no início do século XIX que utilizou a destruição de máquinas como forma de pressionar os empregadores contra as condições precárias a que eram submetidos: jornadas exaustivas, ambientes de trabalho insalubres e baixos salários. Na época, o cenário se agravava com a introdução de máquinas que causavam demissões e substituição de funções mais qualificadas por outras de pouca exigência técnica e menos remuneradas. O momento histórico era de turbulência econômica e desemprego em massa, com inúmeras famílias sendo assoladas pela fome.

No campo do trabalho humano, é histórico o temor pelos efeitos potencialmente destruidores da tecnologia sobre os postos de trabalho, simbolicamente representado pelo movimento ludista. Nesta segunda década do século XXI, novamente a emergência de uma nova onda de inovação tecnológica reacende a polêmica com debates entre visões diametralmente opostas: a daqueles que vislumbram um futuro brilhante, onde a tecnologia liberta a humanidade da obrigação do trabalho duro, repetitivo, desestimulante, ao mesmo tempo em que elimina doenças, promove a longevidade, o conforto e o deleite com novas possibilidades lúdicas e sensoriais trazidas por artefatos tecnológicos e ambientes digitais; e, em posição antagônica, a daqueles que temem as consequências potencialmente nefastas da proliferação da tecnologia de forma intensa por tantos campos sensíveis, como o trabalho, a medicina genética, o controle sobre as informações e mesmo sua aplicação no campo militar, criando novos e terríveis cães de guerra. Soma-se ainda o risco da desumanização das relações e da interferência voraz de sistemas de inteligência artificial em atribuições e campos até então eminentemente humanos, num cenário de pós-humanismo cibernético. O que alimenta esses temores? Embora a automação tenha sido historicamente confinada a tarefas rotineiras envolvendo atividades baseadas em regras explícitas, a inteligência artificial e seus algoritmos agora estão entrando rapidamente em domínios dependentes de reconhecimento de padrões e podem substituir prontamente o trabalho em uma ampla gama de tarefas cognitivas não rotineiras. Somando-se a isso, robôs avançados estão ganhando sentidos aprimorados e destreza, o que lhes permite executar uma ampla variedade de tarefas manuais. Isso provavelmente mudará a natureza do trabalho em empresas e profissões, e algumas mudanças já são percebidas. Novas aplicações de alto desempenho no reconhecimento de fala e processamento de linguagem permitem interpretação simultânea, criação automática de textos complexos, interação convincente, bem como a análise de grandes volumes de dados.

Em suma, seja em relação ao trabalho industrial, de serviço ou de conhecimento, a digitalização está mudando todo o sistema sociotécnico e o arranjo existente entre pessoas, organizações e tecnologia. Nessa transformação, há aspectos claramente positivos e outros que inspiram maior reflexão. Parafraseando a célebre frase narrada por Tucídides, na colossal obra "História da Guerra do Peloponeso", quando a delegação da cidade de Corinto se empenhava em convencer os relutantes espartanos a abandonar seu temor em declarar guerra à Atenas: não devemos temer a tecnologia (Atenas), o que devemos temer são a nossa ignorância, a nossa indiferença e a nossa inércia. A ignorância, no sentido de não entendermos ou não buscarmos entender o processo histórico que ora se movimenta, puxado pela inteligência artificial e outras tecnologias digitais e os riscos de impactos éticos e sociais importantes; a indiferença, no sentido de não nos sensibilizarmos com os efeitos deletérios possíveis, especialmente sobre grandes parcelas menos protegidas ou desfavorecidas da nossa sociedade, de ignorarmos os riscos; a inércia, traduzida pelo não agir, enquanto indivíduos, sociedade e governos, que não se preparam devidamente, que não estabelecem estratégias adequadas, que não constroem seus diques, seus programas, projetos e políticas públicas robustas e suficientes para enfrentar um mundo em transformação já anunciada. A tecnologia pode ser um aliado para nossa prosperidade, se quisermos olhar para frente, se entendermos o que está por vir e se definirmos o nosso curso sabiamente após um planejamento adequado.

John Maynard Keynes, no texto *Economic possibilities for our grandchildren*, escrito em 1930, argumentava que o aumento da eficiência técnica havia ocorrido de forma mais rápida do que seria possível para lidar com o problema da absorção da força de trabalho. A depressão mundial – consumada com a quebra da bolsa de Nova York em 1929 e a enorme anomalia do desemprego que se estabeleceu – impedia a clareza de visão necessária para que muitos pudessem captar as tendências que se afiguravam. Uma delas, para muitos desconhecida, estava afligindo alguns países que estavam na vanguarda do progresso: o desemprego estrutural. Para Keynes, isso significava "desemprego devido à nossa descoberta de meios de economizar o uso do trabalho ultrapassando o ritmo em que podemos encontrar novos usos para o trabalho". O economista previa que, mantidas as taxas de crescimento da produtividade, geradas pela incorporação de tecnologias nos processos produtivos e outras condições, em cem anos o problema econômico mundial da escassez poderia ser resolvido. Essa projeção é surpreendente, se considerarmos que o problema econômico da luta pela subsistência tem sido um dos desafios fundamentais e urgentes da sociedade humana. Em contrapartida, esse ganho de produtividade se daria, principalmente, pela substituição do trabalho humano pelo de máquinas; portanto, não seria necessário no futuro um contingente tão grande de pessoas trabalhando para gerar a riqueza possível. Assim, se o trabalho humano – em boa parte – se tornar realmente supérfluo pela automação, o principal problema econômico será de distribuição, não de escassez. Pode haver prosperidade sem que ela seja acessada por muitos. Durante séculos a riqueza foi distribuída através de empregos, e, até então, os ciclos econômicos gerados pelas ondas de inovação tecnológica trouxeram crescimento econômico associado a uma abundante oferta de empregos.

A nova onda de inovação tecnológica tem suas próprias características que a diferem das anteriores, como as da eletricidade, do automóvel, do computador e da internet. Todas as demais, até o presente, apresentaram um comportamento típico, dividido em quatro fases bem definidas: crescimento, prosperidade, recessão e depressão. As fases de crescimento e prosperidade econômica correspondiam a uma recuperação do emprego que fora perdido no crepúsculo da onda anterior. A explicação para isso era a dinâmica causada na economia pelos investimentos feitos por investidores, governos, empresários e empreendedores, ávidos pelos benefícios das novas tecnologias que surgiam na forma de produtos ou de processos. Esse contexto, o do crescimento dos empregos concomitante ao crescimento econômico, acontecia não porque o primeiro fosse também um fim, mas apenas um meio necessário para o segundo. Aí reside uma das características diferenciadoras da sexta onda de inovação tecnológica em relação às anteriores: um cenário de crescimento econômico sem a proporcional contrapartida de geração de empregos. Isso nos leva a três questões distintas que precisam ser resolvidas. Em primeiro lugar, a questão da distribuição de renda enquanto processo a ser revisto e adequado aos novos tempos; em segundo, a questão da transição segura de uma sociedade economicamente baseada na renda do trabalho e emprego para outra onde não haja para muitos; e, por último, mas não menos importante e desafiador, a construção e a viabilização de alternativas para a falta do trabalho enquanto fonte de significado e propósito de vida subjetivo.

A chegada dos chamados modelos de inteligência artificial do tipo LLM (*Large Language Models*), um tipo avançado de modelo de linguagem que é treinado a partir de algoritmos de aprendizagem profunda, com uso de quantidades colossais de dados e capaz de realizar de forma poderosa tarefas de processamento de linguagem natural, permitiu o desenvolvimento de produtos surpreendentes, como o ChatGPT, da empresa Open AI, o Bard, da Google, e o Midjourney, da empresa homônima. Esses produtos furaram a bolha técnica onde essas tecnologias vinham sendo desenvolvidas e utilizadas, ao possibilitar que milhões de pessoas e organizações pudessem utilizar seus recursos nas mais diferentes aplicações. Ao mesmo tempo, trouxeram a concretude das possibilidades de substituição de inúmeras tarefas e funções humanas, reacendendo antigos temores. Nesse momento, há enormes diferenças entre as pesquisas e projeções sobre o impacto dessas tecnologias feitas por diferentes organizações. Há argumentos frágeis e outros desonestos, tentando desqualificar as preocupações com o risco da eliminação de muitos postos de trabalho e seus possíveis impactos econômicos e sociais. Alguns destes apelam para uma aritmética primitiva e descabida, de que, como no passado, novos empregos e profissões surgirão e compensarão aqueles perdidos. Há dois equívocos nessa lógica: a de que o futuro sempre repete o passado e a de que se trata de uma conta de subtração: muitos postos de trabalho desaparecerão, mas, em compensação, novos surgirão e o saldo será positivo, dizem. A realidade que já se apresenta põe por terra esses argumentos: por um lado, milhões de pessoas desempregadas ou subempregadas; por outro, milhares de vagas não preenchidas pelas empresas por conta das suas especificidades técnicas ou da sofisticação das competências exigidas. Isso sem falar do progressivo fenômeno da precarização do trabalho, bem representado pelos modelos de plataformas digitais, em que milhões de pessoas vendem suas horas de trabalho por valores baixos, sem condições mínimas laborais, muitas delas imersas em riscos e ainda sujeitas a jornadas excessivamente longas e extenuantes para ganhar o pão de cada dia.

O pensamento de risco sugere que deveríamos nos preparar para um cenário de intensa substituição de postos de trabalho por sistemas, robôs e máquinas e para uma tendência de crescimento da oferta de postos de trabalho precarizados. Não há mal algum, nessas circunstâncias, em nos prepararmos para tal cenário. A história nos mostra o quanto é mais sábio prevenir do que remediar. E, preparados para o adverso, sabendo que a imagem do futuro não está ainda formada, poderemos esperar pela serendipidade. A palavra é originalmente derivada da língua inglesa (*serendipity*), que significa a faculdade de se fazer descobertas felizes e inesperadas por acidente, segundo o *Oxford English Dictionary*. Foi aparentemente cunhada pelo escritor Horace Walpole, no século XVI, a partir de um romance, *The Three Princes of Serendip*, que narra a capacidade dos protagonistas de, acidentalmente, realizar descobertas que lhes traziam grandes benesses.

14. A IA, a geopolítica e a transformação econômica do século XXI

Tatiana Negry

O propósito deste capítulo é mostrar os impactos trazidos pela IA na geopolítica, na transformação econômica e nas relações de trabalho no século XXI. Assim como outras inovações tecnológicas ocorridas ao longo da história, a IA afetará profundamente a ordem de poder global, as cadeias globais de valor (CGVs) e a indústria nos países desenvolvidos e em desenvolvimento.

As inovações tecnológicas ao longo da história trouxeram impactos visíveis, em especial no último século. Do ponto de vista econômico, a tecnologia pode ser vista como uma variável exógena ao processo político. Entretanto, fica cada vez mais evidente a relação de reciprocidade entre os efeitos das mudanças tecnológicas e a natureza também mutável da política global (DREZNER, 2019). Outro ponto importante a ser ressaltado é a relação de mútua dependência entre tecnologia e crescimento econômico (SCHUMPETER, 1961). Vários estudos sobre o tema evidenciam que a inovação tecnológica é responsável por algo em torno de 60% e 85% do crescimento econômico dos países desenvolvidos (KELLER, 2004). Dentre as inovações tecnológicas ocorridas no século XX, a internet foi a que mais trouxe mudanças ao sistema internacional, tanto na esfera econômica quanto na política. Apesar de parecer cada vez mais dissociada da esfera estatal, a rede mundial de computadores afeta de forma significativa o relacionamento entre os atores internacionais (MARIANO, 2017). Além disso, o desenvolvimento da internet viabilizou o surgimento de outras tecnologias inovadoras, que demandam novas habilidades dos indivíduos e possibilitam a construção e o ajuste de normas e instituições.

No momento atual da história humana, fortemente marcado pelo crescimento exponencial da capacidade de processamento de dados, pela digitalização e consequente aumento do consumo de informações, o uso da internet é trazido a outro patamar, apoiado pelo surgimento de novas tecnologias que são alavancas de transformação política, econômica, social e cultural. Klaus Schwab (2016), em seu livro *A Quarta Revolução Industrial*, considera algumas tecnologias de maior destaque, entre elas inteligência artificial (IA), robótica, IoT (*Internet of Things*), nanotecnologia, biotecnologia, neurotecnologia, impressão 3D, computação quântica, *blockchain*, *big data* e redes sociais. Indubitavelmente, aquela que oferece o maior potencial de transformação para as relações internacionais (bem como para a economia global) é a IA.

Conceituada como uma *general purpose tech*, ou tecnologia inovadora de baixo custo fixo, que oferece possibilidades significativas de atuação pelo setor privado, a IA tem se destacado cada vez mais no cenário político global. Governos como Estados Unidos e China têm investido massivamente na adoção dessa tecnologia, não só com o objetivo de crescer economicamente, mas também de evitar a dependência em relação a tecnologias estrangeiras, o que caracteriza a IA também como uma *strategic tech*. A busca pela supremacia tecnológica, principalmente no aspecto militar, amplia as possibilidades de utilização da IA pelos estados, posicionando-a como uma *prestige tech* (HOROWITZ *apud* DREZNER, 2019).

IA e relações internacionais

A estreita ligação entre inovações tecnológicas e relações internacionais (RI) apresenta mudanças e eventos emblemáticos, numa relação constante de reciprocidade e ruptura. Surgida como uma disciplina entre a Primeira e a Segunda Guerra Mundial, RI foi inicialmente estruturada entre as teorias realista e liberal, que trazem concepções distintas sobre o papel e o relacionamento entre os Estados. Já o construtivismo, teoria surgida na década de 1980, baseia-se na premissa de que o comportamento dos Estados é moldado pelas crenças, identidades e normas sociais das elites (MINGST, 2009).

O realismo traz uma visão pessimista da natureza humana e da geopolítica internacional. Segundo Morgenthau (2003), a teoria se baseia numa compreensão específica da natureza humana, onde o poder é a principal diretriz da qual deriva toda a ação política, e toda a ação do Estado deve ser pensada a partir de uma preocupação com a segurança nacional. Também é premissa da teoria realista a definição das relações interestatais pela condição anárquica da política internacional e pela distribuição desigual de poder entre os Estados, que são os atores fundamentais do sistema internacional. Devido à ausência de uma instância superior, há uma luta constante por poder e sobrevivência, tornando o conflito entre Estados inevitável.

A teoria realista marcou a história da política internacional, fomentando o desenvolvimento de algumas das principais tecnologias no século XX. As armas nucleares, em especial, fizeram parte de um esforço militar dirigido pelos Estados Unidos e foram fundamentais para o posicionamento deste país como potência global, demonstrando que de fato a tecnologia pode influenciar diretamente as habilidades dos países em lutar e vencer guerras (HOROWITZ, 2018).

No século XXI, a influência da IA na distribuição global de poder também fica clara. Em 2016, buscando assumir uma posição de liderança e tendo como prioridade a defesa interna, a economia e a manutenção do status de hegemonia internacional, os Estados Unidos se posicionaram em relação à adoção da IA: "Government also has an important role to play in advancing the AI [IA] field by investing in research and development, developing a workforce that is skilled and diverse, and managing the economic impacts of these technologies as they develop" (USA, 2016).

Em 2017, o governo chinês lançou o *Next Generation Artificial Intelligence Development Plan*, um *roadmap* de iniciativas para construção de uma indústria nacional de IA, cujo custo estimado é de 150 bilhões de dólares (WEBSTER *et al.*, 2017). O objetivo é que o plano seja referência em inovação no setor, superando até mesmo os EUA.

Considerando o posicionamento dos Estados Unidos e da China sobre o uso da IA para os interesses estatais, a teoria realista, portanto, se mostra importante para a compreensão dos impactos de tal tecnologia na distribuição de poder interestatal. Mas não se pode de antemão deixar o liberalismo de lado. Em contraste com o foco estatal do realismo, o liberalismo defende a crença de que os seres humanos e, portanto, os Estados podem conviver pacificamente. Outra característica importante dessa corrente de pensamento é a relevância dada às instituições no contexto internacional e a busca pela cooperação entre os atores internacionais. Ao enfatizar a colaboração internacional e o papel do livre mercado na consolidação das democracias (NOGUEIRA; MESSARI, 2005), o liberalismo traz à tona a criação de regras e de um conjunto de instituições que tornam possível o desenvolvimento tecnológico de maneira ampla e colaborativa.

Assim, pode-se destacar o que seria a perspectiva liberal aplicada ao cenário da IA: a cooperação no processo de internalização de políticas de ciência, tecnologia e inovação em nível global (VELHO, 2011). Um exemplo desse tipo de colaboração foi a criação em 2015, pela ONU, do *United Nations Interregional Crime and Justice Research Institute Centre for AI and Robotics* (UNICRI), um centro de estudos avançados sobre IA que conecta uma vasta rede de *stakeholders*, incluindo governos, indústria, academia, *think tanks*, fundações e outras entidades da sociedade civil.

A teoria construtivista originou-se no final da década de 1980, no fim da Guerra Fria, como um contraponto às teorias realistas e liberais, em meio aos debates nas ciências sociais sobre o lugar de ideias e valores na análise dos eventos do sistema internacional (BUENO, 2009). Um dos principais argumentos do construtivismo é de que a anarquia é uma estrutura social que não obedece a uma lógica intrínseca. Tal lógica estaria relacionada a uma estrutura ideacional, ou seja, ao conjunto de ideias no qual está inserida. As diferentes culturas anárquicas atribuem distintos papéis aos atores, e a predominância desses papéis é que molda o sistema internacional. Portanto, "a anarquia é o que os estados fazem dela" (WENDT, 1992).

Ao aplicar esse argumento à área da inteligência artificial, pode-se observar a emergência de um novo campo de pesquisa utilizado nas comunicações digitais: o advento dos *bots* (contas automatizadas, operadas por robôs) que atuam nas mídias sociais alimentando-as de notícias falsas (*fake news*) e informações enganosas, o que pode afetar profundamente a geopolítica internacional e muitas vezes provocar manifestações populares. Embora as *fake news* possam ser direcionadas por contas humanas, a atenção recente de pesquisadores se concentrou em como os *bots* podem ajudar a disseminar tais informações e influenciar a propagação de notícias durante momentos cruciais, como períodos pré-eleitorais ou crises internacionais (UNVEN, 2018).

As invenções de alto custo que apresentam aplicações civis significativas são classificadas como *strategic tech*. Tecnologias de alto custo e com foco militar podem ser definidas como *prestige tech*. Já aquelas de baixo custo fixo, cuja aplicação é limitada ao setor privado, podem ser consideradas *public tech*. Por fim, as *general purpose tech* podem ser utilizadas tanto para fins militares quanto civis (HOROWITZ *apud* DREZNER, 2019).

Transcendendo a divisão teórica entre realismo e liberalismo, a tipologia proposta pelo autor permite classificar a IA como *general purpose tech* quando se refere às amplas possibilidades de aplicação da tecnologia no mercado. Já a dimensão *strategic tech* compreende a IA como ferramenta de busca por autonomia dos Estados em relação a tecnologias estrangeiras. Tal processo é exemplificado na adoção de IA pela China tanto na esfera econômica quanto militar.

Implicações econômicas da inteligência artificial

A IA tem o potencial de incrementar o resultado da economia mundial em 16% ou em 13 trilhões de dólares até 2030, o que significa um aumento médio do PIB global em 1,2% entre 2018 e 2030. Essa estimativa foi apresentada no relatório *The impact of AI on the world economy*, do McKinsey Global Institute (BUGHIN *et al.*, 2018): "if delivered, this impact would compare well with that of other general-purpose technologies through history".

Os potenciais resultados trazidos pela IA fazem com que empresas de todo o mundo, nos mais diversos setores produtivos, adotem o uso dessa tecnologia em larga escala. Sua implementação bem-sucedida e de outras tecnologias a ela associadas, como robótica, IoT, sensores industriais, entre outras, promete avanços revolucionários às operações de negócios e, consequentemente, maiores vantagens competitivas para as corporações e governos pioneiros na sua adoção (DURANTON; ERLEBACH; PAULY, 2018).

A Quarta Revolução Industrial

Na história moderna da humanidade, ocorreram três grandes avanços tecnológicos no desenvolvimento econômico mundial, denominados Revoluções Industriais. A primeira ocorreu no Reino Unido, em meados do século XVIII, por meio da introdução das máquinas hidráulica e a vapor nas fábricas.

A Segunda Revolução Industrial foi responsável pela separação de componentes e pela montagem de produtos com base na divisão do trabalho, no século XIX. A Terceira Revolução Industrial, que aconteceu na metade do século XX, trouxe uma ampla aplicação da tecnologia eletrônica e da informação, além da utilização em massa da internet e da automação contínua do processo fabril (LI; HOU; WU, 2017). Atualmente, a Quarta Revolução Industrial apresenta-se distinta das três primeiras etapas, pois se caracteriza pela ampla aplicação de sistemas físico cibernéticos nos ambientes de produção (LIU; XU, 2016). As tecnologias digitais, físicas e biológicas, e suas respectivas áreas de atuação, são os principais *drivers* da nova revolução (LI; HOU; WU, 2017), com destaque para IA e *machine learning*.

As experiências prévias da Grã-Bretanha e dos Estados Unidos provaram que toda Revolução Industrial tende a alterar a hierarquia de poder global de alguma maneira. Considerando as influências trazidas pela Quarta Revolução Industrial e pela inteligência artificial sobre a manufatura, o crescimento econômico, o desenvolvimento social e o comércio internacional, governos de diferentes países devem tomar medidas para lidar com essa tendência (LI; HOU; WU, 2017).

Inspirada no programa alemão *Industry 4.0*, a China desenvolveu o plano *Made in China 2025* (ISDP, 2018), que visa transformar o país numa superpotência tecnologicamente independente até 2025. Na prática, o objetivo é deixar a posição de "fábrica do mundo" (que produz itens de baixo valor agregado, com mão de obra barata) e se tornar uma superpotência industrial capaz de criar e influenciar padrões globais e as CGVs, além de impulsionar a inovação através do uso de tecnologias como IA, *big data*, computação em nuvem e robótica (ISDP, 2018).

Impactos no mercado de trabalho

Um dos debates essenciais na análise das questões socioeconômicas que envolvem a IA é seu potencial impacto no mercado de trabalho. Diferentemente de outros períodos disruptivos como o da Revolução Industrial, no século XVIII, a IA vem sendo introduzida em várias indústrias, entre elas as de transportes, bens de consumo, eletrônicos e automotiva, por meio da automatização, o que representa uma ameaça de extinção de vários postos de trabalho em distintos setores (CUMMINGS *et al.*, 2018).

As opiniões de acadêmicos e especialistas em RI diferem acerca dessa hipótese. Pesquisa realizada em 2013 pela Universidade de Oxford concluiu que 47% dos empregos nos Estados Unidos estarão suscetíveis à automação nas próximas décadas. A parcela correspondente no Reino Unido seria de 35% (FREY; OSBORNE, 2013). Já um estudo sobre países da OECD publicado em 2016 estima que somente 9% dos empregos nas economias mais avançadas são passíveis de automação (ARNTZ; GREGORY; ZIERAHN, 2016).

Perspectivas complementares às pesquisas de RI também apresentam estudos de extrema relevância sobre o impacto trazido pelas tecnologias de IA ao mercado de trabalho. Segundo o *World Economic Forum* (WEF), a inteligência artificial, em particular a IA Generativa, tem sido alvo de intensos debates na sociedade e na comunidade acadêmica, pois estima-se que cerca de 19% da força de trabalho dos países do G20 terá 50% de suas atividades automatizadas pela tecnologia no período de 2023-2027 (WILLIGE; MARKOVITZ, 2023). Do ponto de vista do McKinsey Global Institute, a crescente escalada de adoção e amadurecimento da IA pelas empresas poderá eliminar cerca de 12 milhões de postos de trabalho até 2030, apenas nos Estados Unidos (ELLINGRUD; SANGHVI, 2023). Como fator adicional, o desenvolvimento da automação habilitada pela IA poderá trazer disparidades entre ocupações de alta e baixa habilidades, acompanhadas por desafios como desemprego, subemprego e desigualdade de renda. Muitas atividades atuais têm potencial para automação, e empregos de menor qualificação, incluindo serviços administrativos, apresentam alto risco de substituição por tecnologia (GRAGLIA; LAZZARESCHI, 2023).

Em contrapartida, a IA pode ter um viés positivo e aumentar a empregabilidade nas indústrias por ela afetadas, devido à redução nos preços de bens e serviços trazida pela tecnologia. No século XIX, aproximadamente 98% da força de trabalho utilizada para fabricar um metro de tecido foi automatizada. Todavia, o número de trabalhadores empregados na indústria de tecelagem aumentou durante o período. Tal fato se deu porque os preços dos itens de vestuário caíram consideravelmente como consequência da automatização, fazendo com que mais pessoas comprassem mais roupas. Como resultado, houve a criação de mais postos de trabalho (BESSEN, 2016).

Apesar das preocupações em relação ao aumento do uso de robôs nas fábricas automatizadas, as empresas estão explorando alternativas por meio dos *cobots* ou robôs colaborativos. Esses robôs possuem dois braços sincronizados, permitindo manuseio preciso de peças pequenas. A proposta é combinar as habilidades de humanos e robôs para melhorar a eficiência e liberar os indivíduos de trabalhos desgastantes. Nesse cenário, a inteligência artificial é usada para orquestrar processos produtivos, programar robôs e distribuir tarefas aos humanos (LAZZARESCHI; GRAGLIA, 2023).

O risco de desemprego em massa gerado pelo uso de IA é legítimo, mas não há clareza sobre quando irá acontecer ou se novas posições de trabalho (com salários adequados) serão criadas em tempo hábil para substituir aquelas possivelmente extintas. O principal desafio será estabelecer mecanismos de governança global, bem como criar políticas, diretrizes e regulamentação a respeito de questões fundamentais da IA, entre elas o impacto no futuro do trabalho. Nesse sentido, alguns avanços já foram feitos. Por exemplo, em 2019, o *World Economic Forum* (WEF) criou o *Global Artificial Intelligence Council*, com a participação de atores estatais e não estatais e responsável por estabelecer um consenso entre as nações em torno do potencial da IA e outras tecnologias emergentes (RUSSO, 2019).

Desenvolvimento econômico e comércio global

Economias mais avançadas não serão as únicas afetadas pelo advento da IA, apesar de dominarem seu uso e conhecimento. Ao contrário do que parece, os países em desenvolvimento poderão sofrer efeitos ainda mais severos (CUMMINGS *et al.*, 2018).

O modelo de *catch up* econômico do século XX se mostrou altamente dependente do comércio exterior (CUMMINGS *et al.*, 2018). Nesse modelo, países mais pobres começam exportando produtos de baixo valor agregado aos países ricos. Na medida em que as nações de menor renda vão se tornando mais especializadas, elas avançam nas CGVs e passam a produzir bens de consumo e prestar serviços de maior valor agregado. No século XXI, a automatização industrial trazida pela IA poderá romper com esse modelo, atingindo em cheio os países em desenvolvimento, diminuindo o custo de manufatura e pressionando empregos e salários. Além disso, com a queda dos custos de produção, poderá haver um processo de *inshoring*, ou a transferência da operação comercial do exterior para o país de origem, gerando mais produção doméstica, menos postos de trabalho nos países pobres e menos comércio global (CUMMINGS *et al.*, 2018).

O impacto da IA sobre as CGVs pode ocasionar em algumas sociedades o que Mokyr, Vickers e Ziebarth (2015) definem como *technology anxiety*:

> *Moral implications of technological process for human welfare, broadly defined. In the case of the Industrial Revolution, the worry was about the dehumanizing effects of work, particularly the routinized nature of factory labor. In modern times, perhaps the greater fear is a world [...] where the elimination of work itself is the source of dehumanization (MOKYR; VICKERS; ZIEBARTH, 2015).*

Outros autores vão além dessa perspectiva, posicionando as previsões sobre o futuro da IA numa retórica mais realista. Como proposto por Shiller (2019), a "ansiedade tecnológica" não afeta somente a renda dos trabalhadores, mas também seu bem-estar psicológico e autoestima. Segundo o autor, esse desconforto social pode ter relação direta com a ascensão do populismo e das ideias nacionalistas em muitos países do mundo no século XXI. Ele argumenta que inteligência artificial poderá ser "culpada" pelo desemprego em massa e usada como pretexto para introdução de políticas protecionistas, que irão afetar diretamente o comércio global, ainda que haja um aumento na produção.

Conclusão

Analisada do ponto de vista econômico e liberal, a IA, como *uma general purpose tech*, poderá alterar de forma significativa as estruturas socioeconômicas preexistentes e incrementar o resultado da economia mundial, tornando-se uma das alavancas da chamada Quarta Revolução Industrial. Em contrapartida, devido ao alto nível de automatização introduzido em várias indústrias de forma simultânea, a IA representa uma ameaça de extinção de vários postos de trabalho em distintos setores, tanto no âmbito nacional quanto nas CGVs.

Sob a ótica realista, a IA poderá impactar o equilíbrio de poder global e trazer mudanças fundamentais às grandes potências. Considerada uma tecnologia estratégica (ou *strategic tech*) quando se analisa a busca por autonomia em relação a tecnologias estrangeiras, a IA está em pauta nos planos dos principais líderes do mundo. Países como China, Estados Unidos e Rússia, entre outros, definiram planos de adoção da IA e têm realizado investimentos consideráveis em pesquisa e desenvolvimento tecnológico.

Seja como *general purpose* ou *strategic tech*, a influência definitiva da IA sobre a geopolítica e economia internacionais ainda é incerta. Todavia, mediante a relevância dessa tecnologia para as principais potências globais, a IA não pode ser percebida como uma variável exógena ao processo político. Ao contrário, é uma alavanca fundamental na busca dos Estados por hegemonia econômica e prestígio no cenário global. Nesse contexto, a IA se torna um incentivo de investimento por parte dos Estados e assume o papel de *prestige tech*.

Todavia, não há prestígio político ou econômico que sobreviva à disrupção doméstica. A futura *AI Economy* poderá gerar uma substituição massiva de postos de trabalho por máquinas tanto nos países desenvolvidos, que dispõem de capital para investimento em IA, quanto nos países em desenvolvimento, que dependem do comércio com as nações ricas para a geração de empregos. Algumas soluções para esse possível cenário já se encontram em discussão pela comunidade global (CUMMINGS *et al.*, 2018). Entre elas, a criação de uma "renda básica universal" que redistribua os ganhos dos donos dos meios de produção para a grande quantidade de desempregados, as "vítimas" da automatização trazida pela IA. O debate acerca do prognóstico utópico de Karl Marx durante Revolução Industrial poderá voltar à tona no século XXI, contando com a participação de novos atores: as máquinas e seus algoritmos.

15. As novas competências profissionais

Alcely Barroso

Neste capítulo examinaremos as habilidades essenciais que um profissional deve possuir para se manter relevante diante das transformações resultantes do desenvolvimento tecnológico. Antes de aprofundar a análise e discussão das habilidades e competências, é válido contextualizar o cenário de mudança decorrente da transformação digital.

As tecnologias digitais provocaram mudanças significativas na sociedade. A digitalização transformou o comportamento das pessoas, o modelo e a dinâmica dos negócios e, como consequência, a força de trabalho. O avanço científico e tecnológico, concebido para resolver problemas humanos, se tornou imprescindível nos negócios devido à sua capacidade de incrementar a produtividade e a receita das empresas (CASTELLS, 1999, p 68). A era digital foi difundida pelo uso dos computadores pessoais, de dispositivos digitais como os *smartphones* e da internet disponível a bilhões de usuários. O Brasil tem a quinta maior base de usuários digital no mundo, com 181,8 milhões de usuários (PETROSYAN, 2023). Os consumidores passaram a ter mais acesso à informação, e o comportamento dos clientes foi gradativamente se moldando a esse novo mundo digital, de tal modo que a transformação digital das empresas se tornou imperativa para a sobrevivência dos negócios. Com a adoção de *smartphones* e aplicativos e o uso massivo das redes sociais, os consumidores passaram a buscar informações antes de comprar produtos e a considerar compras *on-line*. O uso intenso da internet e das tecnologias digitais promoveu a geração e o acúmulo exponencial de dados pessoais. Dessa forma, a análise e interpretação de dados passou a ser uma ferramenta fundamental para as empresas ampliarem as suas ofertas, personalizando-as para seu público-alvo. As empresas ampliaram a capacidade de otimizar o marketing digital e antecipar a oferta de produtos *on-line* (ENDE; KEMP, 1999).

O sucesso das empresas no ambiente digital está relacionado à sua estratégia de integração entre as tecnologias disponíveis no mercado e seus processos de negócio (KANE *et al.*, 2015). A vasta maioria das empresas maduras incorpora a tecnologia em seus processos internos e com isso ganha eficiência e amplia sua presença no mercado digital. Empresas que enxergaram o poder da plataforma como modelo de negócio viram um crescimento extraordinário nas últimas décadas. Apple, Amazon, Alibaba, entre outras, ganharam mercado porque enxergaram a tecnologia como meio para conectar pessoas, organizações e recursos de maneira a criar valor para todas as partes. Ao fazer isso, eliminaram intermediários entre quem criava um produto ou serviço e quem o consumia, gerando valor para todos os participantes da plataforma (PARKER; VAN ALSTYNE; CHOUDARY, 2016; ROGERS, 2016). O principal benefício de um negócio de plataforma é gerar valor para o cliente estabelecendo um nível de organização e orquestração que garanta uma governança que beneficie todas as partes envolvidas para ser capaz de monetizar todas as partes (PIDUN; REEVES; ZOLETNIK, 2022). Para que a estratégia seja bem-sucedida, é necessário que a tecnologia esteja embarcada nos seus processos de negócio, o que envolve transformar a cultura e ter pessoas qualificadas e capacitadas para realizar a estratégia.

Empresas digitalmente maduras têm quatro vezes mais chances de equipar os funcionários com as habilidades necessárias do que as menos maduras. As empresas com menor grau de maturidade digital mostram ter mais escassez das habilidades necessárias. O fenômeno guarda relação com a capacidade da liderança em guiar a transformação. Algumas das barreiras para a transformação digital são a falta de estratégia, falta de capacidade de priorização, o despreparo e falta de habilidades da liderança (KANE *et al.*, 2015).

Na mesma medida em que os negócios de plataforma se desenvolveram e expandiram, as indústrias também têm sido afetadas pela adoção continuada de processos de automação, manufaturas inteligentes e o desenvolvimento da inteligência artificial, o que provoca mudança na natureza da força de trabalho e a necessidade de novas capacidades na operação (CHALUTZ; COHEN, 2022). O que vemos hoje é uma transformação multidimensional na vida das pessoas, impulsionada pela revolução tecnológica em curso. De acordo com Graglia e

Lazzareschi (2018), a revolução que vemos tem características diferentes de revoluções anteriores por causa da velocidade em que a transformação está ocorrendo e da quantidade de novas tecnologias surgindo simultaneamente.

Com a adoção de tecnologia em todos os setores da sociedade, surge a demanda por aquisição de novas competências para acompanhar e sustentar o ritmo da inovação. Segundo Manyika *et al.* (2017), 60% das ocupações têm pelo menos 30% de atividades que poderiam ser automatizadas. O relatório estima que 15% da força global de trabalho será automatizada até 2030 e 47% da mão de obra nos Estados Unidos está em risco de ser automatizada. A inteligência artificial (IA), uma área em constante evolução que emergiu como forma de otimizar as operações empresariais, reconfigurou as habilidades exigidas dos profissionais. Além da necessidade de habilidades técnicas com conhecimento mais profundo no uso de dados e automação, surgiu a necessidade do desenvolvimento de competências socioemocionais e de sustentabilidade para que as empresas possam prosperar num ambiente de trabalho hiper conectado.

As habilidades técnicas necessárias, no contexto da inteligência artificial, exigem conhecimento básico sobre como funcionam as aplicações que utilizam IA e sua interação com sistemas automatizados. Seja numa fábrica ou em sistemas de otimização de processos, profissionais incapazes de compreender a tecnologia, seus benefícios e seus limites serão profundamente afetados. Ser proficiente em análise de dados, IA e cibersegurança é fundamental para assegurar a eficiência e a segurança das operações.

No entanto, existe um fator ainda mais crítico de sucesso no novo mundo digital: as competências socioemocionais. O avanço exponencial das tecnologias trouxe uma urgência de maior adaptabilidade e pensamento crítico, na medida em que as organizações se tornam mais dinâmicas. A habilidade de trabalhar e gerenciar equipes mais ágeis e diversas tornou-se um diferencial competitivo. Já não basta um profissional ter uma habilidade técnica profunda, mas não saber resolver problemas ou ser um profissional que apenas responde a solicitações sem tomar iniciativa. Esse perfil está destinado a ser substituído por um sistema inteligente que atende a solicitações. Para se diferenciar, o profissional deve buscar conhecimento e se renovar constantemente. Se no passado sua formação profissional era suficiente para fazê-lo ingressar e se manter no mercado de trabalho, hoje as tecnologias emergentes exigem constante reformulação de conhecimento e postura profissional. Para se destacar no mercado de trabalho atual impulsionado pela tecnologia, o profissional deve estar aberto às mudanças para se manter relevante no longo prazo. Os conhecimentos adquiridos por um profissional podem se tornar facilmente obsoletos num curto espaço de tempo. As empresas são diretamente afetadas pela capacidade de seus funcionários de se adaptarem e trabalharem para inovar processos e otimizar custos.

Promover uma mentalidade de mudança é uma tarefa de transformação de cultura e de liderança. Muitas empresas investem em criar programas de aprimoramento e requalificação, uma estratégia vital para o sucesso do negócio. Existem diversos exemplos de promoção da educação continuada, como a criação de plataformas que oferecem cursos *on-line*, materiais de leitura e treinamentos liderados por uma equipe de facilitadores. Uma forma de diversificar os treinamentos é trazer o ecossistema de educação para perto da empresa. Isso significa que programas de sucesso contam com recursos internos da empresa, bem como agregam parcerias do mercado que aportam uma visão externa e contribuem para impulsionar a inovação. Os indivíduos, por sua vez, além de contarem com o benefício da requalificação, expandem suas oportunidades de crescimento e desenvolvimento de carreira não só dentro da empresa, mas no mercado de trabalho em geral. A empresa, oferecendo oportunidades de crescimento profissional, tem o benefício da retenção dos talentos.

Segundo o relatório *The Future of Jobs*, do Fórum Econômico Mundial, o avanço tecnológico e a aplicação de tecnologias disruptivas vão contribuir para a criação de novos postos de trabalho, mas esse crescimento deve ser parcialmente compensado pela redução de outros postos de trabalho (WILLIGE; MARKOVITZ, 2023). Segundo o relatório, a tecnologia não será um dos maiores contribuidores para a destruição de postos de trabalho; os fatores que mais irão contribuir para a diminuição de postos de trabalho serão o baixo crescimento econômico, a escassez de oferta, o aumento de custos nas cadeias de suprimento e o aumento do custo de vida dos consumidores. Adicionalmente, o relatório destaca as habilidades essenciais para o futuro. Entre elas estão: pensamento analítico, pensamento criativo, curiosidade, resiliência, flexibilidade e aprendizagem ao longo da vida. Um destaque importante do estudo é a referência a práticas e padrões ESG (Ambiental, Social e Governança), que tem ganhado força nos últimos anos e deve gerar 69 milhões de empregos até 2027. A integração entre esses elementos deve reforçar a responsabilidade social das empresas, que deverão estar preparadas para enfrentar os complexos desafios do cenário global, tanto nas esferas das mudanças climáticas como do aspecto ético do uso das novas tecnologias como a IA.

O mesmo relatório, resultante de pesquisa com mais de 800 empresas globais que empregam mais de 11 milhões de pessoas, elenca as tecnologias com maior probabilidade de adoção: *big data* (análise de grande volume de dados), computação em nuvem e inteligência artificial. Mais de 75% das empresas dizem que adotarão essas tecnologias dentro de um prazo de cinco anos. Tecnologias de plataforma e *apps* também estão na lista. Cerca de 86% das empresas planejavam adotá-las dentro de cinco anos. Comércio eletrônico (*e-commerce*) e comércio digital (*digital trade*) também são apontados como tecnologias a serem adotadas por 75% das empresas. Também estão na lista de tecnologias que irão contribuir para a geração de postos de trabalho tecnologias de gerenciamento ambiental e mudança climática e cibersegurança e criptografia.

Contrapondo-se a muitas previsões catastróficas, o relatório aponta somente duas tecnologias que provocarão destruição líquida de postos de trabalho: robôs humanoides e não humanoides.

Diante desse prognóstico, a maioria das empresas se mostra consciente do desafio que tem pela frente: o desenvolvimento e a atualização contínua de *skills* e habilidades. Cerca de 81% das empresas dizem que preveem adotar tecnologias de educação e gerenciamento de força de trabalho. As empresas podem usar diferentes modelos de requalificação, desde treinamento *on-line* como implementação de programas de mentoria até projetos de inovação aberta e de colaboração com *startups* e organizações não governamentais para solucionar problemas práticos e reais.

O desenvolvimento de *skills* e habilidades é fundamental para eliminar o fenômeno descrito como *digital divide* ou exclusão digital. No contexto das companhias, a exclusão digital se refere ao hiato nas capacidades dos indivíduos em acessar e usar informação e tecnologias associadas (BACH; ZOROJA; VUKŠIĆ, 2013).

A conclusão é que a tecnologia tem grande influência nas transformações da indústria e nas dinâmicas sociais e evidencia a necessidade urgente de renovação de habilidades específicas para que os profissionais se mantenham relevantes no mercado de trabalho. A ascensão das plataformas de negócios, um fator-chave para o sucesso das empresas no ambiente digital, demanda competências técnicas e socioemocionais que se mostram essenciais em um cenário de transformação. A urgência do desenvolvimento de competências é imperativa, tanto no campo individual quanto nas empresas, que devem planejar e executar programas de educação da força de trabalho para moldar seu futuro digital, enquanto procuram se manter operacionalmente eficientes e relevantes para seus clientes.

16. Gestão algorítmica e negociação coletiva: desafios para o mundo do trabalho

Atahualpa Blanchet

Introdução

Os impactos das novas tecnologias no mundo do trabalho variam de acordo com a natureza e as especificidades das atividades profissionais. A negociação coletiva tende a ser, portanto, um instrumento crucial para regular de forma mais específica a interação entre humanos e algoritmos e aspectos relacionados ao uso de tecnologias digitais e coleta de dados no mundo do trabalho.

O uso cada vez mais frequente de ferramentas de gestão algorítmica tem gerado profundas transformações nas relações de trabalho. Esses sistemas baseados em inteligência artificial têm sido implementados para, além de aumentar a produtividade nas empresas e instituições, reforçar o poder de direção e controle da força de trabalho por meio de sofisticados instrumentos tecnológicos de supervisão digital, facilitando o controle disciplinar e a avaliação do desempenho ou da capacidade profissional dos trabalhadores.

As ferramentas de gestão algorítmica atuam por meio da coleta de dados pessoais e analisam o comportamento dos trabalhadores, impactando em aspectos como contratação, avaliação e manutenção de trabalhadores no emprego.

Esses instrumentos têm sido cada vez mais utilizados, gerando, aos poucos, impactos nas pautas reivindicatórias dos trabalhadores com efeito no âmbito das negociações coletivas por envolver direta ou indiretamente a observância ou o exercício de direitos fundamentais à privacidade, proteção de dados pessoais, igualdade e não discriminação e saúde e segurança ocupacional, dentre outros que necessitam uma nova ótica para o estabelecimento de parâmetros de proteção, garantia e promoção no âmbito regulatório e normativo das relações de trabalho[8].

Na Europa, observa-se a existência de convenções coletivas já em vigor que regulam a utilização da tecnologia tanto no aspecto da vigilância dos trabalhadores como também na distribuição de tarefas (DAGNINO; ARMAROLI, 2019). A esse respeito, especialistas em aplicação de novas tecnologias no mundo do trabalho preveem o potencial da negociação coletiva como instrumento microrregulatório para aspectos das relações de trabalho como a proteção de dados, a privacidade e o direito à informação sobre o uso de ferramentas algorítmicas e seus critérios de programação (MOORE *et al.*, 2018).

Sobre os impactos da IA no âmbito laboral, autores como Frank Pasquale (2020) e Ben Shneiderman (2000), por exemplo, têm chamado a atenção não apenas para o fenômeno de substituição de mão de obra pela robótica e o uso da inteligência artificial, mas também para o uso abusivo desses instrumentos na gestão de pessoas e de processos no ambiente de trabalho[9].

Entre esses abusos figuram atos de discriminação algorítmica, falta de transparência no uso de sistemas de controle, vigilância e de decisões automatizadas por parte de empregadores (LECHER, 2019)[10]. Tais práticas têm

---

[8] O alcance (com relação à composição, profundidade dos temas e abrangência territorial) dos mecanismos de governança e dos instrumentos regulatórios estão intimamente ligados à sua eficácia. A transnacionalidade característica dos instrumentos de tecnologia da informação tem contribuído para a deslocalização das relações laborais, desafiando legislações nacionais e regulações desatualizadas. O fenômeno do trabalho em plataformas exemplifica a complexidade inerente à formulação de regulações eficazes com a finalidade de assegurar direitos sem obstaculizar o avanço da inovação tecnológica e sua instrumentalização.

[9] O gerenciamento diário de distribuição de tarefas aos trabalhadores pode ser automatizado. Um dos fornecedores desse tipo de ferramenta é a empresa Humanyze. A fim de facilitar a coleta de informações no local de trabalho, a empresa desenvolveu um crachá para ser usado pelos empregados durante seus dias de trabalho. Embora o crachá Humanyze não meça ou grave conteúdo, atividade na *web* ou atividades pessoais fora do escritório, ele oferece "sensores para medir se o trabalhador está em movimento ou ainda sua proximidade com outros usuários, se o participante está falando ou não, e a frequência e duração das interações presenciais. Disponível em: <https://humanyze.com/>.

[10] O denominado *human analytics* é utilizado para recrutamento de trabalhadores, para sua promoção, para aferir quem mais facilmente não irá se manter no emprego e para selecionar trabalhadores para exercer funções de chefia e direção. Serve ainda para cruzar informações sobre dados pessoais, inclusive sensíveis, para verificar o estado de saúde e a moral dos trabalhadores. A empresa Amazon, por exemplo, revelou o uso extensivo da gestão algorítmica: em um processo judicial, um empregado foi demitido por falta de produtividade, conforme determinado por um algoritmo neutro (LECHER, 2019).

sido identificadas por meio de denúncias realizadas por trabalhadores e noticiadas com cada vez mais frequência em jornais de grande circulação, revelando violações em etapas das relações laborais que vão desde o recrutamento, a distribuição de tarefas e atribuições no trabalho até a tomada de decisão, muitas vezes automatizada, sobre demissões individuais ou coletivas.

O estudo intitulado *Principled Artificial Intelligence: Mapping Consensus in Ethical and Rights-based Approaches to Principles for AI*, publicado pelo Berkman Klein Center da Universidade de Harvard (FJELD *et al.*, 2020), mapeou princípios em instrumentos macrorregulatórios como declarações de organismos internacionais, sociedade civil, setor privado e entidades governamentais. Entre os princípios éticos e direitos elencados como consensuais no cruzamento de dados dos instrumentos escolhidos para análise figuram: privacidade, responsabilidade, segurança e proteção, transparência e explicação, justiça e não discriminação, controle humano da tecnologia, responsabilidade profissional e promoção de valores humanos (FJELD *et al.*, 2020).

A aplicação desses princípios e direitos para a inteligência artificial no mundo do trabalho, por sua vez, exige a pesquisa em instrumentos mais específicos e setoriais.

Negociando a transparência da gestão algorítmica no mundo do trabalho

O estudo *A Seat at the Table: Negotiating Data Processing in the Workplace. A National Case Study and Comparative Insights* (DAGNINO; ARMAROLI, 2019) apresenta um levantamento de 1.161 acordos coletivos de trabalho celebrados na Itália incluídos na base de dados ADAPT e assinados entre 23 de setembro de 2015 (data da entrada em vigor do Decreto Legislativo nº 151/2015) e 31 de dezembro de 2018 (DAGNINO; ARMAROLI, 2019).

Do universo pesquisado, apenas 77 acordos (correspondentes a 6,6%) trataram do tema de proteção e processamento de dados de funcionários. No entanto, cerca de um quinto desses acordos referem-se geralmente à possível introdução de instrumentos tecnológicos "conduzindo ao controle remoto dos trabalhadores". Ainda que não regulem a instalação de um dispositivo específico e não possam ser devidamente considerados como "acordos", as previsões antecipam limites, bem como os procedimentos a adotar quando tal introdução for realizada.

Dentro do conjunto de dados revelados nos acordos coletivos italianos, 56 tratam sobre a instalação de ferramentas tecnológicas específicas; no entanto, a maioria diz respeito a sistemas de vigilância áudio/vídeo e apenas 20 são mais intimamente relacionadas com as tipologias avançadas de processamento de dados em dispositivos móveis, como *smartphones*, *tablets* e PDAs disponibilizados aos trabalhadores. Eles geralmente são introduzidos, segundo as empresas, para necessidades organizacionais e produtivas de negócios, bem como por razões de segurança do trabalhador[11].

Na maioria dos acordos identificados, existem disposições que detalham as características do tratamento de dados, incluindo as pessoas/entidades encarregadas de visualizar e analisar os dados e o tipo de dados a gerir; geralmente, os dados não podem ser visualizados em tempo real, senão pelo trabalhador individual[12], e são processados apenas de forma agregada para proteger a confidencialidade dos trabalhadores. Normalmente, os dados são processados por pessoas selecionadas pela gestão; às vezes, porém, elas podem ter acesso aos dados apenas na presença de representantes dos trabalhadores[13]. Em outros casos, os dados são desenvolvidos diretamente pelas ferramentas

---

[11] No Acordo Coletivo da empresa Siram, a direção buscou implementar o sistema de "Gestão de Atividades", de forma a finalizar o processo de informatização das atividades realizadas, abrangendo toda a cadeia desde a geração das encomendas até a contabilização final da intervenção realizada. Com isso, a empresa buscava aumentar a eficiência organizacional, além de proteger os funcionários no trabalho. Na AVR, empresa de gestão de resíduos, os operadores estão equipados com um dispositivo móvel destinado a verificar o esvaziamento dos contentores através da leitura de códigos. A comprovação do esvaziamento das lixeiras está prevista como nova obrigação contratual imposta pela entidade. No Acordo Coletivo da empresa Partesa, no âmbito de um programa de "Segurança Baseada no Comportamento", foi instalada uma aplicação de condução segura nos *smartphones* do pessoal munido de uma viatura da empresa, com o objetivo de fazer com que os condutores exerçam estilos de condução cuidadosos e responsáveis, de modo a reduzir o número de acidentes rodoviários (DAGNINO; ARMAROLI, 2019).

[12] No Acordo Coletivo referente à empresa italiana Almaviva, foi estabelecido que os resultados da medição de dados de desempenho profissional dos trabalhadores serão visíveis em tempo real apenas para um único operador; não são visíveis para os demais operadores da equipe de atendimento, a não ser na forma de desempenho médio. Esses resultados podem ser visualizados de forma descontínua e respeitantes a não mais de 60% das horas trabalhadas em uma semana, por uma pessoa do quadro (com exclusão do supervisor direto, salvo se o trabalhador o exigir expressamente) identificada para a melhoria dos desempenhos qualitativos e quantitativos. Em outro acordo, referente à empresa Partesa, as partes afirmam que os comportamentos de condução recolhidos não dizem respeito aos comportamentos de condução dos condutores individuais, mas aos comportamentos agregados por grupos de pessoas (mín. 10) (DAGNINO; ARMAROLI, 2019).

[13] Em um dos acordos mapeados pelo estudo Serfer, em caso de incidentes, os dados podem ser descarregados por pessoal selecionado da empresa, após comunicação às organizações sindicais, sendo o acesso aos dados descarregados permitido apenas em conjunto através de sistema de dupla chave ou senha dupla, segundo o qual uma chave/senha está em posse de um representante da empresa e a outra é atribuída a um representante dos trabalhadores selecionado pelas organizações sindicais territoriais (DAGNINO; ARMAROLI, 2019).

tecnológicas, cujos fornecedores são assim responsáveis pelo tratamento dos dados[14].

Em um caso emblemático envolvendo discriminação algorítmica ocorrido na Itália, a Convenção de Proteção de Dados 108+ do Conselho da Europa e a GDPR (Regulamento Geral sobre Proteção de Dados) foram invocadas para considerar discriminatório o algoritmo de um aplicativo de entrega de alimentos que classificava o turno dos trabalhadores segundo sua "confiabilidade" medida pela assiduidade nos turnos. Ou seja, o sistema não levava em consideração as justificativas do entregador para não cumprir determinado turno, como, por exemplo, estar doente. Dessa forma, quem faltasse, independentemente do motivo, era classificado como "menos confiável".

Em outro episódio, desta vez ocorrido nos Estados Unidos, a *American Civil Liberties Union* (ACLU) entrou com uma reclamação contra o Facebook na *United States Equal Employment Opportunity Commission*, observando que a empresa permitia anúncios segmentados com base no gênero, ou seja, direcionando-os apenas para usuários do sexo masculino (e excluindo o feminino).

Segundo a denúncia, o Facebook descumpriu regulamentações dos Estados Unidos por não apresentar as mesmas oportunidades de trabalho nos *feeds* de perfis de homens e mulheres. Nesse caso, a empresa utilizava um algoritmo que articulava diferentes anúncios dependendo se eram direcionados a um grupo (homens) ou a outro (mulheres), levando em consideração as possíveis preferências ou gostos de ambos. Assim, a plataforma excluía as mulheres de ver determinados anúncios (ofertas de emprego)[15].

Outro exemplo de gestão algorítmica para recrutamento com programação discriminatória foi mapeado no aplicativo *Early Hiring* (Contratação Preditiva), que busca evitar possíveis custos futuros para as empresas por meio de previsões baseadas nos dados dos trabalhadores. Esse algoritmo baseia-se no descarte de funcionários mais propensos a pedir aumento salarial ou apoiar a sindicalização

---

14 Na empresa Liquigás, as informações são coletadas e processadas pela ferramenta digital instalada nos veículos, de forma proporcional e em intervalos de tempo não inferiores a uma semana; em seguida, são sintetizados em relatórios apropriados disponibilizados para a empresa. Esses relatórios podem ser visualizados por meio de critérios de pesquisa predeterminados em uma área específica e restrita do portal *web* do fornecedor e permitiriam à empresa avaliar o desgaste real dos veículos. O acordo especifica que os únicos responsáveis pelo tratamento dos dados recolhidos através do sistema de referência de localização são o fornecedor dos veículos, os fornecedores dos serviços tecnológicos e eventuais subcontratantes (DAGNINO; ARMAROLI, 2019).

15 Para aprofundar essa questão, recomenda-se a leitura de artigo de Lyons (2021): *Facebook's ad delivery system still has gender bias, new study finds*, em <https://www.theverge.com/2021/4/9/22375366/facebook-ad-gender-bias-delivery-algorithm-discrimination>.

por meio da transferência e análise de uma série de dados coletados dos trabalhadores em plataformas virtuais (mensagens de troca de e-mail, acesso a páginas da internet, entre outros) (LYONS, 2021)[16].

No acordo coletivo da empresa Liquigás, por exemplo, sindicato e empregadores concordaram em não usar dados e informações coletadas para fins disciplinares. A limitação ao tratamento posterior de dados foi regulada por uma cláusula que estabelece que os dados pessoais dos trabalhadores sejam tratados apenas para finalidades previamente informadas. Do universo analisado, poucos acordos coletivos estabelecem cláusulas que permitem a utilização de dados para outros fins relacionados à relação de trabalho (por exemplo, treinamento de trabalhadores, saúde e segurança no trabalho).

Em um exemplo de cláusula de "humano no comando" mapeado na Itália, um acordo coletivo relacionado à empresa Almaviva especifica que os resultados da medição de desempenho de trabalhadores via algoritmos serão visíveis a apenas um funcionário, que poderá utilizá-los para identificar possíveis áreas de melhoria, através da disponibilização de percursos formativos adequados e preparatórios para o alinhamento com os padrões de eficiência e qualidade exigidos pela empresa.

Do outro lado do oceano Atlântico, um estudo desenvolvido pelo *Center for Labor Research and Education* da University of California, Berkeley, intitulado *Union Collective Bargaining Agreement Strategies in Response to Technology*, apresentou as respostas sindicais atuais às mudanças tecnológicas nos Estados Unidos. O documento fornece uma visão geral de como os sindicatos alavancam suas ações coletivas e acordos de negociação para lidar com a transição digital e tecnológica (KRESGE, 2020).

O ensaio destaca dispositivos elencados em acordos coletivos de trabalho focados em estabelecer direitos e responsabilidades na adoção de ferramentas digitais e descreve cláusulas destinadas a mitigar a introdução de novas tecnologias no local de trabalho. Entre os acordos coletivos analisados, merece destaque a Convenção Coletiva referente aos jogadores da *National Basketball Association* (NBA), dos Estados Unidos.

---

16 Em 2021, a BBC publicou uma reportagem (REDAÇÃO BBC NEWS MUNDO, 2021) sobre as ferramentas, conhecidas como ATS (*Applicant Tracking System*, ou Sistema de Rastreamento de Candidatos), que funcionam sobre uma base de palavras-chave que cada empresa define segundo o perfil buscado, além de usar outros mecanismos de eliminação de candidatos. Disponível em: <https://www.bbc.com/portuguese/geral-59040722>.

O instrumento, celebrado no ano de 2017, tinha vigência de sete anos e foi renovado em seus termos até a temporada de 2030. Em suas cláusulas, estabelece limitações no uso das informações obtidas pelo uso de tecnologias de monitoramento na avaliação de jogadores, principalmente para a negociação de salários. O *Collective Bargain Agreement* (CBA) da NBA garante o direito de participação e colaboração de sindicatos e funcionários na tomada de decisões sobre o monitoramento de tecnologias. O contrato da NBA de 2017, entre outras disposições, criou um Comitê Consultivo conjunto (*Committee of Wearables*) para revisar o monitoramento de práticas e tecnologias vestíveis e os usos de dados derivados de sensores[17].

O acordo permite que o sindicato dos jogadores designe especialistas que possam validar dispositivos e definir padrões de segurança cibernética associados aos dispositivos e determina que os dados coletados pelos sensores só poderão ser utilizados para finalidades esportivas e não para fins econômicos e de negociação contratual. A negociação coletiva no âmbito da NBA chegou ao consenso de inserir uma cláusula que limita o uso de dados de monitoramento da atuação em partidas para negociar o valor de contrato com os jogadores[18].

Após o NBA-CBA de 2017, outros sindicatos têm inserido os algoritmos nas negociações coletivas. Por exemplo, em 2019, o sindicato *United Auto Workers* nos Estados Unidos negociou um contrato com a General Motors que incluía disposições sobre o uso de inteligência artificial e algoritmos no ambiente de trabalho. O contrato incluía linguagem que protegia os trabalhadores de serem disciplinados ou demitidos como resultado de uma decisão tomada exclusivamente por um algoritmo.

Outro exemplo é a negociação realizada pelo Sindicato Internacional dos Trabalhadores Elétricos (*International Brotherhood of Electrical Workers* – IBEW), que firmou acordos com diversas empresas de serviços públicos para garantir que o uso de algoritmos não resulte em perda de emprego para seus membros.

---

17 Contrato NBA 2017, p. 359-361.

18 Idem.

Conclusões

Embora seja crescente e progressivo o número de legislações, declarações e regulamentos gerais de caráter nacional[19] e supranacional[20] sobre a proteção de dados estabelecendo princípios e direitos destinados ao uso da inteligência artificial, ainda é escasso o número de instrumentos que apresentem maior grau de concretude e especificidade sobre os impactos do uso de novas tecnologias e ferramentas de inteligência artificial no mundo do trabalho[21].

De forma mais abrangente, os instrumentos de negociação coletiva podem servir de fonte de verificação sobre a abordagem "humano no comando" no mundo do trabalho e ainda contribuir para evidenciar questões como o andamento do debate sobre a propriedade dos dados coletados dos trabalhadores e o gerenciamento dessas informações[22].

---

19 Na Suécia, por exemplo, a lei sobre o emprego, de forma mais abrangente, obriga os empregadores a "informar regularmente uma organização de trabalhadores em relação à qual estão vinculados por acordos de negociação coletiva sobre a forma como a empresa evolui com relação aos seus processos produtivos e em suas finanças, assim como em suas orientações em matéria de política de pessoal". São igualmente previstas obrigações análogas quando o empregador não está vinculado por uma convenção coletiva. Capítulo de codeterminação no local de trabalho 1976:580, seção 19.

20 As abordagens supraestatais da proteção da privacidade dos trabalhadores, baseadas na prevalência dos direitos humanos e fundamentais no local de trabalho, respondem à necessidade de que as prerrogativas de gestão e vigilância dos trabalhadores não violem a dignidade do trabalhador. Os instrumentos macrorregulatórios de caráter supranacional podem orientar a introdução (ou atualização) de regulação laboral destinada a proteger os trabalhadores contra práticas abusivas de supervisão de sistemas de vigilância reforçados pela tecnologia. Parlamentos regionais como o Parlamento Europeu ou o Parlamento do Mercosul, por exemplo, têm a possibilidade de formular anteprojetos de normas que podem servir de base para legislações nacionais harmonizadas para o tratamento desses fenômenos. Uma eventual harmonização interblocos regionais na matéria poderia estabelecer mecanismos de governança birregionais com base no intercâmbio e na cooperação técnica de boas práticas, incorporando também os avanços alcançados em negociações coletivas setoriais.

21 No contexto de uma triagem inicial de acordos de negociação coletiva e cláusulas sobre gestão algorítmica, no entanto, apenas um acordo, não vinculante, foi identificado: o acordo-quadro de 2020 entre a CES e as organizações patronais europeias. Nesse acordo, os parceiros sociais recomendam que as afiliadas nacionais, ao implantar sistemas de IA, respeitem os princípios de "controle humano", a prevenção de danos e a necessidade de uma avaliação de risco, transparência e justiça, ou seja, evitar preconceito injusto e discriminação.

22 A informação, a consulta e a negociação coletiva sobre a coleta e o tratamento de dados são igualmente recomendadas no âmbito do Código de Conduta da OIT de 1997, relativo à proteção dos dados pessoais dos trabalhadores.

A "negociação do algoritmo" poderá, portanto, tornar-se um elemento central do diálogo social e da ação da organização dos empregadores e dos trabalhadores no marco da economia digital aplicada ao mundo do trabalho. Como dizia o professor Norberto Bobbio (2004), "o que distingue o momento atual em relação às épocas precedentes e reforça a demanda por novos direitos é a forma de poder que prevalece sobre todos os outros (...) Hoje, as ameaças à vida, à liberdade e à segurança podem vir do poder sempre maior que as conquistas da ciência e das aplicações dela derivadas dão a quem está em condição de usá-las".

PARTE V. ÉTICA E REGULAÇÃO EM IA

17. Trabalho invisível (*ghost work*) e *big data*: uma nova forma de servidão e de colonialismo?

Paola Cantarini

O capítulo busca refletir de forma crítica e interdisciplinar sobre os impactos da IA, nunca antes vistos na história humana, em relação ao futuro do trabalho, trazendo um alto potencial de substituição do trabalho humano, não apenas em tarefas simples e rotineiras, como no caso da automação, mas de um espectro muito mais amplo e sem precedentes. Além disso, aborda fenômenos correlatos, como uma maior concentração de renda na nova fase da IA e o surgimento, outrossim, de um novo subprecariado, exemplificado pelas "plafaformas austeras ou de trabalho" (Uber, Airbnb, TaskRabbit e Mechanical Turk). O texto também discute a emergência de uma nova classe de pessoas consideradas inúteis ou inempregáveis, além dos denominados "trabalhadores fantasmas" ou "zeladores de dados", essenciais para a área de inteligência artificial, mas invisibilizados e sem qualquer proteção trabalhista, também denominados pela literatura de "cibertariado". Ainda busca trazer reflexões e contribuir para o debate acadêmico no Sul Global, reduzindo-se o déficit de produção científica na área das humanidades e IA, visando à diversidade epistêmica.

Visa-se, sobretudo, à promoção do pensamento científico e à democratização das discussões sobre a IA, almejando atingir profundidade, rigor científico e uma abordagem crítica e inter/transdisciplinar, trazendo, outrossim, uma abordagem que seja ela própria já inclusiva e democrática. Isto no sentido de aproximar diversos campos do saber e diversos tipos de atores sociais (empresas, academia, governo, cidadãos). Com isso, visa-se à democratização da discussão acerca da temática IA como um todo, pois assim acreditamos que estaremos contribuindo para alcançarmos o que se denomina como "justiça de design" e uma abordagem de "coconstrução" ("co-approach"). Como dispõe com propriedade Sasha Constanza-Chock, a "justiça de design" exigiria ser repensada a dinâmica do design através de múltiplos eixos de opressão, com destaque para a necessidade da inclusão no sentido de se exigir a participação das comunidades marginalizadas em todas as fases do processo de concepção tecnológica (COSTANZA-CHOCK, 2018).

"Co-approach", por sua vez, significa a abordagem com fulcro no entendimento de que, para serem inclusivas e democráticas, a governança de IA e a própria IA devem estar atentas à participação de grupos vulneráveis, bem como devem ser repensados os modelos dominantes propostos, em um sentido decolonial. Como exemplo paradigmático de tal abordagem temos, no plano internacional, a proposta do modelo de governança de dados "Maori", refletindo os princípios e o histórico das lutas das comunidades Maori na Nova Zelândia, com ênfase para a previsão da proteção e equilíbrio entre os direitos individuais e coletivos, com o respeito à cultura Maori e à sua visão de mundo para a formação do processo de decisões tomadas em todo o ecossistema de dados, em um processo de codesenho. Ainda como exemplo de governança decolonial, o documento da *Global Indigenous Data Alliance, CARE Principles of Indigenous Data Governance*, traz expressa previsão de proteção da soberania de dados indígena, baseando-se na "Declaration on the Rights of Indigenous Peoples" (UNDRIP) da ONU, adotada em 2007[23].

Vivemos na sociedade da informação, na sociedade de dados e na sociedade 5.0 (Japão), atrelada aos conceitos de pós-humanismo e de transumanismo, falando-se ainda em "virada do não humano", um conceito macroscópico que traz repercussões sociais de alta magnitude (GRUSIN, 2012), com foco no descentramento do humano da biosfera, para se tornar verdadeira força geológica, a provocar a chamada era do antropoceno.

Fala-se na nova fase da IA – nova Revolução Industrial (Recomendação à Comissão sobre disposições de Direito Civil sobre robótica de 2017) – com os "modelos de fundação" ("Foundation models"), que estão acelerando o seu progresso, com habilidades antes não previstas, e em uma sexta onda da inovação tecnológica, a partir das transformações profundas na sociedade e na economia com as inovações tecnológicas, a partir do início do século XXI, sendo que agora

23 <https://www.gida-global.org/care>.

as tecnologias digitais e a inteligência artificial são somadas às tecnologias da informação e comunicação surgidas na segunda metade do século XX.

A IA, em sendo uma das mais disruptivas tecnologias, uma verdadeira força ambiental, antropológica e ontológica, já está a reontologizar o mundo (FLORIDI, 2019), criando novas realidades. Apesar de propiciar inúmeros benefícios à sociedade, possui um potencial de afronta a todos os direitos humanos e fundamentais (BRADLEY; WINGFIELD; METZGER, 2020), ensejando como resposta uma proteção contra eventuais violações a tais direitos de forma sistêmica, proativa, abrangente e segura (HOFFMANN-RIEM, 2020). E isso por meio de algo como a interseccionalidade (DAVIS, 2003), através de legislação, "compliance" e boas práticas pautadas em princípios éticos, em uma abordagem holística, inclusiva e democrática, a qual mais se coaduna com as características da IA em sua origem (cibernética). Isso se dá em uma perspectiva não eurocêntrica, mas multicultural.

Assim como ocorre com outras áreas da economia, onde é comum falar-se que quem aufere os benefícios e lucros deveria arcar com os ônus, em vez de democratizar e socializar tal parte enquanto a primeira ficaria concentrada em poucas parcelas da população, contudo, fica cada vez mais claro que os benefícios e as oportunidades de tecnologias como a IA raramente são compartilhados de forma equitativa para podermos falar em uma economia de fato compartilhada, havendo uma ainda maior concentração de renda nessa nova fase do capitalismo de vigilância (ZUBOFF, 2019) ou de dados/plataforma, e colonialismo de dados a partir dos últimos desenvolvimentos da IA.

É o que aponta a UNESCO, em sua *Recomendación sobre la ética de la inteligencia artificial* (2022c), afirmando o seu potencial transformador para afrontar desafios globais, mas, ao mesmo tempo, com potencial de risco de incremento das desigualdades e afronta a direitos humanos, caso não sejam considerados os aspectos éticos, falando em uma abordagem de participação inclusiva e diversa, com participação de grupos vulneráveis, como os indígenas e locais, por meio de programas adaptados aos contextos locais e em idiomas indígenas. Essa inclusão e visão holística (relatório enviado à Assembleia Geral da ONU pelo Relator Especial da ONU de 2018 sobre liberdade de opinião e expressão e Declaração de Toronto) busca garantir que a IA apoie práticas sustentáveis e de respeito à diversidade cultural e linguística, e de preservação de identidades e patrimônios culturais de tais povos, a fim de se falar em uma IA democrática, incluindo a diversidade cultural, de vozes, valores e perspectivas (UNESCO, 2022c).

Há uma maior concentração de renda na nova fase da IA, já que apenas poucas empresas possuem dinheiro suficiente para grandes e caros computadores, bem como armazenamento e treinamento de dados, essenciais ao *big data*, falando-se no surgimento, outrossim, de um novo subprecariado, como nos casos das denominadas "plafaformas austeras ou de trabalho" (Uber, Airbnb, TaskRabbit e Mechanical Turk), em uma nova classe de pessoas inúteis, não apenas desempregados, mas inempregáveis (HARARI, 2016).

Destaca-se a importante contribuição de Marcelo Finger (2021) ao mencionar a necessidade de "retreinamento" de profissionais que perderão seus empregos devido à IA, não sendo suficiente mais para tal readaptação o Ensino Fundamental completo ou o Ensino Médio completo, exigindo-se treinamento de nível universitário. A pergunta que fica é quem pagará a conta de tal investimento. Além de dinheiro, isso demanda tempo, o qual cada vez menos dispomos diante da crescente aceleração do tempo diante da sociedade de dados e da informação, como bem aponta Paul Virilio (1999) com o termo "dromologia".

Portanto, "not all speed is movement", como aponta Ruha Benjamin (2019), já que a velocidade pode levar a novas formas discriminatórias, ou seja, não se poderia tratar da velocidade como um fim em si mesmo, mas também caberia questionarmos do porquê e para quem; quem se beneficia de determinado sistema de poder, para quem é concebida tal tecnologia, já que a política se encontra agora intimamente relacionada com a velocidade, como destacou Paul Virilio (1999), apontando para uma revolução dromocrática e para a substituição do termo democracia por dromocracia. A velocidade possui uma íntima ligação também com o capitalismo, com mais ênfase a partir da crise da década de 1970 provocada pelos países produtores de petróleo, ao requerer um esforço ainda maior para renovação tecnológica do capital, determinando uma aceleração exponencial do tempo de rotação do capital, acentuando-se o clichê "time is money".

Cumpre ainda pensar que a cidadania digital não é igualmente distribuída, pois há uma verdadeira "exclusão digital" e falta de educação digital diante da falta de habilidades para o uso de novas tecnologias, como aponta a Comissão Econômica para a América Latina e Caribe (CEPAL), com ênfase para os povos indígenas do Sul Global, já que a maioria não possui conhecimentos básicos em informática ou de manipulação de cálculo ou para a instalação de novos dispositivos e softwares e sequer conexão à internet (AGENDA DIGITAL PARA AMÉRICA LATINA Y EL CARIBE, 2021). É o que aponta também o Relatório *¿Cómo* *promover el acceso universal a internet durante la pandemia de COVID-19?* (OEA; CIDH, 2021), da Organização dos Estados Americanos (OEA), destacando a priorização de áreas urbanas no desenvolvimento de infraestrutura para conectividade na América Latina e no Caribe, não abrangendo, pois, as pessoas em comunidades indígenas rurais e não urbanas (ORTUÑO, 2020; OAS; IACHR, 2021).

Assim, verifica-se que o conceito de "destruição criativa" de Schumpeter (SCHUMPETER, 2017) representa o caráter disruptivo e revolucionário das revoluções tecnológicas na estrutura econômica, permitindo que a partir de dentro, com a destruição do antigo, surja algo novo, diante de ações empreendedoras e da inovação, provocando o surgimento das ondas de crescimento econômico. Ao que tudo indica, isso não irá se verificar da mesma forma agora na sexta onda tecnológica, pois o impacto, além de muito maior em empregos de forma global, vem com mais ênfase em certos países como Índia, que possui seu foco econômico em serviços como *call center*, e demais países do Sul Global, como o Brasil (WORLD TRADE ORGANIZATION, 2017). Ou seja, não há que se falar em criação de novos tipos de trabalho facilmente adaptáveis por trabalhadores agora desempregados ou inempregáveis.

Isso porque os novos possíveis empregos a serem criados exigirão novas competências mais sofisticadas, nível universitário e programas de capacitação que tragam uma perspectiva de recolocação e inserção no mercado de trabalho, além do alto custo de tempo, dinheiro e energia em tais "retreinamentos". Nesse sentido, destacam-se os estudos da Organização Mundial para o Comércio (WORLD TRADE ORGANIZATION, 2017), afirmando a perda de 80% aproximadamente de postos de trabalho em decorrência da inovação tecnológica, além de pesquisa da Universidade de Oxford de 2013, apontando para a perda de aproximadamente 35% dos trabalhos do Reino Unido nos próximos vinte anos, pesquisas acerca da perda de metade dos empregos da União Europeia (OSBORNE; FREY, 2013) e estudo do IPEA apontando para a perda de 54,5% dos postos de trabalho formais nos próximos seis anos no Brasil (ALBUQUERQUE *et al.*, 2019).

Outro exemplo paradigmático da crescente precariedade do trabalho é o caso dos denominados "trabalhadores fantasmas" ou "zeladores de dados", essenciais para a área de inteligência artificial, com a função de moderação de conteúdo de redes sociais, mas invisibilizados e sem qualquer proteção trabalhista, também denominados pela literatura de "cibertariado" (HUWS, 2014).

Nesse sentido, a promessa de uma cidadania e democracia digitais, em um otimismo utópico, longe de ensejar apenas respostas "distópicas", daria lugar a teorias críticas que apontam para o surgimento de novas formas de apartheid social (SIBILIA, 2016) e da "refeudalização", como destaca Matteo Pasquinelli no livro *The Eye of the Master: a social history of artificial intelligence* (2023), mencionando o caso dos trabalhadores fantasmas do Sul Global. Isso também foi documentado por Mary L. Gray e Siddharth Suri em seu livro *Ghost Work* (2019), ocorrendo tal situação mais gravemente em países do Sul Global, com destaque para África, Venezuela, Índia e Brasil, falando-se em "exploração e opressão algorítmica" (ISAAC; MOHAMED; PNG, 2021).

Por outro lado, a resistência às novas formas de colonialismo, vigilância e exploração conta cada vez com mais adeptos, embora haja pouca literatura a respeito no Brasil. Porém, no direito comparado são vários os exemplos que podem ser citados, com algumas iniciativas desde 2016, a exemplo dos princípios FAIR (*Findable, Accessible, Interoperable and Reusable*) para gerenciamento e governança de dados, e movimentos em torno de soberania de dados indígenas, com crescimento desde 2019 a 2021, como aponta o Grupo de Trabalho Internacional para Assuntos Indígenas (IWGIA), com destaque para a *Global Indigenous Data Alliance* (GIDA) (IWGIA, 2020). No mesmo sentido, o Protocolo de Inteligência Artificial Indígena de 2020, da lavra do Grupo de Trabalho do Protocolo de IA Indígena, traz uma estrutura para o projeto de sistemas de IA com foco nas prioridades, nos valores e na cosmovisão dos povos indígenas (LEWIS *et al.*, 2020).

Outrossim, o relatório *Decolonising the Internet*, produzido em 2018 pela organização global Whose Knowledge (BOUTERSE; SENGUPTA, 2018), constata a problemática da falta de representatividade mundial dos idiomas e dialetos indígenas, sendo que uma resposta a tal questão seria uma maior geração de conteúdo educacional, científico e acadêmico em idiomas indígenas.

Contudo, ainda há pouca produção científica a respeito no Sul Global, já que a maioria dos exemplos citados é de fonte produzida no Norte Global, como Austrália e Canadá, como bem aponta Vidushi Marda, ativista e membro da organização internacional Article 19 – por isso se fala em falta de diversidade epistêmica e em uma sub-representação do Sul Global em tais temáticas (MARDA, 2019). Como inciativa no Brasil, pode ser citado o projeto desenvolvido no âmbito do IEA/USP, Cátedra Oscar Sala, denominado "DecolonizAI".

Cozman, Moreschi e Pereira apontam para a situação urgente de se dar voz a tais trabalhadores invisíveis, também denominados por Antunes de "infoproletariado" (ANTUNES, 2020), como no caso dos trabalhadores do Uber, e enfatizam sua situação ainda mais precária no Brasil em comparação com outros países do Sul Global, devido ao retrocesso da economia brasileira e à ausência de estudos científicos acerca de tal temática, sendo uma "subclasse" ainda mais explorada do que a maioria dos outros "turkers" (MORESCHI; PEREIRA; COZMAN, 2020).

Tal fato é ainda agravado pelo crescimento do trabalho informal (41,4% da população empregada trabalha de forma informal – IBGE, 2023) e pelo retrocesso em termos de conquistas trabalhistas e de direitos humanos no mundo em geral, diante da crise dos direitos humanos e do crescimento de países não democráticos. O relatório de 2022 da Freedom House (*Freedom in the world 2022: The Global Expansion of Authoritarian Rule*) contabiliza o percentual de apenas 20,3% de países livres, no que tange ao regime democrático, apontando para o crescimento de regimes autoritários no decorrer dos últimos 16 anos.

Apesar das *big techs* se beneficiarem do superávit comportamental (ZUBOFF, 2019), além do trabalho altamente qualificado e com altos cargos e salários – a parte visível da IA como designers, programadores, estatísticos –, há uma rede crescente de trabalhadores fantasmas em países do Sul Global. O alto nível de desemprego, a concentração de renda do país e o aumento de formas de "uberização" do trabalho são responsáveis pela realização de microtarefas, não realizáveis por computadores com eficiência. Trata-se das "tarefas de Inteligência Humana" (HITs – *Human Intelligence Tasks*), a exemplo da descrição de imagens para projetos, como o do "ImageNet" e da IA da Amazon Alexa, e em plataformas de trabalho.

São os chamados trabalhadores fantasmas (*ghost workers*), os quais são colocados na invisibilidade para permitir que o espetáculo da autonomia das máquinas continue, sendo muitas vezes iludidos com promessas de "empreendedorismo" ou de estarem contribuindo para um mundo mais digital, em uma falsa sensação de liberdade, mesmo que vigiada, sem transparência e sem qualquer direito trabalhista.

O caso dos trabalhadores fantasmas brasileiros é ainda mais sensível e degradado (MORESCHI; PEREIRA; COZMAN, 2020), pois, conforme os Termos de Serviço da Amazon, não lhes é permitido receber seu pagamento em dinheiro, sendo obrigados a usá-lo como crédito no site da Amazon nos EUA. É uma evidente continuação da exploração colonial, em termos que se pode mesmo qualificar como "ciberescravidão", sobre o qual temos desenvolvido pesquisa em parceria com Willis Santiago Guerra Filho (2023).

Em sentido complementar, a notícia *Inside Facebook's African Sweatshop* (PERRIGO, 2022), publicada em 17 de fevereiro de 2022 na revista *Time*, aponta para várias irregularidades na "contratação" de trabalhadores africanos que atuam como moderadores de conteúdo para a empresa Facebook, corroborando algumas análises críticas, em sentido semelhante, sobre o fato de a maior parte do Sul Global ser fonte de matéria-prima de dados pessoais, em razão da maior fragilidade ou vácuo legislativo, além de também servirem de mão de obra digital barata e informal, "freelancers", atuando como "zeladores de dados" ou "trabalhadores de dados" (*data worker*) através da mediação de plataformas digitais de trabalho. E, no entanto, tal força de trabalho é central para o desenvolvimento das tecnologias emergentes, em especial para o *Big data*, a exemplo da que prestam os africanos (Quênia, Madagascar), assim como trabalhadores da Índia, da Venezuela (INSTITUTO HUMANITAS UNISINOS, 2023) e do Brasil, contribuindo para a exportação do lucro para as empresas sediadas no Norte Global (MORESCHI; PEREIRA; COZMAN, 2020).

Tais trabalhadores, além de não terem nenhuma proteção em termos de direitos sociais, sofrem uma ampliação nas formas de vigilância, com a utilização de inteligência artificial e de seus dados pessoais, sem respeito, muitas vezes, às normas da LGPD (Lei Geral de Proteção de Dados), em especial quando se pensa nos princípios da minimização de dados, boa-fé e transparência e na base legal do consentimento (a qual é frágil mesmo com o respeito aos requisitos do livre, específico e informado consentimento). Inclusive, cumpre ressaltar que a base legal do consentimento sequer seria válida ou legítima diante de flagrante não isonomia e desequilíbrio em tais relações jurídicas trabalhistas, demandando uma proteção extra via elaboração de um importante instrumento de *compliance*, a "Avaliação do Legítimo Interesse", a qual deverá ser exigida pela legislação como um documento prévio a ser elaborado, de forma obrigatória, além de prever a forma de sua elaboração e padronização, o que não houve por bem a LGPD em seguir o modelo do GDPR nesse sentido.

Valerio De Stefano (2020), Professor de Direito do Trabalho na KU Leuven, Universidade de Leuven, Bélgica, aponta para a crescente fiscalização dos empregados, além da falta de transparência quanto a diversos aspectos do trabalho a ser realizado, fazendo parte do que se tem denominado de gestão por algoritmo, monitoramento eletrônico de desempenho e *people analytics* ("análises de pessoas"), a exemplo da utilização de tais ferramentas pela empresa Humanyze[24].

Em sentido semelhante, diversos pesquisadores vêm apontando para uma refeudalização, com a crise de países democráticos e o crescimento de governos ditatoriais, crise ou morte dos direitos humanos, tais como Piketty, ao apontar o retorno ao "capitalismo patrimonial", uma reversão à sociedade pré-moderna (PIKETTY, 2014), sendo que há um potencial ainda maior de concentração de renda com a utilização da IA. É o que afirma Glauco Arbix (2021), apontando para o condicionamento das operações e das pesquisas avançadas em IA em um grande oligopólio, tanto nos Estados Unidos quanto na China.

Longe de ser, portanto, uma tecnologia neutra, objetiva e sem "vieses" (*bias*), o que vem sendo demonstrado por diversas pesquisas acadêmicas e científicas de porte, a IA reflete um imaginário social preexistente, uma certa ideologia e valores, conforme também o conjunto de dados utilizado e treinado, ou seja, reflete a concepção de mundo dominante, qual seja, ocidental, desenvolvendo uma câmara de eco epistêmica e ampliando casos de discriminação e violação de direitos de grupos vulneráveis como mulheres, hispânicos, negros, indígenas e pobres.

Contudo, onde há poder há resistência, como afirmava Michel Foucault, e daí o apelo à reescrita de códigos culturais dominantes e à incorporação de novos valores e novas relações sociais no mundo. Precisamos de uma "revolução de valor e despertar democrático radical" (BENJAMIN, 2019), que combata a influência da ética utilitarista na área de IA, com uma abordagem crítica pautada em um "*ethos* abolicionista", voltando-se para parcelas da população vulnerável, a exemplo da "abordagem transfeminista dos dados e da justiça social" e uma abordagem feminista e decolonial, como a da Rede de Pesquisa de Inteligência Artificial Feminista <fa+ir>[25], criada com apoio do *International Development Research Centre* (IDRC), do Canadá, em março de 2020.

Tais exemplos são paradigmáticos, pois focam em possíveis respostas e não apenas nos problemas, e, pois, em um sentido não apenas crítico ou reativo, mas proativo, pensando-se em ferramentas e outras práticas em seu potencial de

---

24 <https://www.humanyze.com>.

25 <https://aplusalliance.org/global-fair/>.

empoderamento por meio também da tecnologia, a partir do reconhecimento da diversidade cultural, da inclusão e do contexto específico de utilização da IA e do treinamento e do banco de dados utilizado.

Destaca-se o documento *Governing data and artificial intelligence for all: models for sustainable and just data Governance*, do Parlamento Europeu de 2022 (SOLANO *et al.*, 2022), que traz a perspectiva de "data justice", se preocupando com a elaboração de "human rights impact assessments" por priorizar direitos e apostando na criação de modelos alternativos de governança que incluam formas locais de soberania digital como a indígena ("Defining datas's potencial as a public good", p. 5, item 1). Aponta ainda para a importância do constitucionalismo digital, por oferecer uma linguagem de direitos e para poder desafiar excessos tanto do poder público como do privado, trazendo o aspecto da diversidade e da inclusão e buscando um reequilíbrio das relações no âmbito digital, com o respeito aos direitos fundamentais. No mesmo sentido, o documento do AI Now Institute (2018), *AI Now 2018 Report*[26], aponta para a estrutura de Avaliação de Impacto Algorítmico (AIA), que compreende o envolvimento da comunidade como parte integrante de qualquer processo de "revisão", tanto como parte do estágio de projeto quanto antes, durante e depois da implementação, com o fim de garantir a legitimidade, imparcialidade e independência da produção de tal documento de "compliance". Nessa mesma linha, a Declaração de Toronto[27] prevê que deverá haver uma garantia de que grupos potencialmente afetados e especialistas sejam incluídos como atores com poderes decisórios sobre o design, e em fases de teste e revisão, além da revisão e elaboração de documentos de *compliance* por especialistas independentes.

A IA deve, pois, ser compreendida em sua relação com o contexto sociocultural em questão. Com isso, além de aproximar a teoria da prática, também se contribui para o preenchimento de um *gap*, já que muitas vezes as soluções técnicas envolvendo a IA são tomadas sem estudos empíricos do contexto social. É o que aponta o artigo *Designing for human rights in AI* (AIZENBERG; VAN DEN HOVEN, 2020). Além disso, pode dar ensejo ao denominado "emergent bias", que surge com a modificação do contexto de uso da aplicação da IA ou do treinamento de dados. Em sentido complementar é o que aponta o documento *Predictably Unequal? The Effects of Machine Learning on Credit Markets* (FUSTER *et al.*, 2022), que afirma haver um potencial maior de "bias" em "contextos", em domínios com documentado passado histórico de discriminação.

26 <https://ainowinstitute.org/publication/ai-now-2018-report-2>.

27 <https://www.torontodeclaration.org/>.

Outro importante exemplo de tal abordagem decolonial, repensando-se as ferramentas tecnológicas para incluírem os valores de comunidades e grupos vulneráveis e tornados invisíveis, é a proposta da Coding Rights, em parceria com o Co-Design Studio do MIT, ao experimentarem um jogo denominado de "Oracle for Transfeminist Futures", com base em pedagogias invertidas, ao criarem uma mudança decolonial, passando dos modelos paternalistas para os solidários, por meio do diálogo intercultural e do reconhecimento da ética digital intercultural, partindo do reconhecimento da insuficiência de uma perspectiva ética globalizante. Da mesma forma, no âmbito dos direitos humanos, há uma reconstrução destes em um sentido mais alargado e inclusivo, por meio do multiculturalismo e do pluralismo, reconhecendo outras abordagens acerca do conceito de "ética", como aquelas indígenas, e sobre o conceito de dignidade humana, a partir do que significa viver uma boa vida, tal como no passado greco-romano, obliterado pela predominância das crenças judaico-cristãs no Ocidente.

Outros exemplos podem ser citados, como a organização FATML (*Fairness, Accountability and Transparency in Machine Learning*), que foca na definição, medição e redução do viés algorítmico (COSTANZA-CHOCK, 2018); a *ACM Conference on Fairness, Accountability, and Transparency*[28]; a *Algorithmic Justice League* (Liga da Justiça Algorítmica), de iniciativa de Joy Bowlamini, que traz uma visão interseccional de gênero e raça; e o "Compromisso de Segurança Facial", exigindo das empresas uma posição pública no sentido de mitigar o abuso da tecnologia de análise de reconhecimento facial.

É assim que se vem falando em uma "desobediência epistêmica" na luta contra o "epistemicídio", ou seja, a morte ou invisibilidade de saberes populares, tradicionais e locais (Boaventura de Souza Santos, Michel Foucault) e agora na luta também contra uma nova forma de colonização, por meio do extrativismo de dados, apostando-se em práticas contra-hegemônicas (epistemologias do Sul) e de tecnologias com "ethos" abolicionista, a exemplo do Movimento de Tecnologias Não Alinhadas (MTNA), com foco na autodeterminação e governança de dados de cada comunidade[29] (ver ainda Mejias (2020) e Ortiz Freuler (2020)).

A justiça, nesse sentido, não é um valor estático, mas uma metodologia contínua que pode e deve ser incorporada na concepção tecnológica. Também por essa razão, é vital que as pessoas envolvidas no desenvolvimento tecnológico se associem àqueles que fazem um importante trabalho sociocultural honrando

---

28 <https://facctconference.org/>.

29 <https://www.tierracomun.net/es/mtna>.

ferramentas narrativas através das artes, humanidades e organização da justiça social. São iniciativas que focam não apenas no âmbito regulatório, mas também técnico, social e ético, ampliando o olhar para a governança da inteligência artificial e para a necessária construção de novos imaginários sociais (BENJAMIN, 2019).

Do que se trata então é de se (re)imaginar novas possibilidades para a relação humano-algoritmo e repensar a relação natureza e cultura, técnica, e, portanto, também a partir da valorização de metodologias que priorizem a imaginação e a sensibilidade, atingindo com tal cruzamento e "antropofagia" (CANTARINI, 2022) novos devires, novas possibilidades e novos modos de habitar e viver, diante da interface humano-algoritmo, com destaque para o papel da poética, em especial da poética negra e indígena como uma poética do futuro. Trata-se de pensarmos na necessidade de justiça algorítmica em novas bases, com fulcro em um novo paradigma, já que a equidade e a justiça algorítmica convencional estão ainda centradas no Ocidente e em uma visão eurocêntrica, de acordo com seus valores, métodos e concepções.

18. Desbravando os limites da ética: desafios e requisitos na regulamentação da inteligência artificial

Celeida Laporta

Introdução

Este capítulo explora a relação e a complexidade ética associada à expansão da inteligência artificial e aborda os desafios enfrentados na regulamentação desta tecnologia diante de uma sociedade das inteligências conexas. A sociedade das inteligências conectadas refere-se ao contexto no qual a conectividade e a interação entre pessoas, máquinas e inteligência artificial são intensas. O objetivo principal é analisar e compreender os limites éticos envolvidos no desenvolvimento e na aplicação da inteligência artificial (IA), destacando a necessidade prévia de uma estrutura regulatória que possa orientar seu desenvolvimento e uso de maneira ética. A metodologia adotada é dedutiva, partindo de princípios éticos fundamentais da IA, diante dos dispositivos de leis e doutrinas. Além disso, são consideradas as perspectivas de especialistas em ética e desenvolvedores de inteligência artificial.

No final da análise, destacou-se a importância dos princípios éticos aplicados *by design*, como transparência, aplicabilidade, responsabilidade, justiça e privacidade na regulamentação da IA, originários de uma abordagem colaborativa entre governos, empresas e sociedade civil. Enfatizando que os limites para criação de diretrizes regulatórias residem na necessidade de equilibrar a inovação tecnológica com os princípios éticos.

No transcorrer dos tempos, o homem tem buscado incessantemente soluções mecanizadas, automatizadas e escaláveis para facilitar as atividades humanas e aumentar a rentabilidade. A sociedade contemporânea tem testemunhado avanços tecnológicos sem precedentes, resultando em um ambiente cada vez mais conectado e permeado por inteligências artificiais conexas, isto é, relacionadas e complementares de uma hiperautomação.

Tom Taulli esclarece que a IA representa o cumprimento da promessa da tecnologia, liberando as pessoas das restrições de tempo e do tedioso ou desagradável trabalho de rotina. Ela ajuda a identificar padrões em escalas microscópicas às quais os seres humanos não estão naturalmente adaptados para perceber. Ela pode prever problemas e corrigir erros; além de economizar dinheiro, tempo e até mesmo vidas (TAULI, 2020, p. 9).

Nesse passo, a IA desponta como uma força transformadora na sociedade contemporânea, delineando um novo horizonte de possibilidades e desafios. Ao transcender as fronteiras das ciências, da sociedade e da tecnologia, ela permeia minuto a minuto as vidas, influenciando desde as interações sociais até as decisões estratégicas em diversos setores. Em um cenário dinâmico, onde estatísticas com métricas algorítmicas produzem sistemas complexos e inteligentes que coexistem com a realidade, é imperativo analisar o impacto e as implicações dessa revolução em transformação digital.

Competem assistentes virtuais que simplificam tarefas cotidianas até sistemas avançados de aprendizado de máquina que impulsionam a inovação em todas as áreas onde a presença da IA é onipresente. No entanto, à medida que emergem os benefícios tangíveis dessa evolução tecnológica, também surgem os desafios éticos que exigem uma abordagem ponderada para análise dos limites para a construção de elementos regulatórios.

Avanços rápidos no aprendizado de máquina, processamento de linguagem natural e visão computacional proporcionam novas perspectivas para solucionar desafios preexistentes, ao mesmo tempo que requerem dispositivos regulatórios e éticos para nortearem uma IA equitativa e sustentável.

Por conseguinte, este capítulo abordará as principais inquietações dessa transformação digital diante dos desafios para a implementação de regulamentações éticas eficazes, a complexidade para equilibrar a inovação com princípios éticos e os requisitos regulatórios com foco constante na segurança, equidade, transparência, aplicabilidade e responsabilidade.

Ademais, adotou-se o método dedutivo, isto é, parte-se da premissa de uma especificação do conhecimento já existente, de uma verdade já estabelecida, sobretudo sobre conceitos e teorias dispostas nas obras de autores indicados na bibliografia.

Desafios éticos na utilização da IA

A ética, como fundamento essencial da conduta humana, permeia as interações sociais, profissionais e individuais, e fornece um alicerce moral para nossas decisões e ações. É o compasso que orienta escolhas em um mundo repleto de complexidades morais, delineando um padrão de comportamento que busca equidade, justiça e respeito pelos valores compartilhados. No âmbito profissional, a ética orienta a integridade nas relações comerciais, promovendo práticas transparentes e responsáveis.

Com efeito, a ética, enquanto disciplina filosófica, orienta as escolhas e ações em busca do que é considerado moralmente correto. Ela se fundamenta em princípios que transcendem fronteiras culturais e temporais, sendo um guia para a convivência harmônica e justa na sociedade. A reflexão ética abrange desde dilemas cotidianos até questões complexas, promovendo a busca por valores universais como a justiça, a equidade e o respeito pelos direitos fundamentais. Em um mundo dinâmico e interconectado, a ética nos desafia a considerar as implicações de escolhas não apenas para o indivíduo, mas para a comunidade global. A busca por decisões éticas torna-se, assim, uma responsabilidade compartilhada na construção de um ambiente que promova a dignidade humana e o bem-estar coletivo.

A integração da IA pode contribuir para o bem-estar coletivo com eficiência, inovação e progresso, ao mesmo tempo em que exige uma reflexão profunda sobre os valores que se deseja preservar, em especial com os direitos e garantias fundamentais, os benefícios e as questões éticas cruciais para garantir um futuro equitativo e sustentável.

Ao discutir direitos e garantias fundamentais, é crucial destacar que se refere a normas e princípios essenciais para a convivência social, fundamentados na honestidade e respeito mútuos. Essas diretrizes desempenham um papel fundamental na regulação das interações entre os indivíduos e o Estado, seja na estruturação interna do próprio Estado ou nas atividades de uma entidade estatal, cujas ações devem respeitar os limites estabelecidos por normas positivadas.

Os desafios éticos devem ser submetidos aos agentes provedores dos sistemas de IA. O avanço recente da inteligência artificial, quando as máquinas não seguem mais processos de decisão pré-programados pelos humanos e começam a "aprender" por si mesmas (*machine learnig*, *deep learning*), impõe para a sociedade novos desafios éticos e a premência de estabelecer arcabouços legais a partir de uma regulamentação que, simultaneamente, proteja os indivíduos e as instituições, e preserve o grau de liberdade necessário ao desenvolvimento científico e comercial (KAUFMAN, 2022, p. 81).

Complementam Norvig e Russel (2013, p. 42) que todos os cientistas e engenheiros enfrentam considerações éticas sobre como devem agir no trabalho, quais projetos devem ou não ser realizados e de que maneira devem ser tratados. Entretanto, a IA parece trazer alguns problemas novos, por exemplo: as pessoas poderiam perder seus empregos para a automação; as pessoas poderiam ter muito (ou pouco) tempo de lazer; as pessoas poderiam perder seu sentido de identidade; sistemas de IA poderiam ser utilizados para fins indesejáveis; o uso de IA poderia resultar na perda de responsabilidade; e o sucesso da IA poderia significar o fim da raça humana.

Um dos principais desafios reside na tomada de decisão independente por sistemas de IA, que muitas vezes carecem de transparência e explicabilidade. A falta de compreensão sobre como essas decisões são alcançadas levanta questões éticas cruciais, uma vez que os impactos podem ser profundos, afetando a vida das pessoas de maneira significativa. Esse dilema é proposto no contexto da ética da transparência, onde a busca por sistemas de IA mais compreensíveis e explicáveis é fundamental para garantir a responsabilidade e a confiança.

Outro desafio ético na IA envolve a questão da discriminação algorítmica. Sistemas de IA, ao aprenderem a partir de dados históricos, podem perpetuar e amplificar preconceitos existentes. Esse fenômeno, conhecido como viés algorítmico, representa um dilema ético, pois pode resultar em tratamento discriminatório com base em raça, gênero, classe social etc. Abordagens éticas, como a justiça algorítmica, buscam promover sistemas de IA que operem de maneira justa e equitativa.

Além disso, a questão da privacidade é um desafio central na era da IA. A coleta e análise massiva de dados levanta preocupações sobre o uso inadequado das informações pessoais, violando a privacidade individual. Princípios éticos como privacidade por design e por padrão buscam integrar desde as fases iniciais do desenvolvimento de sistemas de IA, garantindo que a coleta e o processamento de dados ocorram de maneira ética e respeitando os direitos individuais. Esses tópicos na IA destacam a importância de uma base teórica sólida para orientar o desenvolvimento e a implementação responsável dessa tecnologia.

Nesse ponto, com tantas variáveis para serem avaliadas no quesito dos efeitos e das práticas éticas na IA, diante dessa entropia, compete destacar o físico e matemático escocês James Clerk Maxwell. Ele desafiou as bases da física com um experimento denominado Demônio de Maxwell, onde o físico estava diante de um dilema para contestar a segunda lei da termodinâmica (BRANDÃO, 2010, p. 419).

O cientista concebeu a ideia de um sistema fechado, dividido por uma parede interna, criando duas câmaras isoladas dentro de um ambiente hermeticamente isolado do mundo exterior. A parede divisória seria equipada com uma janela controlada por um personagem, o Demônio de Maxwell, dotado da capacidade de visualizar as partículas de gás que preenchiam o sistema. Por meio desse controle, conseguiu separar as partículas em movimento rápido das mais lentas, permitindo que as primeiras passassem para um dos compartimentos, enquanto as segundas permaneciam no espaço de origem. Essa ação resultou na criação de um gradiente térmico entre os compartimentos, gerando uma diferença de pressão e possibilitando que o sistema realizasse trabalho. Assim, ao operar constantemente nessa direção, o Demônio de Maxwell desafiava a Segunda Lei da Termodinâmica, diminuindo a possibilidade de um moto-contínuo – um sistema capaz de realizar trabalho sem a necessidade de injeção adicional de energia. Essa proposta ficou conhecida como Demônio de Maxwell.

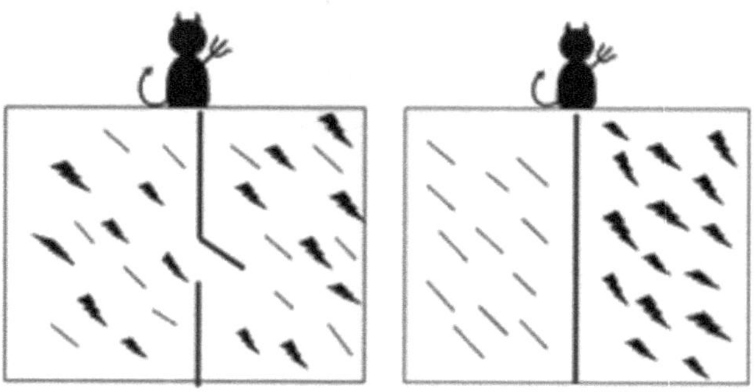

Figura 18.1. Demônio de Maxwell. Fonte: adaptado de Eler (2017).

A função central desse "demônio" é organizacional: o cilindro de pressão só funciona em determinadas partículas localizadas nos lugares corretos. É crucial compreender que o demônio funciona, garantindo que as partículas ocupem suas posições designadas. Ao agir conforme o planejado, consegue diminuir a entropia do sistema; no entanto, se falhar em sua missão ou não puder operar conforme o previsto, não impedirá o aumento da entropia, conforme prescrito pela segunda lei.

Em contexto análogo com o nosso objeto de estudo, observa-se que os desafios e perspectivas da IA reproduzem um cenário em constante evolução, em um estado atual de entropia, que ainda que regulamentado não impedirá uma manutenção diante de futuros desafios que surgirão para garantir um ambiente regulamentado e com opacidade coexistindo com as práticas éticas entre seres humanos e inteligência artificial.

Requisitos para regulamentação e a principiologia

É notória a necessidade premente de um marco regulatório sobre os conceitos, princípios éticos e demais dispositivos de lei sobre IA, tanto na esfera de aplicabilidade nacional quanto internacional. Na medida em que a IA se torna cada vez mais intrincada nos mais diversos processos da sociedade, desde saúde, economia, educação, industrialização, entretenimento, jurídico entre tantos outros, a ausência de diretrizes legais conduz os efeitos da IA com riscos significativos. Pode-se dizer que atualmente as tecnologias inteligentes percorrem uma estrada em altíssima velocidade sem freios com um motor que corresponde a uma caixa preta.

A importância da regulamentação não se limita apenas a garantir a segurança e a eficácia técnica da IA, mas em efetivamente evidenciar a importância da proteção dos valores éticos que são essenciais para a coexistência do humano e do não humano, ou seja, os sistemas computacionais inteligentes.

Nos ensinamentos de Santaella (2022, p.321), o relevo que passou a ser dado ao descentramento do humano, na crescente complexidade das sociedades contemporâneas tecnologicamente instrumentadas, levou ao debate do pós-humano a ceder passagem para o novo debate voltado para as questões emergentes relativas ao não humano, este se referindo, portanto, tanto a tudo aquilo que habita a biosfera quanto às tecnologias cada vez mais finas e invisíveis plugadas ao humano. Portanto, longe de haver uma mera superação de temas, o não humano, respondendo a novas conjunturas da realidade, apenas deu prosseguimento, sob outras entonações, a inquietações que tiveram início no pós-humano e que agora crescem em complexidade.

Nessa seara, a regulamentação da inteligência artificial está se digladiando com vários paradoxos, diante dessa complexidade. Ainda em elaboração, no Brasil temos o Projeto de Lei nº 2.338/23 (SENADO FEDERAL, 2023); na União Europeia, as Diretivas (PARLAMENTO EUROPEU, 2023). Todos os países estão preocupados com pontos controversos como: privacidade, transparência de algoritmos complexos, proteção de dados, propriedade e autoria intelectual, discriminação algorítmica, ambiente confiável, preservação dos valores democráticos e proteção a direitos fundamentais.

Compete aqui um breve resumo dos princípios:

- **Transparência:** a IA deve ser desenvolvida e utilizada de forma transparente, de modo que as decisões e resultados gerados possam ser compreendidos e explicados.
- **Justiça:** a IA deve ser projetada para promover a justiça e evitar a discriminação em todas as suas formas, incluindo gênero, raça, idade, orientação sexual e outras características.
- **Privacidade:** a IA deve ser usada de maneira que respeite a privacidade e a proteção dos dados pessoais, evitando a coleta, o uso ou a divulgação de informações sem o consentimento explícito das pessoas afetadas.
- **Responsabilidade:** os desenvolvedores e usuários da IA devem ser responsáveis por garantir que ela seja usada de forma ética e que suas consequências sejam gerenciadas de forma adequada.
- **Segurança:** a IA deve ser projetada para ser segura e evitar riscos significativos para a vida, saúde, privacidade e segurança das pessoas afetadas.
- **Confiança:** a IA deve ser usada de maneira que promova a confiança das pessoas afetadas, mantendo a integridade, a precisão e a imparcialidade de suas decisões.

- **Sustentabilidade:** a IA deve ser desenvolvida e utilizada de maneira que promova a sustentabilidade ambiental e social, evitando danos irreversíveis ao meio ambiente e à sociedade.

Como explanado, a regulamentação esparsa está em desenvolvimento, entretanto as premissas norteadoras, seja perante marco regulatório ou orientações de organismos internacionais, precisam ser positivadas e implementadas com a flexibilidade de monitoração e orquestração contínua, em compasso com a inovação tecnológica e da preservação das garantias fundamentais da sociedade.

Construindo pontes entre a ética, a regulamentação e a tecnologia

Na medida em que a IA se firma como um pilar tecnológico, surgem complexidades éticas e desafios regulatórios que exigem uma abordagem integrada e colaborativa. Há uma necessidade urgente de construir pontes sólidas entre ética, regulamentação de IA e tecnologia, garantindo a importância de unir esses três elementos cruciais, com a cooperação de abordagens interdisciplinares e colaborativas para desvendar as caixas pretas da IA.

Nesse passo, Latour (1998, p. 34) pontua que há pessoas que fazem ciência, que a estudam, que a defendem ou que se submetem a ela, e que felizmente existem algumas outras, com formação científica ou não, que abrem as caixas-pretas para que os leigos possam dar uma olhadela. Apresentam-se com vários nomes diferentes (historiadores da ciência e da tecnologia, economistas, sociólogos, professores de ciências, analistas de política científica, jornalistas, filósofos, cientistas e cidadãos interessados, antropólogos cognitivos ou psicólogos cognitivos), tendo na maioria das vezes em comum o interesse por algo que é genericamente rotulado como "ciência, tecnologia e sociedade".

No coração dessa tríade, a tecnologia é a força motriz da inovação, a ciência a segurança e confiança e a sociedade a responsabilidade. Construir pontes tecnológicas implica desenvolver sistemas de IA que se alinhem organicamente com princípios éticos e regulamentações, integrando transparência, aplicabilidade e responsabilidade desde a concepção até a implementação. Inovações como inteligência artificial, ética e algoritmos éticos exemplificam a capacidade de transformar avanços tecnológicos em instrumentos de coexistência ética.

No entanto, esse processo de construção de pontes não é isento de desafios. O equilíbrio é tensionado perante os limites entre inovação e a necessidade de regulamentações ágeis com a exigência de sistemas de IA transparentes e sustentáveis. Nesse cenário de paradoxos, é essencial promover um diálogo interdisciplinar e colaborativo entre especialistas em ética, legisladores e profissionais de tecnologia.

Nesse sentido, para Cantarini (2018, p. 37) o Direito vive uma grave crise existencial: a desordem impera, e não se produz a ordem dialeticamente. Crises, paradigmas e paradoxos são infinitos, crises de confiança, de concepção de justiça, de legitimidade, crise de utopias modernas, crise de realidade, crise de direitos humanos e crise de ética.

Em contraponto, insta analisar a entropia interdisciplinar, segundo Latour (1998). A dispersão de disciplinas e de objetos não seria problemática se caracterizasse alguma necessária e fecunda especialização que partisse de um núcleo de problemas e métodos comuns. No entanto, o que acontece não é isso. As ciências e as tecnologias em estudo são os principais fatores que determinam esse crescimento desordenado de interesses e métodos. O autor ainda afirma que nunca encontrou duas pessoas que estivessem de acordo quanto ao significado do campo de estudo chamado "ciência, tecnologia e sociedade"; na verdade, raramente encontrou alguém que concordasse quanto ao nome ou quanto à própria existência desse campo (LATOUR, 1998, p. 35).

Em suma, é imperativo visualizar um futuro em que essas pontes entre ética, regulamentação de IA e tecnologia se fortaleçam. Esse futuro requer não apenas avanços técnicos, mas uma consciência coletiva de que a IA é uma ferramenta poderosa que deve ser moldada por princípios éticos e regulamentações sólidas. Construir essas pontes é um compromisso coletivo para garantir que a IA não apenas transforme o mundo, mas o faça de maneira ética, responsável e benéfica para toda a sociedade.

Conclusão

Ao passo que a evolução da IA se torna cada vez mais integrada em diversos setores da sociedade, a ausência de diretrizes legais pode acarretar riscos significativos e levanta questões importantes sobre a necessidade de uma regulamentação com acurácia e abrangência para orientar seu desenvolvimento e sua aplicação, norteada por princípios éticos como transparência, explicabilidade, justiça, confiabilidade, privacidade, responsabilidade e segurança.

A importância da regulamentação não se limita apenas a garantir a segurança e a eficácia técnica dos sistemas de IA, mas estende-se fundamentalmente à proteção dos valores éticos que são essenciais para a coexistência humana, visando garantir o desenvolvimento e a implementação dessas tecnologias inteligentes de maneira ética, responsável e respeitando os princípios fundamentais que orientam nossa sociedade.

A ética, como bússola moral, surge como base fundamental dessa construção. Sua inserção na IA visa garantir que os avanços tecnológicos respeitem princípios inegociáveis e irrenunciáveis, como transparência, justiça e privacidade. Construir pontes éticas implica integrar esses valores no cerne do desenvolvimento tecnológico, garantindo que a IA contribua positivamente para a sociedade. A regulamentação, por sua vez, representa o arcabouço legal que dá forma ao uso responsável da IA para evitar abusos, garantindo que seja desenvolvida e aplicada dentro de limites éticos e sociais aceitáveis. A ética na IA começa com a incorporação dos padrões éticos do indivíduo e da sociedade. Nesse rumo, as tecnologias de processamento de informação inteligentes também devem internalizar a ética desde a sua concepção.

19. Teletrabalho e direito à desconexão

Clarisse Laupman
Marina Dutra

Introdução

A pandemia COVID-19 causou brusca mudança no regime de trabalho de inúmeros trabalhadores na escala global. Em março de 2020, empregadores dos mais diversos setores se viram obrigados a fornecer meios para que seus empregados prestassem serviços de forma remota, sob pena de paralisação de suas atividades.

Antes da pandemia o teletrabalho era comumente associado a uma ideia de melhor equilíbrio entre vida pessoal e profissional. Em sua (inesperadamente longa) duração, houve intenso debate sobre os prejuízos causados à saúde física e mental dos trabalhadores pela indefinição na divisão entre os horários de trabalho e descanso, bem como pela sensação de que deveriam estar, o tempo todo, à disposição dos empregadores.

A Organização Mundial da Saúde (OMS) declarou o fim da pandemia de COVID-19 como uma emergência de saúde global em 05 de maio de 2023 (NAÇÕES UNIDAS BRASIL, 2023), mas a discussão permanece atual. Em meio a tensões entre empregados e empregadores, que discutem a perpetuação do teletrabalho ou retorno ao trabalho presencial, é importante diferenciar os dois regimes e, a partir dessa diferença, abordar um elemento de suma importância que também deve ser levado em consideração: o direito à desconexão, em qualquer das modalidades, mas especialmente no teletrabalho.

Conceito de direito à desconexão

Em que pese a lei brasileira não conceituar expressamente o direito à desconexão, a empresa de Jurimetria DataLawyer publicou levantamento no início de 2023 que mostra que ações judiciais que citam os termos "direito à desconexão", "desconexão do trabalho" ou "desconectar do trabalho" quase dobraram nos últimos quatro anos no Brasil: foram 2.666 novas ações sobre o tema em 2022, *versus* as 1.329 computadas em 2018. Desde 2014, o tema já esteve presente em pelo menos 23.750 ações que não estão em segredo de justiça (AÇÕES, 2023).

Para elucidar o conceito, a União Europeia define o direito à desconexão como o direito do trabalhador de se desligar do trabalho e abster-se de se envolver em comunicações eletrônicas relacionadas com o trabalho, como e-mails ou outras mensagens, fora do horário de expediente (EUROFOUND, 2021).

Trata-se, portanto, de questão primordialmente afeta à jornada de trabalho e ao direito ao descanso do empregado, que, por sua vez, está relacionada às normas de proteção de saúde e segurança do trabalho.

Conceito de teletrabalho

A Consolidação das Leis do Trabalho (CLT) dispõe em seu Capítulo II sobre a duração do trabalho. A norma, promulgada em 1943, evidentemente não antecipou a possibilidade de teletrabalho como hoje conhecemos. O regramento específico sobre a matéria surgiu com a Lei n° 13.467/2017, conhecida como Reforma Trabalhista.

Assim, há aproximadamente seis anos a questão passou a integrar a norma mais importante da legislação trabalhista por meio do Capítulo II-A, Do Teletrabalho. Posteriormente, alguns dispositivos deste capítulo foram alterados pela Lei n° 14.442/2022.

A redação atual do artigo 75-B conceitua teletrabalho ou trabalho remoto como "a prestação de serviços fora das dependências do empregador, de maneira preponderante ou não, com a utilização de tecnologias de informação e comunicação que, por sua natureza, não configure trabalho externo".

Nota-se de pronto certa elasticidade no conceito, uma vez que o teletrabalho pode se dar quando a prestação de serviços fora do meio ambiente de trabalho se dá de maneira preponderante ou não. O parágrafo primeiro da lei cria ainda mais insegurança ao dizer que:

> *"Art. 75-B. (...)*
>
> *§1°. O comparecimento, ainda que de modo habitual, às dependências do empregador para a realização de atividades específicas que exijam a presença do empregado no estabelecimento não descaracteriza o regime de teletrabalho ou de trabalho remoto". (BRASIL, 2022)*

Estão imprecisas as referências entre o trabalho presencial e o trabalho remoto, o que, como foi dito, aumenta a insegurança jurídica tanto do trabalhador como do empregador.

Teletrabalho no direito internacional

A Convenção 177 da Organização Internacional do Trabalho (OIT), que trata do teletrabalho, é datada de 1996 e não foi ratificada pelo Brasil até hoje. Nela, o teletrabalho é conceituado como o trabalho realizado, de forma regular ou não ocasional, por uma pessoa (i) no seu domicílio ou em outro local de sua escolha, que não seja o ambiente de trabalho do empregador; (ii) de forma remunerada; e (iii) que resulte em um produto ou serviço conforme especificado pelo empregador, independentemente de quem fornece os equipamentos, materiais ou outros insumos utilizados, a menos que essa pessoa tenha o grau de autonomia e de independência econômica necessários para ser considerada um trabalhador independente conforme leis, regulamento e jurisprudência nacionais (INTERNATIONAL LABOUR ORGANIZATION, 1996).

A Convenção é bastante enxuta e não trata expressamente do direito à desconexão, apesar de garantir a igualdade de condições entre trabalhadores presenciais e remotos, levando em conta as devidas peculiaridades, no que tange à saúde e segurança do trabalho, bem como à organização sindical, antidiscriminação, remuneração, direitos previdenciários, acesso a treinamentos, idade mínima para o trabalho e proteção à maternidade (INTERNATIONAL LABOUR ORGANIZATION, 1996).

Em 2021, a OIT e a OMS publicaram, em conjunto, um resumo técnico sobre teletrabalho saudável e seguro, por meio do qual reconheceram expressamente a íntima relação entre o teletrabalho e a dificuldade de desconexão:

> *While teleworking, workers may experience sometimes working long hours or late into the night. If the set work times are not well established between workers and their managers, resulting in difficulty disconnecting from work and managing the work schedule. This is exacerbated when a company works across multiple time zones. Employees working from home tend to work longer hours than when they are working at the premises of the employer, in part because the time to commute to the workplace is replaced by work activities, and also because of changes in work routines and the blurring of the boundaries between paid work and personal life*[30]. (WORLD HEALTH ORGANIZATION; INTERNATIONAL LABOUR ORGANIZATION, 2021, p. 7)

O documento também cita o movimento de alguns Estados em estabelecer, nas leis nacionais, o direito à desconexão. Assim, OIT e OMS entendem que o direito à desconexão também pode ser visto como uma forma de limitar o horário de trabalho e garantir que os trabalhadores possam descansar adequadamente.

Direito à desconexão no direito comparado

O direito à desconexão pode se aplicar tanto ao trabalho presencial quanto ao teletrabalho – visto que, em ambas as modalidades, a popularização dos *smartphones* facilita a comunicação com os empregados fora de seu horário de trabalho (por exemplo, via e-mails conectados aos seus celulares e/ou aplicativos de conversa como WhatsApp ou Telegram).

Todavia, como destacado pelo Fórum Econômico Mundial, o direito à desconexão é especialmente sensível no trabalho remoto, pois muitos empregados sentem que precisam estar disponíveis a todo momento, atendendo chamadas telefônicas, e-mails e mensagens a qualquer hora. Por isso, vários

---

30 Tradução livre: No teletrabalho, os trabalhadores podem, por vezes, trabalhar longas jornadas ou até altas horas da noite, se os horários de trabalho definidos não estiverem bem estabelecidos entre os trabalhadores e seus gestores, resultando em dificuldade de se desconectar do trabalho e de gerenciar o horário de trabalho. Isso é agravado quando uma empresa trabalha em vários fusos horários. Os trabalhadores que trabalham de casa tendem a trabalhar mais horas do que quando trabalham nas instalações do empregador, em parte porque o tempo de deslocamento para o local de trabalho é substituído por atividades laborais, e também devido a mudanças nas rotinas de trabalho e à dissipação dos limites que separam o trabalho remunerado e a vida pessoal.

Estados têm regulado o direito à desconexão (WOOD; SHINE, 2023).

A França foi precursora na proteção da desconexão. Em 2013, um acordo nacional interseccional sobre qualidade de vida no trabalho incentivou empresas a evitar qualquer intrusão na vida privada dos trabalhadores, especificando períodos em que seus dispositivos eletrônicos deveriam ser desligados.

Em 2016, o mesmo direito foi regulamentado pelo artigo L.2242-17 do *Code du travail*, que prevê a negociação coletiva obrigatória sobre igualdade de homens e mulheres no trabalho, incluindo os termos do pleno exercício do direito à desconexão, bem como o estabelecimento, pela empresa, de sistemas para regularizar a utilização de ferramentas digitais com o objetivo de garantir o respeito ao descanso, relaxamento, tempo pessoal e vida familiar. Na falta de acordo, o empregador deve elaborar carta de política interna sobre o assunto e oferecer ações de treinamento e sensibilização para empregados e gestores sobre o uso de ferramentas digitais (REPUBLIQUE FRANÇAISE, 2022).

Na Itália, a Lei 81/2017 regulamenta o chamado *lavoro agile* (também conhecido como *smart work*), modalidade de execução do trabalho subordinado que permite sua contratação por fase, ciclo ou objetivo, que pode se utilizar de meios tecnológicos para o seu desenvolvimento, sem necessidade de determinação de jornada ou local de trabalho. Nos termos de seu artigo 19-1, referido acordo deve incluir o tempo disponível do trabalhador e as medidas técnicas e organizações necessárias para garantir sua desconexão dos instrumentos tecnológicos utilizados (NORMATTIVA, 2017).

Em Portugal, a Lei 83/2021 alterou o Código de Trabalho e, apesar de não trazer o termo "direito à desconexão" de forma expressa, previu no artigo 169-B, "b", que o regime de teletrabalho implica, para o empregador, alguns deveres especiais, incluindo o de "abster-se de contactar o trabalhador no período de descanso (...)". O artigo 170 do mesmo *códex* também informa que o empregador deve respeitar a privacidade do trabalhador, o horário de trabalho e os tempos de descanso e repouso em família, bem como proporcionar boas condições de trabalho físicas e mentais (DIÁRIO DA REPÚBLICA, 2009).

Por ora, a União Europeia ainda não possui norma específica sobre o assunto, mas em janeiro de 2021 o Parlamento Europeu aprovou resolução a favor do direito à desconexão, instando a Comissão Europeia a preparar uma diretiva que permita que os trabalhadores em teletrabalho se desconectem fora de seus horários de trabalho (EUROPEAN PARLIAMENT, 2021).

Já na América Latina, a Lei 27555/2021 da Argentina, que regulamenta o teletrabalho, determina em seu artigo 4° que as plataformas e/ou softwares devem ser utilizados pelo empregador dentro dos horários de trabalho, impedindo conexão fora deste; e, em seu artigo 5°, prevê expressamente o direito à desconexão digital:

> *Artículo 5°- Derecho a la desconexión digital. La persona que trabaja bajo la modalidad de teletrabajo tendrá derecho a no ser contactada y a desconectarse de los dispositivos digitales y/o tecnologías de la información y comunicación, fuera de su jornada laboral y durante los períodos de licencias. No podrá ser sancionada por hacer uso de este derecho. El empleador no podrá exigir a la persona que trabaja la realización de tareas, ni remitirle comunicaciones, por ningún medio, fuera de la jornada laboral. (ARGENTINA, 2020, grifo nosso)*

No Chile, o artigo 152 – *quáter* J do Código do Trabalho (DIRECCIÓN DEL TRABAJO, 2024) prevê que, no caso de trabalhadores remotos que distribuem livremente seus horários de trabalho, ou de teletrabalhadores excluídos da limitação da jornada de trabalho, o empregador deve respeitar o tempo de desconexão assegurando o tempo no qual os empregados não estarão obrigados a responder a comunicações, ordens e outras exigências por no mínimo 12 horas contínuas em um período de 24 horas, bem como durante os dias de descanso, licenças ou férias.

Teletrabalho e jornada de trabalho no Brasil

A Constituição Federal assegura, em seu artigo 7°, XIII (BRASIL, 1988), o direito dos trabalhadores urbanos e rurais à duração do trabalho normal não superior a 8 horas diárias e 44 semanais, facultada a compensação de horários e redução de jornada mediante acordo ou convenção coletiva de trabalho.

Em que pese o regramento sobre o teletrabalho ser relativamente novo, já sofreu relevante alteração desde sua promulgação, em 2017 (BRASIL, 2017). A princípio, em sua redação original, a Reforma Trabalhista havia criado o inciso III do artigo 62, que determinava que não estavam abrangidos pelo regime de controle de jornada de trabalho "os empregados em regime de teletrabalho".

Em outras palavras, isso significava que nenhum dos empregados que prestavam serviços em regime de teletrabalho tinha (*a priori*) direito ao pagamento de horas extras de acordo com a lei – ainda que pudesse ser alegada a necessidade de observação da regra constitucional de duração normal do trabalho.

Todavia, a redação atual do mesmo dispositivo legal, dada pela Lei nº 14.442/2022, prevê a exceção apenas para "os empregados em regime de teletrabalho que prestam serviços por produção ou tarefa".

Assim, a questão persiste em relação a esse público, mas não mais quanto aos empregados mensalistas. Em paralelo, a mesma Lei nº 14.442/2022 criou o parágrafo 5º do artigo 75-B da CLT, que determina o seguinte:

> *§ 5º O tempo de uso de equipamentos tecnológicos e de infraestrutura necessária, bem como de softwares, de ferramentas digitais ou de aplicações de internet utilizados para o teletrabalho, fora da jornada de trabalho normal do empregado não constitui tempo à disposição ou regime de prontidão ou de sobreaviso, exceto se houver previsão em acordo individual ou em acordo ou convenção coletiva de trabalho. (Incluído pela Lei nº 14.442, de 2022) (BRASIL, 2022, grifo nosso)*

Para compreender esse dispositivo legal, importante a leitura conjunta do artigo 4º da CLT, que consta do capítulo de introdução e esclarece o conceito de tempo à disposição como o período em que o empregado está à disposição do empregador, aguardando ou executando ordens.

Nesse sentido, Maurício Godinho Delgado (2015) esclarece o seguinte na diferenciação entre duração, jornada e horário de trabalho:

> *Duração do trabalho é a noção mais ampla entre as três correlatas. Abrange o lapso temporal de labor ou disponibilidade do empregado perante seu empregador em virtude de contrato, considerando distintos parâmetros de mensuração: dia (duração diária, ou jornada), semana (duração semanal), mês (duração mensal) e até mesmo ano (duração anual).*
>
> *Embora jornada seja a palavra que tem magnetizado as referências culturais diversas feitas ao tempo de trabalho ou disponibilidade obreira em face do contrato, a expressão duração do trabalho é que, na verdade, abrange os distintos e crescentes módulos temporais de dedicação do trabalhador à empresa em decorrência do contrato empregatício. (DELGADO, 2015, grifo nosso)*

Somando-se então (i) o limite da *duração normal* da jornada imposto pela Constituição Federal; (ii) o conceito de *duração* da jornada que equivale ao tempo à disposição do empregador; e (iii) a exclusão, pelo artigo 75-B, § 5º, da CLT, do tempo de uso de ferramentas digitais, fora da jornada de trabalho, do conceito de tempo à disposição, seria até possível argumentar que a comunicação digital entre empregado e empregador estaria isenta da limitação da duração do trabalho prevista pela Constituição porque, nos termos da lei, nem trabalho é.

Evidentemente, esse entendimento vai na contramão das tendências internacionais já demonstradas e tem o potencial de banalizar o contato entre empregado e empregador fora do trabalho, com consequências nefastas à saúde física e mental dos trabalhadores. Não se defende, de forma alguma, que este seja o melhor caminho interpretativo, mormente se levados em conta a interpretação teleológica do sistema de proteção do trabalhador como todo e os séculos de conquistas obreiras para limitação da duração do trabalho; entretanto, é importante se atentar à brecha que se abre com o advento da Lei nº 14.442/2022.

De toda forma, no estado das coisas, o regramento brasileiro não apenas não protege o direito à desconexão, como parece desconsiderar sua essência, uma vez que deixa de reconhecer o estado de constante disponibilidade a que ficam sujeitos os trabalhadores quando podem ser contactados a qualquer momento por seus empregadores (apesar de permitir que acordos individuais ou coletivos assim o façam).

Além disso, há outra questão digna de nota: uma vez que o dispositivo legal em comento está inserido no Capítulo II-A da CLT, que trata *Do Teletrabalho*, é possível interpretar que o tempo de uso das referidas ferramentas digitais além da jornada não constitui tempo à disposição do empregador somente para os empregados inseridos no regime de trabalho remoto (e não para aqueles que prestam serviços de maneira presencial).

Esse entendimento cria uma diferença relevante entre empregados que trabalham no regime presencial e empregados que trabalham no regime remoto: enquanto estes podem ser alcançados por meios digitais para além do horário de trabalho sem que isso constitua tempo à disposição do empregador, o mesmo não se pode dizer daqueles, por falta de norma específica.

Em que pese a evidente proteção dos trabalhadores presenciais nessa linha interpretativa, há que se notar a relevante desvantagem que recai sobre o trabalhador remoto, em descompasso com a Convenção 177 da OIT – que garante a igualdade de condições entre trabalhadores presenciais e remotos quanto à saúde e segurança do trabalho, bem como remuneração – e, novamente, com as normas estrangeiras já analisadas, que tendem a proteger com especial afinco o direito à desconexão dos teletrabalhadores, em comparação aos demais.

Nas palavras de Carla Teresa Martins Romar (2022),

> *a obrigação do empregado de prestar serviços como decorrência do contrato de trabalho não pode ser indefinida no tempo, sob pena de serem causados prejuízos inegáveis tanto à sua saúde física quanto à sua saúde mental.*

Assim, consideramos que a não regulamentação definitiva do direito à desconexão no Brasil gera consequências graves, levando a uma precarização de todos as formas de trabalho, em principal a forma remota.

Considerações finais

A indefinição do tempo de trabalho é especialmente sensível no escopo do regime remoto, que tem a tendência natural e reconhecida de obscurecer a linha que define vida pessoal e profissional, bem como os limites da disponibilidade do empregado em relação ao empregador.

Em atenção a isso, diversos Estados têm se mobilizado para proteger o tempo à desconexão dos empregados nas leis nacionais, e a União Europeia estuda a elaboração de uma diretriz comunitária nesse sentido; além do que, a Convenção 177 da OIT, não ratificada pelo Brasil, garante a igualdade de direitos entre trabalhadores remotos e presenciais.

Por outro lado, a legislação brasileira vigente parece se colocar na contramão da tendência global, uma vez que desconsidera o uso de ferramentas digitais fora da jornada como tempo à disposição do empregador, bem como desprotege os teletrabalhadores de forma particular em relação a esses contatos para além da duração normal do trabalho.

Tendo em vista que a promulgação da Lei nº 14.442/2022, que alterou a CLT nesse sentido, é bastante recente, há escassa análise sobre os efeitos do novo regramento na doutrina e jurisprudência. Assim, não é possível antecipar qual será a interpretação dominante quanto ao seu conteúdo frente ao ordenamento jurídico já estabelecido. Serviu este estudo, portanto, como breve introdução ao tema e às reflexões que, daqui em diante, podem surgir.

PARTE VI. *CASES* DE SUCESSO E LIÇÕES APRENDIDAS

20. *Case* SmartAssets

Cristiana Valente

Andre Sih é Engenheiro de Computação e Mestre em Engenharia Elétrica (Inteligência Artificial) pela PUC-Rio com especialização em Estratégia pela State University of New York. Com mais de 20 anos de experiência nas áreas de Tecnologia, Gestão e Desenvolvimento de Equipes em multinacionais como Xerox e Nokia Siemens Networks, realizou o *start-up* da divisão de tecnologia no RJ da Michael Page International e participou de uma missão brasileira à NASA para transferência de tecnologia e inovação.

É Sócio-Diretor da Fu2re – Future Smart Solutions, empresa especializada no desenvolvimento de soluções de inteligência artificial que são utilizadas pela Enel, Neoenergia, EDP, SHV Supergasbras, dentre outras líderes de mercado. Para compartilhar experiências e desenvolver talentos, é professor do MBA do LabCEO da UFF.

André Sih foi responsável por desenvolver um projeto com IA devido à necessidade de manter os ativos contabilizados (postes, luminárias, dentre outros) de uma concessionária de energia brasileira.

A solução SmartAssets é uma plataforma de gestão de ativos e de censo de iluminação pública realizada por meio da Inteligência Artificial. Na visão do André Sih, a IA é um dos pilares da transformação digital, pelo fato de aprender com dados e gerar conhecimento para empresas e pessoas. No caso do SmartAssets, a IA foi utilizada para interpretação automática das imagens. Foram instaladas câmeras importadas de alta resolução com GPS e outros hardwares em automóveis, capturando imagens para fazer a contabilidade dos postes e demais ativos.

Antes desse novo processo, o mapeamento era realizado pelo eletricista de forma manual: através de fotos das imagens eram contabilizados postes, transformadores e luminárias, o que gerava uma perda de dados. Andre Sih acredita que estamos passando de fato por uma revolução onde a Indústria 4.0 e a IA estão inseridas. "Nos próximos cinco anos haverá muita coisa nova sendo desenvolvida e muitas novas aplicações. Haverá a popularização da inteligência artificial", ressalta.

Figura 20.1. Acesse o QR code ou use o link <https://www.youtube.com/watch?v=YoUEV7MiamM>.

Texto: Cristiana Valente

Moderadores: Cristiana Valente e Ibson Cabral

Revisão de gravação: Ibson Cabral

21. Associação Internacional de Inteligência Artificial – Uso da IA generativa para padronizar a escrita de 100 projetos

Cristiana Valente

Prof. Dr. Alexandre Del Rey é fundador da I2AI (*International Association of Artificial Intelligence*), conselheiro da Rede de Inovação de IA e do Movimento Brasil Digital para Todos e Lusofonia Digital. Sócio fundador da Egronn, *startup* de geração de energia distribuída, e da Engrama, Consultoria de inovação e estratégia. Sócio e consultor da Advance Consulting, consultoria de vendas, marketing e estratégia para empresas de tecnologia. Professor, pesquisador, palestrante e autor nos temas de tecnologia, inovação, empreendedorismo, estratégia, inteligência competitiva, influência e economia comportamental.

Alexandre é o responsável por utilizar a inteligência artificial para catalogar mais de 100 casos de projetos na busca de criar um padrão único de dados em comum dos projetos, como: objetivo, resultados, detalhamento da empresa e segmento. A primeira ideia era fazer de forma manual os 100 casos, porém, por ser uma tarefa muito árdua, teve a ideia de utilizar a inteligência artificial: foi criada uma API (sistema que coleta dados) com base no formato desejado. Era realizado o *upload* dos arquivos e a API fazia a leitura dos dados. O processo demorou pouco tempo para finalização, algo em torno de quatro dias.

Alexandre acredita que daqui a cinco anos a IA será utilizada de diversas maneiras no nosso dia a dia, como: marcar consultas no dentista, organizar a agenda, comprar e vender coisas etc. Ele acredita que o mercado de trabalho deverá ser muito impactado em virtude do avanço da IA, porém os profissionais que estiverem atualizados com essa nova tecnologia serão facilmente absorvidos. "A IA é uma ferramenta muito poderosa e é necessário aprender como utilizá-la", define.

Figura 21.1. Acesse o QR code ou use o link <https://youtu.be/B3--OctVCTk>.

Texto: Cristiana Valente

Moderadores: Cristiana Valente e Ibson Cabral

Revisão de gravação: Ibson Cabral

22. Inteligência artificial e o mercado de trabalho

Cristiana Valente

Marcelo Graglia é coordenador do Programa de Estudos Pós Graduados em Tecnologias da Inteligência e Design Digital (TIDD) da PUC-SP. Graduado em Engenharia Mecânica pela Universidade de Taubaté, pesquisa as novas tecnologias e seus impactos sociais, incluindo inteligência artificial, Indústria 4.0, internet das coisas e cidades inteligentes. Seus interesses de pesquisa também envolvem a IA e o mercado de trabalho.

O professor enfatiza que o uso da IA está transformando a nossa sociedade, no contexto de uma nova onda de inovação tecnológica, assim como teve a máquina a vapor, o telefone celular, a internet etc. "A única certeza que temos é que tudo está acontecendo muito rápido e nada ficará como antes", ressalta.

Marcelo Graglia acompanhou dois projetos com o uso de IA, um deles na Pinacoteca do Estado de São Paulo, no qual o processo de treinamento da IA se dá por meio de um robô que responde a curiosidades sobre as artes etc. (uso da IA com aplicação lúdica). O outro projeto com utilização da IA é no Museu do Amanhã: uma pessoa interage e ela responde. "É um uso fantástico da IA que pode gerar outras aplicações", descreve o professor.

Já nas empresas, os projetos de IA vêm acontecendo associados à transformação digital. Nesse contexto, há uma busca por eficiência em processos como redução de custos, de tempo de falhas e oportunidades de ganhos de produtividade, além de IA como realidade virtual e aumentada para a melhoria da experiência dos usuários no processo de serviços. A IA também vem sendo utilizada nos processos de automação das empresas e no campo da educação.

No mercado de trabalho, a IA gera uma ascensão da tecnologia. "Há uma série de vagas no mercado de trabalho, porém há um déficit na formação de profissionais com essa demanda, gerando uma espécie de gargalo da mão de obra", relata. "Claramente a IA é uma tecnologia que substitui a mão de obra, e é um problema que envolve políticas públicas, pois ao longo do tempo irá gerar desemprego", enfatiza. A questão do trabalho x emprego x tecnologia é um desafio. Sobre o sigilo de dados, o professor relata que "a diferença da IA atual é a velocidade. A rapidez com que essa tecnologia vem sendo realizada é muito expressiva e não há leis que contemplem todos os problemas. Os dados são o petróleo do século XXI. A regulação ainda não chegou e estamos vivendo a época da 'terra de ninguém'", declara.

Figura 22.1. Acesse o QR code ou use o link <https://youtu.be/HyFKxfuVVoI>.

Texto: Cristiana Valente

Moderadores: Cristiana Valente e Ibson Cabral

Revisão de gravação: Ibson Cabral

23. Novidades da aplicabilidade da inteligência artificial no mercado de trabalho

Cristiana Valente

Felipe Vinhas é um profissional com mais de 26 anos de experiência em engenharia de software, análise de negócios e gerência de projetos. Atua nas mais diversas áreas de negócios, onde desenvolveu sistemas para a área bancária/financeira, educação, extrativista, saúde e atacado/varejo.

Vinhas acompanha *big players* no mercado e ressalta que o uso da inteligência artificial será algo comum em breve. "Atualmente este ano vem sendo pautado em testes e experimentações, mas muito em breve a IA fará parte do nosso dia a dia, de forma muito natural". Há uma grande preocupação sobre a questão do mercado de trabalho, mas Vinhas acredita que esse processo será muito fluido.

Em relação a projetos, Vinha destaca que há mudanças expressivas dentro das ferramentas do dia a dia através de assistentes, realizando ações como apoio nas respostas de e-mail, identificação de problemas e realização de tarefas. Na área de educação, Vinhas vem acompanhando projetos com análise de vídeo comportamental para entender o engajamento e o perfil dos alunos, onde, através de um assistente ativo, será possível identificar as necessidades e também a frequência dos alunos. O ChatGPT 4.0 é um modelo relativamente avançado, mas datado e com conteúdo de mercado. "Este ano de 2024, haverá um olhar para os nossos dados. Imagina um grande *hub* de pesquisa acadêmica onde um grupo de pesquisadores poderá discutir um tema e fluir a partir de determinado ponto. São cenários naturais que vêm crescendo e se mostram válidos", ressalta.

Na área de arquitetura há uma grande preocupação com a utilização de ferramentas que produzam a medição das entregas e o empoderamento da IA para uso do *Power BI* onde em uma conversa é desenvolvido um *dashboard* através de uma assistente virtual. "O profissional irá ganhar velocidade nas entregas", resume.

Figura 23.1. Acesse o QR code ou use o link <https://youtu.be/-fmT8WDGcbM>.

Texto: Cristiana Valente

Moderadores: Cristiana Valente e Ibson Cabral

Revisão de gravação: Ibson Cabral

24. Projeto Unilever – Utilização de algoritmos de IA para otimizar montagem de caminhões

Cristiana Valente

Maurício Castro é um profissional com sólida experiência em empresas de consultoria de tecnologia e gestão (EY, Deloitte, IBM, Accenture). Atualmente mora em Madrid e atua na Habber Tec – consultoria "boutique" europeia em transformação digital e inteligência artificial. Mauricio adota como estilo de vida o *lifelong learning*. É graduado em Engenharia da Computação pela UFRJ, com MBA na COPPEAD-UFRJ, FGV, FDC em Administração, Economia e Marketing, especializações em IA no MIT e em Liderança em Yale, formação de conselheiros (*Board*) na Inova Business School, entre outras tantas formações acadêmicas. Mauricio é certificado PMI/PMP, *Senior Management Profissional* pela IBM e possui outras diversas certificações profissionais. É coautor do livro *Jornada VMO* e participa ativamente de diversas associações como a I2AI (Associação Internacional de Inteligência Artificial) e Conselheiros Trends Innovation, entre outras.

Maurício desempenhou um papel fundamental em projeto da Unilever, concentrando-se no aprimoramento do processo de vendas diretas da fábrica para o cliente final. Nesse contexto, a inteligência artificial (IA) foi empregada para otimizar a montagem de cargas em caminhões, transporte por cabotagem e ferrovia, levando em consideração a otimização de estoques, restrições de entregas aos clientes e diversas outras variáveis de negócios. Além disso, o processo completo, desde a recepção dos pedidos dos clientes até a entrega das mercadorias, que envolve vários sistemas, foi automatizado por meio da IA.

Uma das conquistas notáveis desse projeto foi a redução significativa do tempo de espera dos caminhões nas fábricas, que diminuiu em 60%. Além disso, o tempo de entrega aos clientes finais foi reduzido de 7 dias para 2 dias. Como resultado do uso da IA, a Unilever também obteve uma economia anual de mais de meio milhão de euros em custos logísticos.

Quando questionado sobre a utilização da IA daqui a cinco anos, Maurício disse: "cada vez mais haverá melhora na vida de todas as pessoas, transportes, meio ambiente". A IA poderá automatizar processos complexos. Há inúmeros desafios em relação a implicações éticas, viés de algoritmos e regulamentação. "Um mundo de possibilidades, através da IA generativa desenvolvendo *dashboards*", ressalta.

A IA está no celular através de diversos aplicativos (Uber, Waze, ChatGPT) e está cada vez mais democratizada. "A IA não irá substituir os seres humanos, mas os seres humanos que não souberem trabalhar com a IA serão substituídos", enfatiza. A utilização da IA no mercado de trabalho tem um lado muito positivo. "Há um leque de novas possibilidades, inclusive de emprego. Porém, as pessoas que não se atualizarem irão perder o emprego", declara.

Figura 24.1. Acesse o QR code ou use o link
<https://www.youtube.com/watch?v=aKi76angSI4>

Texto: Cristiana Valente

Moderadores: Cristiana Valente e Ibson Cabral

Revisão de gravação: Ibson Cabral

Bibliografia

ABDI. **Maturidade Digital das MPEs Brasileiras.** Agência Brasileira de Desenvolvimento Industrial; Jornada Digital, 2022. Disponível em: <https://api.abdi.com.br/file-manager/upload/files/Mapa_da_Digitaliza%C3%A7%C3%A3o_das_MPEs_Brasileiras__1___1_.pdf>. Acesso em: 27 set. 2024.

ACEMOGLU, D.; RESTREPO, P. The Wrong Kind of AI? Artificial Intelligence and the Future of Labor Demand. *In*: **Cambridge Journal of Regions, Economy and Society**, vol. 13, n. 1, p. 25-35, 2020.

ACIKGOZ, Y. *et al*. Justice perceptions of artificial intelligence in selection. **International Journal of Selection and Assessment**, vol. 28, n. 4, p. 399-416, Dec. 2020.

AÇÕES judiciais para ter direito se desconectar do trabalho quase dobram em quatro anos. **Folha de S. Paulo**, 18 fev. 2023. Disponível em <https://www1.folha.uol.com.br/mercado/2023/02/acoes-judiciais-para-ter-direito-de-se-desconectar-do-trabalho-dobram-em-quatro-anos.shtml>. Acesso em: 03 out. 2024.

AGÊNCIA CNJ DE NOTÍCIAS. À frente do CNJ, ministro Barroso buscará eficiência da Justiça e promoção dos direitos humanos. **Conselho Nacional de Justiça**, 17 out. 2023. Disponível em: <https://www.cnj.jus.br/a-frente-do-cnj-ministro-barroso-buscara-eficiencia-da-justica-e-promocao-dos-direitos-humanos/>. Acesso em: 21 out. 2024.

AGÊNCIA IBGE. **Síntese de Indicadores Sociais:** em 2019, proporção de pobres cai para 24,7% e extrema pobreza se mantém em 6,5% da população. 12 nov. 2020. Disponível em: <https://agenciadenoticias.ibge.gov.br/agencia-sala-de-imprensa/2013-agencia-de-noticias/releases/29431-sintese-de-indicadores-sociais-em-2019-proporcao-de-pobres-cai-para-24-7-e-extrema-pobreza-se-mantem-em-6-5-da-populacao>. Acesso em: 26 set. 2024.

AGENDA DIGITAL PARA AMÉRICA LATINA Y EL CARIBE. Datos y hechos sobre la transformación digital. *In*: **Séptima Conferencia Ministerial sobre la Sociedad de la Información de América Latina y el Caribe.** Santiago: Naciones Unidas, 2021. Disponível em: <https://www.cepal.org/sites/default/files/publication/files/46766/S2000991_es.pdf>. Acesso em: 03 out. 2024.

AI NOW INSTITUTE. **AI Now 2018 Report.** Dec. 6, 2018. Disponível em: <https://ainowinstitute.org/publication/ai-now-2018-report-2>. Acesso em: 03 out. 2024.

AIZENBERG, E.; VAN DEN HOVEN, J. Designing for Human Rights in AI. **Big Data & Society**, vol. 7, n. 2, 2020. Disponível em: <https://arxiv.org/abs/2005.04949>. Acesso em: 04 out. 2024.

ALBUQUERQUE, P. H. M. *et al*. **Na era das máquinas, o emprego é de quem?** Estimação da probabilidade de automação de ocupações no Brasil. Texto para discussão 2457. Rio de Janeiro: Ipea, mar. 2019. Disponível em: <https://www.ipea.gov.br/portal/images/stories/PDFs/TDs/190329_td_2457.pdf>. Acesso em: 03 out. 2024.

AMARO JUNIOR, E. Artificial intelligence and Big Data in neurology. **Arquivos de Neuro-Psiquiatria**, vol. 80, n. 5, suppl. 1, p. 342-347, maio 2022.

ANANNY M.; CRAWFORD, K. Seeing without knowing: limitations of the transparency ideal and its application to algorithmic accountability. **New Media & Society**, vol. 20, n. 3, p. 973-989, 2018.

ANDRADE, L. S.; FRANCISCHETTI, I. Referência e Contrarreferência: Compreensões e Práticas. **Saúde & Transformação Social/Health & Social Change**, vol. 10, n. 1/2/3, p. 054–064, 2020. Disponível em: <https://incubadora.periodicos.ufsc.br/index.php/saudeetransformacao/article/view/5281>. Acesso em: 8 abr. 2024.

ANGELO, T. TJ-SP rescinde contrato de R$ 1,3 bilhão com a Microsoft. **Consultor Jurídico**, 20 maio 2020. Disponível em: <https://www.conjur.com.br/2020-mai-20/tj-sp-rescinde-contrato-13-bilhao-microsoft>. Acesso em: 27 set. 2024.

ANGWIN, J. *et al*. Machine bias: there's software used across the country to predict future criminals. And it's biased against blacks. **ProPublica**, May 23, 2016. Disponível em: <https://www.propublica.org/article/machine-bias-risk-assessments-in-criminal-sentencing>. Acesso em: 30 set. 2024.

ANTUNES, R. Trabalho digital, "indústria 4.0" e uberização do trabalho. *In*: CARELLI, R. de L.; CAVALCANTI, T. M.; FONSECA, V. P. da. **Futuro do Trabalho:** os efeitos da revolução digital na sociedade. Brasília: ESMPU, 2020.

ARAUJO, S. DE F. Mentes e máquinas, ou o que tem a inteligência artificial a nos dizer a respeito dos fundamentos da psicologia? **Psicologia USP**, vol. 10, p. 241-250, 1999.

ARAUJO, T. *et al*. In AI we trust? Perceptions about automated decision-making by artificial intelligence. **AI & Society**, vol. 35, p. 611-623, 2020. Disponível em: <https://doi.org/10.1007/s00146-019-00931-w>. Acesso em: 01 out. 2024.

ARBACHE, J. Como a servicificação está associada à economia digital? *In*: FDC. **Digital e a economia que move as empresas e o mundo:** onde estamos e aonde podemos chegar. Nova Lima: Fundação Dom Cabral, 2021, p. 19-24.

ARBIX, G. Algoritmos não são inteligentes nem têm ética, nós temos: a transparência no centro da construção de uma IA ética. *In*: COZMAN, F. G.; PLONSKI, G. A.; NERI, H. (orgs.). **Inteligência artificial:** avanços e tendências. São Paulo: Instituto de Estudos Avançados, Universidade de São Paulo, 2021.

ARGENTINA. **Régimen Legal Del Contrato de Teletrabajo.** Ley 27555. 14 agosto 2020. Disponível em: <https://www.argentina.gob.ar/normativa/nacional/ley-27555-341093/texto>. Acesso em: 03 out. 2024.

ARNTZ, M.; GREGORY, T.; ZIERAHN, U. The Risk of Automation for Jobs in OECD Countries: A Comparative Analysis. **OECD Social, Employment and Migration Working Papers**, n. 189, May 14, 2016. Disponível em: <https://doi.org/10.1787/5jlz9h56dvq7-en>. Acesso em: 02 out. 2024.

ASSIS, F. S. P. **Gerenciamento de Projetos por meio da Metodologia Scrum Aplicado em uma Empresa de Base Tecnológica.** 2016. 65f. Trabalho de Conclusão de Curso (Engenharia de Produção) – Faculdade de Engenharia da Universidade de Juiz de Fora, Juiz de Fora, 2016. Disponível em: <https://www2.ufjf.br/engenhariadeproducao/wp-content/uploads/sites/322/2016/12/fredericosouzapicorelliassis.pdf>. Acesso em: 27 set. 2024.

AUGENSTEIN, D. Designing an intelligent business model transformation tool. *In*: INFORMATIK 2017. **Anais...** Lecture Notes in Informatics (LNI), Gesellschaft für Informatik, Bonn, 2017.

AVELLO-SÁEZ, D.; ESTRADA-PALAVECINO, L. ChatGPT y su impacto en la formación de competencias en terapeutas ocupacionales: una reflexión sobre la integridad académica. **Cadernos Brasileiros de Terapia Ocupacional**, vol. 31, p. e3534, 08 Dec. 2023.

BACH, M. P.; ZOROJA, J.; VUKŠIĆ, V. B. Determinants of Firms' Digital Divide: A Review of Recent Research. **Procedia Technology**, vol. 9, p. 120-128, 2013.

BACICH, L.; MORAN, J. **Metodologias ativas para uma educação inovadora.** Porto Alegre: Penso, 2018. 238p.

BAINES, T. S. *et al*. State-of-the-art in product-service systems. **Proceedings of the Institution of Mechanical Engineers, Part B: Journal of Engineering Manufacture**, vol. 221, n. 10, p. 1543-1552, 2007.

BAINES, T. S. *et al*. The servitization of manufacturing. **Journal of Manufacturing Technology Management**, vol. 20, n. 5, p. 547-567, June 5, 2009.

BARLOW, J. P. A Declaration of the Independence of Cyberspace. **Electronic Frontier Foundation**, Feb. 8, 1996. Disponível em: <https://www.eff.org/cyberspace-independence>. Acesso em 27 set. 2024.

BARNES, M. *et al*. Massively scalable inverse reinforcement learning in Google Maps. **arXiv preprint arXiv:2305.11290**, 2023.

BAROCAS, S.; SELBST, A. D. Big Data's Disparate Impact. **104 California Law Review**, 671, 2016. Disponível em: <http://dx.doi.org/10.2139/ssrn.2477899>. Acesso em: 30 set. 2024.

BARRAVECCHIA, F. *et al*. Research on product-service systems: topic landscape and future trends. **Journal of Manufacturing Technology Management**, vol. 32, n. 9, p. 208-238, Dec. 17, 2021.

BASTOS, M. R. Digitização, digitalização e transformação digital. *In*: MUNIZ, A. *et al*. **Jornada RPA e Hiperautomação:** como acelerar a transformação digital somando tecnologia e processos inteligentes. Rio de Janeiro: Brasport, 2022.

BATRA, N.; BETTS, D., DAVIS, S. **Forces of change:** The future of health. Deloitte, 2019.

BAXTER, M. R. **Projeto de Produto:** guia prático para o design de novos produtos. 2.ed. São Paulo: Blücher, 2005.

BECKER, J.; KNACKSTEDT, R.; PÖPPELBUB, J. Developing Maturity Models for IT Management. **Business & Information Systems Engineering**, vol. 1, n. 3, p. 213–222, 2009.

BEIL, M. *et al*. Ethical considerations about artificial intelligence for prognostication in intensive care. **Intensive Care Medicine Experimental**, vol. 7, n. 70, p. 1-13, 2019.

BELLANGER, P. De la souveraineté en général et de la souveraineté numérique en particulier. **Les Echos.fr**, 30 Août 2011. Disponível em: <http://archives.lesechos.fr/archives/cercle/2011/08/30/cercle_37239.htm>. Acesso em: 27 set. 2024.

BELLUZZO, L. G.; GALÍPOLO, G. **Dinheiro:** o poder da abstração real. São Paulo: Contracorrente, 2021.

BENHAMOU, B.; SORBIER, L. Souveraineté et réseaux numériques. **Politique étrangère**, 2006/3 Automne, p. 519-530. Disponível em: <https://www.cairn.info/revue-politique-etrangere-2006-3-page-519.htm>. Acesso em: 27 set. 2024.

BENJAMIN, R. **Race After Technology:** Abolitionist Tools for the New Jim Code. Cambridge, UK: Polity, 2019.

BERCOVICI, G. **Soberania e Constituição:** para uma crítica do Constitucionalismo. 3.ed. São Paulo: Quartier Latin, 2020.

BESSEN, J. How Computer Automation Affects Occupations: Technology, Jobs, and Skills. **Boston University School of Law**, Law and Economics Research Paper n. 15-49, 2016. Disponível em: <https://papers.ssrn.com/sol3/papers.cfm?abstract_id=2690435>. Acesso em: 03 out. 2024.

BINNS, R; GALLO, V. Fully automated decision making AI systems: the right to human intervention and other safeguards. **Information Commissioner's Office**, Aug. 06, 2019. Disponível em: <https://www.wired-gov.net/wg/news.nsf/articles/Fully+automated+decision+making+AI+systems+the+right+to+human+intervention+and+other+safeguards>. Acesso em: 18 out. 2024.

BLOOMBERG. A próxima grande aposta da Amazon: reabastecer as prateleiras das lojas físicas. **InfoMoney**, 12 set. 2023. Disponível em: <https://www.infomoney.com.br/business/a-proxima-grande-aposta-da-amazon-reabastecer-as-prateleiras-das-lojas-fisicas/>. Acesso em: 01 out. 2024.

BLUMEN, D.; CEPELLOS, V. M. Dimensões do uso de tecnologia e Inteligência Artificial (IA) em Recrutamento e Seleção (R&S): benefícios, tendências e resistências. **Cadernos EBAPE.BR**, vol. 21, p. e2022, 08 maio 2023.

BOBBIO, N. **A era dos direitos.** Trad. Carlos Nelson Coutinho. Rio de Janeiro: Elsevier, 2004.

BOSTROM, N. **Superintelligence:** paths, dangers, strategies. Oxford: Oxford University Press, 2014.

BOUTERSE, S.; SENGUPTA, A. et. al. Decolonizing the Internet. **Whose knowledge?**, Summary Report, Oct. 2018. Disponível em: <https://whoseknowledge.org/wp-content/uploads/2018/11/DTI-2018-Summary-Report.pdf>. Acesso em: 03 out. 2024.

BOYLE. R. **The Three Princes of Serendip.** Firenze: Memorie dal Mediterraneo, 2000. Disponível em: <http://www.memoriedalmediterraneo.com/wp-content/uploads/2013/12/three-princes-of-serendip.richard-boy e.pdf>. Acesso em: 02 out. 2024.

BRADLEY, C.; WINGFIELD, R.; METZGER, M. National Artificial Intelligence Strategies and Human Rights: A Review. **Global Partners Digital; Stanford Global Digital Policy Incubator**, Apr. 2020.

BRANDÃO, S. C. de S. Modelos científicos como elementos estruturantes de ficções em prosa. **Revista de Letras**, Unesp, vol. 50, n. 2, jul./dez. 2010, p. 407-431. Disponível em: <https://www.jstor.org/stable/41634269>. Acesso em: 03 out. 2024.

BRANISSO, D. S. P. **Transformação Digital.** Rio de Janeiro: FGV, 2023.

BRASIL. **Censo Escolar.** Instituto Nacional de Estudos e Pesquisas Educacionais Anisio Teixeira, 08 fev. 2023b. Atualizado em 02 maio 2024. Disponível em: <https://www.gov.br/inep/pt-br/areas-de-atuacao/pesquisas-estatisticas-e-indicadores/censo-escolar/resultados/2022>. Acesso em: 02 out. 2024.

BRASIL. **Constituição da República Federativa do Brasil de 1988.** Disponível em: <https://www.planalto.gov.br/ccivil_03/constituicao/constituicao.htm>. Acesso em: 03 out. 2024.

BRASIL. **Decreto nº 8.327, de 16 de outubro de 2014.** Promulga a Convenção das Nações Unidas sobre Contratos de Compra e Venda Internacional de Mercadorias – Uncitral, firmada pela República Federativa do Brasil, em Viena, em 11 de abril de 1980. Disponível em: <https://www.planalto.gov.br/CCIVIL_03/_Ato2011-2014/2014/Decreto/D8327.htm>. Acesso em: 02 out. 2024.

BRASIL. **Lei nº 13.467, de 13 de julho de 2017.** Altera a Consolidação das Leis do Trabalho (CLT), aprovada pelo Decreto-Lei nº 5.452, de 1º de maio de 1943, e as Leis nºs 6.019, de 3 de janeiro de 1974, 8.036, de 11 de maio de 1990, e 8.212, de 24 de julho de 1991, a fim de adequar a legislação às novas relações de trabalho. Disponível em: <https://www.planalto.gov.br/ccivil_03/_ato2015-2018/2017/lei/l13467.htm>. Acesso em: 03 out. 2024.

BRASIL. **Lei nº 14.442, de 02 de setembro de 2022.** Dispõe sobre o pagamento de auxílio-alimentação ao empregado e altera a Lei nº 6.321, de 14 de abril de 1976, e a Consolidação das Leis do Trabalho, aprovada pelo Decreto-Lei nº 5.452, de 1º de maio de 1943. Disponível em: <https://www.planalto.gov.br/ccivil_03/_ato2019-2022/2022/lei/l14442.htm>. Acesso em: 03 out. 2024.

BRASIL. **Lei nº 14.533, de 11 de janeiro de 2023.** Institui a Política Nacional de Educação Digital e altera as Leis nºs 9.394, de 20 de dezembro de 1996 (Lei de Diretrizes e Bases da Educação Nacional), 9.448, de 14 de março de 1997, 10.260, de 12 de julho de 2001, e 10.753, de 30 de outubro de 2003. Disponível em: <https://www.planalto.gov.br/ccivil_03/_Ato2023-2026/2023/Lei/L14533.htm>. Acesso em: 02 out. 2024.

BREQUE, M.; DE NUL, L.; PETRIDIS, A. Industry 5.0: Towards a sustainable, human-centric and resilient European industry. European industry, **Publications Office of the European Union**, 2021. Disponível em: <https://data.europa.eu/doi/10.2777/308407>. Acesso em: 01 out. 2024.

BREY, P., DAINOW, B. Annex 2 – Ethics by design and Ethics of Use in AI and robotics. *In*: RESSEGUIER, A. *et al.* (eds.) **SIENNA D5.4:** Multi-stakeholder Strategy and Practical Tools for Ethical AI and Robotics, p. 33-73, 2021.

BRYNJOLFSSON, E.; MCAFEE, A. **Race Against the Machine:** how the digital revolution is accelerating innovation, driving productivity, and irreversibly transforming employment and the economy. Lexington, MA: Digital Frontier Press, 2011.

BRYSON, J. R.; DANIELS, P. W. **The Handbook of Service Industries.** London: Edward Elgar Publishing, 2007.

BUENO, A. M. C. Perspectivas contemporâneas sobre regimes internacionais: a abordagem construtivista. *In*: **ISA – Abri Joint International Meeting**, Rio de Janeiro, 2009. Disponível em: <https://www.researchgate.net/publication/242717138_perspectivas_contemporaneas sobre regimes internacionais – a abordagem construtivista>. Acesso em: 02 out. 2024.

BUGHIN, J. *et al*. Notes from the AI Frontier: modeling the impact of AI on the world economy. **McKinsey Global Institute**, Sep. 2018.

BURBACH, L. *et al*. User preferences in recommendation algorithms. *In*: 12th ACM Conference on Recommender Systems, 12., Vancouver, BC, Canada, 2-7 Oct. 2018. **Proceedings...** New York, NY: ACM, p. 306-310.

BUSUIOC, M. Accountable artificial intelligence: holding algorithms to account. **Public Administration Review**, vol. 29, n. 1, 4349, 2020.

CANTARINI P.; GUERRA FILHO, W. S.; LAPORTA, C. C. **Direito e Inteligência Artificial:** fundamentos. Rio de Janeiro: Lúmen Juris, 2022.

CANTARINI, P. Coluna TropicAI. **Academia de Letras da Bahia.** Disponível em: <https://academiadeletrasdabahia.org.br/project/coluna-tropicai/>. Acesso em: 21 out. 2024.

CANTARINI, P. **Direito, Sociedade e Cultura.** Rio de Janeiro: Lúmen Juris, 2018.

CANTARINI, P. Por uma inteligência artificial antropófaga. **Migalhas**, 09 set. 2022. Disponível em: <https://www.migalhas.com.br/coluna/humanidades-e-novas-tecnologias/373092/por-uma-inteligencia-artificial-antropofaga>. Acesso em: 03 out. 2024.

CAROLEI, P.; TORI, R. Gamificação aumentada: explorando a realidade aumentada em atividades lúdicas de aprendizagem. **TECCOGS: Revista Digital de Tecnologias Cognitivas**, São Paulo, n. 9, jan./jun. 2014. Disponível em: <https://revistas.pucsp.br/index.php/teccogs/article/view/52683/34635>. Acesso em: 27 set. 2024.

CASTELLS, M. **A Era da Informação.** São Paulo: Paz & Terra, 1999.

CASTELLS, M. **A sociedade em rede.** Rio de Janeiro: Paz & Terra, 2013.

CETIC.BR. **TIC Domicílios 2023.** 2023. Disponível em: <https://cetic.br/media/analises/tic_domicilios_2023_coletiva_imprensa.pdf>. Acesso em: 26 set. 2024.

CHALUTZ, H. B.-G.; COHEN, Y. The "New Fit": Skills and Competencies for The Future of Work. **IFAC-PapersOnLine**, vol. 55, n. 2, p. 511-515, 2022.

CHATFIELD, A. T.; REDDICK, C. G. A framework for Internet of Things-enabled smart government: a case of IoT cybersecurity policies and use cases in U.S. federal government. **Government Information Quarterly**, vol. 36, n. 2, p. 346-357, Apr. 2019.

CHAUM, D. L. **Computer Systems Established, Maintained, and Trusted by Mutually Suspicious Groups.** 1982. 135f. Dissertação (Doutorado de Filosofia em Ciência da Computação) – University of California, Berkeley, 1982. Disponível em: <https://chaum.com/wp-content/uploads/2022/02/chaum_dissertation.pdf>. Acesso em: 02 out. 2024.

CHIRUMALLA, K.; LEONI, L.; OGHAZI, P. Moving from servitization to digital servitization: Identifying the required dynamic capabilities and related microfoundations to facilitate the transition. **Journal of Business Research**, vol. 158, p. 113668, mar. 2023.

CIANNI, M.; STECKLER, S. Transforming Organizations to a Digital World. **People & Strategy**, vol. 40, n. 2, p. 14-19, 2017.

COLETA, K.; SALUM, F.; BRITO, L. **Entendendo e desmistificando o RPA:** uma trilogia. Nova Lima: Fundação Dom Cabral, 2022, p. 4-65.

CONSELHO DA UNIÃO EUROPEIA. Regulamento Mercados Digitais: acordo entre o Conselho Europeu e o Parlamento Europeu. **Conselho Europeu – Conselho União Europeia**, 25 mar. 2022. Atualizado em 11 maio 2022. Disponível em: <https://www.consilium.europa.eu/pt/press/press-releases/2022/03/25/council-and-european-parliament-reach-agreement-on-the-digital-markets-act/>. Acesso em: 27 set. 2024.

CORTIZ, D. Glossário de Inteligência Artificial. **Instagram**, 29 jun. 2023. Disponível em: <https://www.instagram.com/reel/CuFzJcxJpjh/>. Acesso em: 30 set. 2024.

CORTIZ, D. O Design pode ajudar na construção de Inteligência Artificial humanística? *In*: **17º Ergodesign & USIHC**, 17., 2019, Rio de Janeiro. Disponível em: <https://www.researchgate.net/publication/338026387_O_Design_pode_ajudar_na_construcao_de_Inteligencia_Artificial_humanistica>. Acesso em: 30 set. 2024.

COSTA, G. M.; FREITAS JUNIOR, J. C. da S.; BRINKHUES, R. A. Um Ensaio Sobre Framework Para Transformação Digital. *In*: XLIV Encontro Online do EnANPAD, 44., 2020. **Anais...** ANPAD, 2020, p.1-16.

COSTANZA-CHOCK, S. Design Justice, A.I., and Escape from the Matrix of Domination. **Journal of Design and Science (JoDS)**, July 16, 2018. Disponível em: <http://dx.doi.org/10.21428/96c8d426>. Acesso em: 03 out. 2024.

COUTURE, S.; TOUPIN, S. What Does the Notion of 'Sovereignty' Mean When Referring to the Digital? **New Media & Society**, vol. 21, n. 10, Oct. 1, 2019, p. 2305-2322. Disponível em: <https://doi.org/10.1177/1461444819865984>. Acesso em: 27 set. 2024.

COZMAN, F. G.; PLONSKI, G. A.; NERI, H. (orgs.). **Inteligência artificial:** avanços e tendências. São Paulo: Instituto de Estudos Avançados, Universidade de São Paulo, 2021.

CUBAS, M. R. Instrumentos de inovação tecnológica e política no trabalho em saúde e em enfermagem: a experiência da CIPE®/CIPESC®. **Revista Brasileira de Enfermagem**, vol. 62, n. 5, p. 745-747, out. 2009.

CUMMINGS, M. L. *et al*. **Artificial Intelligence and International Affairs:** disruption anticipated. Chatham House Report. London: The Royal Institute of International Affairs, 2018.

D'ALFONSO, S. AI in mental health. **Current Opinion in Psychology**, vol. 36, p. 112-117, June 2020.

DAGNINO, E.; ARMAROLI, I. A Seat at the Table: Negotiating Data Processing in the Workplace. A National Case Study and Comparative Insights. **Comparative Labor Law & Policy Journal Special Issue on "Automation, Artificial Intelligence, and Labour Protection"**, 2019.

DAS, S. K. *et al*. Comprehensive review on ML-based RIS-enhanced IoT systems: basics, research progress and future challenges. **Computer Network**, vol. 223, Apr. 2023.

DAUGHERTY, P.; WILSON, H. J. **Human + Machine:** reimagining work in the age of AI. Boston, MA: Harvard Business Review Press, 2018.

DAVIS, A. **Are Prisons Obsolete?** New York, NY: Seven Stories Press, 2003.

DECHAUX, D. Orange: le cloud souverain version Sarkozy est mort et enterré. **Challenges**, 01 Août 2019. Disponível em: <https://www.challenges.fr/economie/le-cloud-souverain-version-sarkozy-est-mort-et-enterre_667076>. Acesso em: 27 set. 2024.

DELGADO, M. G. **Curso de Direito do Trabalho.** 14.ed. São Paulo: LTr, 2015.

DIAKOPOULOS, N. Accountability in algorithmic decision making. **Communications of the ACM**, vol. 59, n. 2, p. 56-62, 2016.

DIAN, F. J.; VAHIDNIA, R.; RAHMATI, A. Wearables and the internet of things (IoT), Applications, Opportunities, and Challenges: a survey. **IEEE Access**, vol. 8, Apr. 2020. Disponível em: <https://ieeexplore.ieee.org/document/9058658>. Acesso em: 02 out. 2024.

DIÁRIO DA REPÚBLICA. **Código do Trabalho – CT, Lei nº 7/2009.** Disponível em: <https://diariodarepublica.pt/dr/legislacao-consolidada/lei/2009-34546475>. Acesso em: 03 out. 2024.

DIETTERICH, T. G.; HORVITZ, E. Rise of concerns about AI: reflections and directions. **Communications of the ACM**, vol. 58, n. 10, p. 38-40, 2015.

DIETVORST, B. J.; SIMMONS, J. P., MASSEY, C. Algorithm aversion: People erroneously avoid algorithms after seeing them err. **Journal of Experimental Psychology**, vol. 144, n. 1, p. 114-126, 2015.

DIGNUM, V. *et al*. Ethics by design: Necessity or curse? *In*: AIES '18: AAAI/ACM Conference on AI, Ethics, and Society, 2018. **Proceedings...** 2018, p. 60-66.

DILORENZO JR, L.; SMITH, T.; MAGUIRE, E. Understanding the five competencies of transformational technology leadership. **Deloitte Insights**, Mar. 29, 2023. Disponível em: <https://www2.deloitte.com/us/en/insights/topics/leadership/five-competencies-tech-leaders.html>. Acesso em: 03 out. 2024.

DIRECCIÓN DEL TRABAJO. **Código del Trabajo.** Sep. 2024. Disponível em: <https://www.dt.gob.cl/legislacion/1624/articles-95516_recurso_1.pdf>. Acesso em: 03 out. 2024.

DISTRITO. **Distrito Indústria 4.0 Report 2021.** Abr. 2021.

DOWBOR, L. **O capitalismo se desloca:** novas arquiteturas sociais. São Paulo: Sesc, 2020.

DREZNER, D. W. Technological change and international relations. **International Relations**, vol. 33, n. 2, 2019.

DU, M.; LIU, N.; HU, X. Techniques for interpretable machine learning. **Commun. ACM**, vol. 63, n. 1, p. 68-77, Dec 2019. ISSN 0001-0782. Disponível em: <https://doi.org/10.1145/3359786>. Acesso em: 02 out. 2024.

DURANTON, S.; ERLEBACH, J.; PAULY, M. Mind the (AI) Gap: leadership makes the difference. **Boston Consulting Group**, 04 Dec. 2018.

ECONOMIC COMMISSION FOR LATIN AMERICA AND THE CARIBBEAN. **Digital technologies for a new future.** Santiago: United Nations, 2021. (LC/TS.2021/43).

EICHSTAEDT, J. C. *et al*. Facebook language predicts depression in medical records. **Proceedings of the National Academy of Sciences**, vol. 115, n. 44, p. 11203-11208, Oct. 15, 2018.

ELER, G. Cientistas conseguem "ler a mente" do Demônio de Maxwell. **Super Interessante**, 17 jul. 2017. Atualizado 19 jul. 2017. Disponível em: <https://super.abril.com.br/ciencia/cientistas-conseguem-ler-a-mente-do-demonio-de-maxwell>. Acesso em: 03 out. 2024.

ELLINGRUD, K.; SANGHVI, S. GenAI: como ela afetará os futuros empregos e fluxos de trabalho? **McKinsey & Company**, 21 set. 2023. Disponível em: <https://www.mckinsey.com/featured-insights/destaques/genai-como-ela-afetara-os-futuros-empregos-e-fluxos-de-trabalho/pt>. Acesso em: 18 out. 2024.

ENDE, J.; KEMP, R. Technological transformations in history: how the computer regime grew out of existing computing regimes. **Research Policy**, 28, 1999, p. 833-851.

ENHOLM, I. M. *et al*. Artificial Intelligence and Business Value: a literature review. **Information Systems Frontiers**, vol. 24, n. 5, p. 1709-1734, Aug. 25, 2021. Disponível em: <https://link.springer.com/article/10.1007/s10796-021-10186-w>. Acesso em: 18 out. 2024.

ENISA. **ENISA Mandate and Regulatory Framework.** 2019. Disponível em: <https://www.enisa.europa.eu/about-enisa/regulatory-framework>. Acesso em: 27 set. 2024.

ESLAMI, M. *et al*. Communicating algorithmic process in online behavioral advertising. *In*: CHI '18: 2018 CHI Conference on Human Factors in Computing Systems, Montreal, QC, Canada, 21-26 Apr. 2018. **Proceedings...** New York, NY: ACM, 2018, pp. 1-13.

EUBANKS, Virginia. Automating inequality: how high-tech tools profile, police, and punish the poor. New York: St. Martin's Press, 2018.

EUROFOUND. **Right to disconnect.** Dec. 1st, 2021. Disponível em: <https://www.eurofound.europa.eu/en/european-industrial-relations-dictionary/right-disconnect#:~:text=On%2021%20January%202021%2C%20the,disconnect%20outside%20their%20working%20hours'>. Acesso em: 03 out. 2024.

EUROPEAN COMMISSION. **Ethics By Design and Ethics of Use Approaches for Artificial Intelligence.** 25 Nov. 2021. Disponível em: <https://ec.europa.eu/info/funding-tenders/opportunities/docs/2021-2027/horizon/guidance/ethics-by-design-and-ethics-of-use-approaches-for-artificial-intelligence_he_en.pdf>. Acesso em: 30 set. 2024.

EUROPEAN COMMISSION. **The Digital Services Act package.** Disponível em: <https://digital-strategy.ec.europa.eu/en/policies/digital-services-act-package>. Acesso em: 27 set. 2024.

EUROPEAN PARLIAMENT. **A comprehensive European industrial policy on artificial intelligence and robotics.** Feb. 12, 2019. Disponível em: <https://www.europarl.europa.eu/doceo/document/TA-8-2019-0081_EN.html>. Acesso em: 30 set. 2024.

EUROPEAN PARLIAMENT. **European Parliament resolution of 21 January 2021 with recommendations to Commission on the right to disconnect.** Disponível em <https://www.europarl.europa.eu/doceo/document/TA-9-2021-0021_EN.html> Acesso em: 03 out. 2024.

FABRIZZIO, G. C. *et al*. Virtual Assistant: a tool for health co-production in coping with Covid-19. **Texto & Contexto - Enfermagem**, vol. 32, 2023.

FANCSALI, S.; RITTER, S. Context personalization, preferences, and performance in an intelligent tutoring system for middle school mathematics. *In*: LAK'14: Fourth International Conference on Learning Analytics and Knowledge, 4., 2014, Indianapolis. **Proceedings...** Indiana, IN: Association for Computing Machinery, 2014, p. 73-77. Disponível em: <https://dl.acm.org/doi/10.1145/2567574.2567615>. Acesso em: 26 set. 2024.

FAVORETTO, C. *et al.* From servitization to digital servitization: how digitalization transforms companies' transition towards services. **Industrial Marketing Management**, vol. 102, p. 104-121, Apr. 1st, 2022.

FELZMANN, H. *et al.* Towards transparency by design for artificial intelligence. **Sci Eng Ethics**, vol. 26, p. 3333–3361, 2020. Disponível em: <https://doi.org/10.1007/s11948-020-00276-4>. Acesso em: 01 out. 2024.

FEYNMAN, R. P. Simulating physics with computers. **Int J Theor Phys**, vol. 21, 467-488, 1982. Disponível em: <https://doi.org/10.1007/BF02650179>. Acesso em: 02 out. 2024.

FEYNMAN, R. **The Character of Physical Law:** with new foreword by Frank Wilczek. Cambridge, MA: MIT Press, 2017.

FINGER, M. Quando se compra Inteligência Artificial, o que de fato se leva para casa? Além do "oba-oba". *In*: COZMAN, F. G.; PLONSKI, G. A.; NERI, H. (orgs.). **Inteligência artificial:** avanços e tendências. São Paulo: Instituto de Estudos Avançados, Universidade de São Paulo, 2021.

FISHER, R. A. The use of multiple measurements in taxonomic problems. **Annals of eugenics**, vol. 7, n. 2, p. 179-188, 1936.

FITZPATRICK, K. K.; DARCY, A.; VIERHILE, M. Delivering Cognitive Behavior Therapy to Young Adults with Symptoms of Depression and Anxiety Using a Fully Automated Conversational Agent (Woebot): a randomized controlled trial. **JMIR Mental Health**, vol. 4, n. 2, Apr.-June 2017.

FJELD, J. *et al.* Principled Artificial Intelligence: Mapping Consensus in Ethical and Rights-based Approaches to Principles for AI. **Berkman Klein Center**. Research Publication n. 2020-1. 2020.

FLORIDI, L. **The Ethics of Information.** Oxford: Oxford University Press, 2019.

FLORIDI, L.; COWLS, J. A Unified Framework of Five Principles for AI in Society. **Harvard Data Science Review**, vol. 1, n. 1, 2019. Disponível em: <https://doi.org/10.1162/99608f92.8cd550d1>. Acesso em: 30 set. 2024.

FORSTER, E. M. The Machine Stops. *In*: FORSTER, E. M. **The Eternal Moment and Other Stories.** London: Sidgwick & Jackson, 1928, p. 3-37.

FRANCO, C. R. **Inteligência Artificial.** Londrina: Editora e Distribuidora Educacional S.A., 2014.

FREEDOM HOUSE. **Freedom in the world 2022:** the global expansion of authoritarian rule. Feb. 2022. Disponível em: <https://freedomhouse.org/sites/default/files/2022-02/FIW_2022_PDF_Booklet_Digital_Final_Web.pdf>. Acesso em: 03 out. 2024.

FREIRE, P. **Pedagogia do oprimido.** 64.ed. São Paulo: Paz e Terra, 2017.

FREY, C. B.; OSBORNE, M. The Future of Employment: How susceptible are jobs to computerization? **Oxford Martin School**, Sep. 01, 2013. Disponível em: <https://www.oxfordmartin.ox.ac.uk/publications/the-future-of-employment>. Acesso em: 21 out. 2024.

FROHLICK, A. **Artificial Intelligence and Contemporary Film Production:** a preliminary survey. July 2020.

FURMAN, J. **Is This Time Different?** The Opportunities and Challenges of Artificial Intelligence. New York University, 2016. Disponível em: <https://obamawhitehouse.archives.gov/sites/default/files/page/files/20160707_cea_ai_furman.pdf>. Acesso em: 03 out. 2024.

FUSTER, A. *et al*. 'Predictably Unequal? The Effects of Machine Learning on Credit Markets. **Journal of Finance**, American Finance Association, vol. 77, n. 1, p.5-47, Feb. 2022.

GAIA-X. Site. Disponível em: <https://gaia-x.eu>. Acesso em: 27 set. 2024.

GALLOUJ, F.; SAVONA, M. Towards a theory of innovation in services: a state of the art. *In*: GALLOUJ, F.; DJELLAL, F. **The Handbook of Innovation and Services.** Cheltenham: Edward Elgar, 2010.

GHAZAWNEH, A. Digital Services Development and the Dynamics of Transformation by Service Providers. *In*: ANDERSSON, B. *et al*. (eds.). **Advances in Information Systems Development.** Cham: Springer, 2019.

GHOBAKHLOO, M. *et al*. Behind the definition of Industry 5.0: a systematic review of technologies, principles, components, and values. **Journal of Industrial and Production Engineering**, vol. 40, n. 6, p. 432-447, 2023. Disponível em: <https://doi.org/10.1080/21681015.2023.2216701>. Acesso em: 01 out. 2024.

GIL, A. C. **Métodos e Técnicas de Pesquisa Social.** São Paulo: Atlas, 2008.

GLOBAL INDIGENOUS DATA ALLIANCE. **CARE Principles of Indigenous Data Governance.** Disponível em: <https://www.gida-global.org/care>. Acesso em: 03 out. 2024.

GOLEC, M. *et al*. BlockFaaS: Blockchain-enabled Serverless Computing Framework for AI-driven IoT Healthcare Applications. **Journal of Grid Computing**, vol. 21, n. 63, 2023. Disponível em: <https://doi.org/10.1007/s10723-023-09691-w>. Acesso em: 02 out. 2024.

GOLEC, M. *et al*. iFaaSBus: a security – and privacy – based lightweight framework for serverless computing using IoT and machine learning. **IEEE Transactions on Industrial Informatics**, vol. 18, n. 5, May 2022.

GOMES, F. Para o ChatGPT, Senna morreu em Interlagos depois de bater em Nakajima. **UOL**, 13 fev. 2023. Disponível em: <https://www.uol.com.br/esporte/colunas/flavio-gomes/2023/02/13/para-o-chatgpt-senna-morreu-em-interlagos-depois-de-bater-em-nakajima.html>. Acesso em: 02 out. 2024.

GONÇALVES, I. A.; FARIA FILHO, L. M. de. Tecnologias e Educação Escolar: a escola pode ser contemporânea do seu tempo? **Educação & Sociedade**, 42, e252589, 2021. Disponível em: <https://doi.org/10.1590/ES.252589>. Acesso em: 26 set. 2024.

GOODFELLOW, I.; BENGIO, Y.; COURVILLE, A. **Deep Learning.** Cambridge, MA: MIT Press, 2016.

GRAGLIA, M. A. V.; FIGUEIREDO, A. R. Industry 4.0 in Brazil and the challenges of the productivity of the economy. **RISUS – Revista de Inovação e Sustentabilidade**, São Paulo, vol. 12, n. 4, p. 13-28, out./nov. 2021. Disponível em: <https://doi.org/10.23925/2179-3565.2021v12i4p13-28>. Acesso em: 27 set. 2024.

GRAGLIA, M. A. V.; HUELSEN, P.; LAZZARESCHI, N. The growing moral challenge in the face of technologies: internet, social networks, IoT, blockchain and artificial intelligence. **RISUS – Revista de Inovação e Sustentabilidade**, São Paulo, vol. 12, n. 2, p. 17-29, 2021. Disponível em: <https://doi.org/10.23925/2179-3565.2021v12i2p17-29>. Acesso em: 27 set. 2024.

GRAGLIA, M. A. V.; LAZZARESCHI, N. A Indústria 4.0 e o Futuro do Trabalho: Tensões e Perspectivas. **Revista Brasileira de Sociologia**, São Paulo, vol. 6, n. 14, p. 109-151, set.-dez. 2018. Disponível em: <https://doi.org/10.20336/rbs.424>. Acesso em: 02 out. 2024.

GRAGLIA, M. A. V.; VON HUELSEN, P. G. **Inovação e Competividade.** São Paulo: Senac, 2023.

GRAGLIA, M. A. V.; VON HUELSEN, P. G. The Sixth Wave of Innovation: Artificial Intelligence and The Impacts on Employment. **RISUS – Revista de Inovação e Sustentabilidade**, São Paulo, vol. 11, n. 1, p. 3-17, jan-fev. 2020. DOI: https://doi.org/10.23925/2179-3565.2020v11i1p3-17. Disponível em: <https://revistas.pucsp.br/risus/article/view/48820>. Acesso em: 25 set. 2024.

GRAHAM, S. *et al*. Artificial Intelligence for Mental Health and Mental Illnesses: an overview. **Curr Psychiatry Rep.**, vol. 21, n. 11, p. 1-18, 2019.

GRAY, M. L., SURI, S. **Ghost Work:** how to stop Silicon Valley from building a new global underclass. Boston, MA: Houghton Mifflin Harcourt, 2019.

GRUSIN, R. **The Nonhuman Turn.** Conference. Center for 21st Century Studies, University of Wisconsin-Milwaukee, 2012.

GUERRA FILHO, W. S. Um novo contrato social para evitar a ciberescravização? *In*: **XXX Congresso Nacional do CONPEDI**, 30., 2023, Fortaleza.

GUNNING, D. *et al*. XAI—Explainable artificial intelligence. **Science Robotics**, vol. 4, n. 37, p. eaay7120, Dec. 18 2019.

GURSES, S.; TRONCOSO, C.; DIAZ, C. Engineering privacy by design. **Computers, Privacy & Data Protection**, vol. 14, n. 3, p. 25, 2011.

HABER, S.; STORNETTA, W. S. How to time-stamp a digital document. **Journal of Cryptology**, vol. 3, n. 2, p. 99-111, 1991. Disponível em: <http://www.staroceans.org/e-book/Haber_Stornetta.pdf>. Acesso em: 02 out. 2024.

HADDAWAY, N. R. *et al*. PRISMA2020: An R package and Shiny app for producing PRISMA 2020-compliant flow diagrams, with interactivity for optimised digital transparency and Open Synthesis. **Campbell Systematic Reviews**, vol. 18, n. 2, e1230, June 2022. Disponível em: <https://doi.org/10.1002/cl2.1230>. Acesso em: 21 out. 2024.

HAGENDORFF, T. The ethics of AI ethics: an evaluation of guidelines. **Minds & Machines**, vol. 30, n. 1, p. 99-120, 2020. Disponível em: <https://doi.org/10.1007/s11023-020-09517-8>. Acesso em: 01 out. 2024.

HARARI, Y. N. **Homo Deus:** uma breve história do amanhã. São Paulo: Companhia das Letras, 2016.

HAWKEN, P. **Drawdown:** the most comprehensive plan ever proposed to reverse global warming. New York: Penguin Books, 2017.

HEISENBERG, W. **Physics and Philosophy:** the revolution in modern science. New York, NY: Harper Perennial, 2007.

HINDS, J.; WILLIAMS, E. J.; JOINSON, A. N. It wouldn't happen to me: Privacy concerns and perspectives following the Cambridge Analytica scandal. **International Journal of Human-Computer Studies**, 143: 102498, 2020.

HOFFMAN, B. **Albert Einstein:** creator and rebel. Princeton, NJ: Plunkett Lake Press, 1981.

HOFFMANN-RIEM, W. Big data e inteligência artificial: desafios para o Direito. **REI – Revista Estudos Institucionais**, vol. 6, n. 2, 2020, p. 431-506. Disponível em: <https://doi.org/10.21783/rei.v6i2.484>. Acesso em: 21 out. 2026.

HOROWITZ, M. C. Artificial Intelligence, International Competition, and the Balance of Power. **Texas National Security Review**, vol. 1, n. 3, 2018. Disponível em: <https://doi.org/10.15781/T2639KP49>. Acesso em: 02 out. 2024.

HU, K. ChatGPT sets record for fastest-growing user base – analyst note. **Reuters**, Feb. 2, 2023. Disponível em: <https://www.reuters.com/technology/chatgpt-sets-record-fastest-growing-user-base-analyst-note-2023-02-01/>. Acesso em: 18 out 2024.

HUIZINGA, J. **Homo Ludens:** a study of the play-element in culture. Boston, MA: Beacon Press, 1938.

HUWS, U. **Labor in the Global Digital Economy:** the cybertariat comes of age. New York, NY: Monthly Review Press, 2014.

IBGE. **PNAD Contínua.** 2023. Disponível em: <https://www.ibge.gov.br/estatisticas/sociais/trabalho/17270-pnad-continua.html>. Acesso em: 04 out. 2024.

IBM. **6 hard truths CEOs must face.** Disponível em: <https://www.ibm.com/thought-leadership/institute-business-value/en-us/c-suite-study/ceo>. Acesso em: 03 out. 2024.

IBM. **The Future of Health is Cognitive:** harnessing data and insight to deliver better health, value and individual engagement. Somers, NY: IBM Corporation, June 2016. Disponível em: <https://www.ibm.com/downloads/cas/LQZ0O1WM>. Acesso em: 26 set. 2024.

IMDB. **Joan Is Awful.** 15 jun. 2023. Disponível em: <https://www.imdb.com/title/tt20247352/>. Acesso em: 02 out. 2024.

IMDB: **The Challenger.** 2013. Disponível em: <https://www.imdb.com/title/tt2421662/>. Acesso em: 02 out. 2024.

IMF. **World Economic Outlook.** Disponível em: <https://www.imf.org/en/publications/weo>. Acesso em: 26 set. 2024.

INSTITUTO HUMANITAS UNISINOS. **Os trabalhadores fantasmas venezuelanos que alimentam a inteligência artificial.** 21 jun. 2023. Disponível em: <https://www.ihu.unisinos.br/categorias/629774-os-trabalhadores-fantasmas-venezuelanos-que-alimentam-a-inteligencia-artificial>. Acesso em: 03 out. 2024.

INTERNATIONAL LABOUR ORGANIZATION. **C177 – Homework Convention, 1996 (no. 177).** Disponível em: <https://www.ilo.org/dyn/normlex/en/f?p=NORMLEXPUB:12100:0::NO::P12100_INSTRUMENT_ID:312322>. Acesso em: 03 out. 2024.

IPEA. **Ocupações com maior qualificação e especialização são mais suscetíveis aos impactos da IA, diz estudo.** 09 out. 2023. Atualizado em 10 out. 2023. Disponível em: <https://www.ipea.gov.br/portal/categorias/45-todas-as-noticias/noticias/14061-ocupacoes-com-maior-qualificacao-e-especializacao-sao-mais-suscetiveis-aos-impactos-da-ia-diz-estudo>. Acesso em: 21 out. 2024.

ISAAC, W. S.; MOHAMED, S.; PNG, M.-T. Decolonizing AI: algorithmic oppression is rooted in the colonial project. **Boston Review**, May 20, 2021. Disponível em: <https://www.bostonreview.net/forum_response/decolonizing-ai/>. Acesso em: 03 out. 2024.

ISDP. **Made in China 2025.** Institute for Security & Development Policy, June 2018. Disponível em: <https://www.isdp.eu/wp-content/uploads/2018/06/Made-in-China-Backgrounder.pdf>. Acesso em: 18 out. 2024.

IWGIA. **El Mundo Indígena 2020:** soberania de datos indígenas. 25 mayo 2020. Disponível em: <https://www.iwgia.org/es/ip-i-mi/3770-mi-2020-soberania-de-datos-indigenas.html>. Acesso em: 03 out. 2024.

JHAVER, S.; KARPFEN, Y.; ANTIN, J. Algorithmic anxiety and coping strategies of Airbnb hosts. *In*: CHI '18: 2018 CHI Conference on Human Factors in Computing Systems, Montreal, QC, Canada, 21-26 Apr. 2018. **Proceedings...** New York, NY: ACM, 2018, p. 1-12.

JOBIN, A.; IENCA, M.; VAYENA, E. The global landscape of AI ethics guidelines. **Nat Mach Intell**, 1, p. 389-399, 2019. Disponível em: <https://doi.org/10.1038/s42256-019-0088-2>. Acesso em: 30 set. 2024.

JOHNSON, L. *et al*. **NMC Horizon Report:** 2013. Higher Education Edition. Austin, TX: The New Media Consortium, 2013.

JOHNSON, S. **Como chegamos até aqui:** seis inovações que transformaram o mundo. Trad. Claudio Carina. Rio de Janeiro: Zahar, 2021.

JURAFSKY, D.; MARTIN, J. H. **Speech and Language Processing.** 3rd.ed. Upper Saddle River: Prentice Hall, 2019.

KANDAMPULLY, J. *et al*. Service transformation: how can it be achieved? **Journal of Business Research**, vol. 136, p. 219-228, Nov. 2021.

KANE, G. C. Digital Maturity, Not Digital Transformation. **MIT Sloan Management Review**, Apr. 04, 2017. Disponível em: <https://sloanreview.mit.edu/article/digital-maturity-not-digital-transformation/>. Acesso em: 01 out. 2024.

KANE, G. C. *et al*. Strategy, not technology, drives digital transformation: becoming a digitally mature enterprise. **MIT Sloan Management Review**, July 14, 2015. Disponível em: <https://sloanreview.mit.edu/projects/strategy-drives-digital-transformation/>. Acesso em 03 out. 2024.

KAUFMAN, D. Democracia e soberania digital. **Época Negócios**, 06 out. 2023. Disponível em: <https://epocanegocios.globo.com/colunas/iagora/coluna/2023/10/democracia-e-soberania-digital.ghtml>. Acesso em: 27 set. 2024.

KAUFMAN, D. **Desmistificando a inteligência artificial.** Belo Horizonte: Autêntica, 2022.

KAUFMAN, D. Inteligência artificial: fundamentos e relação com a arte. **Itaú Cultural**, 22 jun. 2023. Atualizado em 16 out. 2023. Disponível em: <https://itaucultural.org.br/secoes/observatorio-itau-cultural/relacao-arte-inteligencia-artificial-algoritmos>. Acesso em: 30 set. 2024.

KAUFMAN, D.; SANTAELLA, L. O papel dos algoritmos de inteligência artificial nas redes sociais. **Revista FAMECOS**, vol. 27, n. 1, e34074, 2020. Disponível em: <https://doi.org/10.15448/1980-3729.2020.1.34074>. Acesso em: 26 set. 2024.

KELLER, W. International Technology Diffusion. **Journal of Economic Literature**, vol. 42, n. 3, p. 752-82, 2004.

KEYNES, J. M. Economic Possibilities for our Grandchildren. *In*: KEYNES, J. M. **Essays in Persuasion.** New York: Harcourt Brace, 1932, p. 358-373. Disponível em: <https://www.aspeninstitute.org/wp-content/uploads/files/content/upload/Intro_and_Section_I.pdf>. Acesso em: 25 set. 2024.

KIESLICH K.; LÜNICH, M.; MARCINKOWSKI, F. The threats of artificial intelligence scale (TAI). **International Journal of Social Robotics**, vol. 13, p. 1563-1577, 2021. Disponível em: <https://doi.org/10.1007/s12369-020-00734-w>. Acesso em: 01 out. 2024.

KIESLICH, K. *et al*. Artificial intelligence and discrimination. **MeMo:KI**, Factsheet n. 2, Aug. 2020. Disponível em: <https://www.cais-research.de/wp-content/uploads/Factsheet-2-Discrimination.pdf>. Acesso em: 01 out. 2024.

KIZILCEC, R. F. How much information?: effects of transparency on trust in an algorithmic internace. In: CHI '16: 2016 CHI Conference on Human Factors in Computing Systems, San Jose, CA, 7-12 May 2016. **Proceedings...** New York, NY: ACM, 2016, p. 2390-2395.

KLEEBAYOON, A.; WIWANITKIT, V. The Language Models In Healthcare And The Role Of ChatGPT: comments. **ABCD. Arquivos Brasileiros de Cirurgia Digestiva (São Paulo)**, vol. 36, p. e1761, 15 set. 2023.

KLÖTZNER, H. **The Digital Service Transformation in the Manufacturing Industry.** 2016. Master's thesis – Barcelona School of Management, 15 dez. 2016.

KNICKREHM, M.; BERTHON, B.; DAUGHTERTY, P. Digital disruption – the growth multiplier: optimizing digital investments to realize higher productivity and growth. **Accenture Strategy**, 2016. Disponível em: <http://virgo.co.uk/assets/pdf/Strategy_DAVOS_The%20Growth%20Multiplier_POV.pdf>. Acesso em: 01 out. 2024.

KON, A. **Evolução Tecnológica Digital:** Impactos Econômicos. Curitiba: CRV, 2020.

KON, A. **Nova Economia Política dos Serviços.** São Paulo: Perspectiva, 2016.

KONDRATIEFF, N. D. The Long Waves in Economic Life. **The Review of Economics and Statistics**, vol. 17, n. 6, p. 105-115, Nov. 1935. Disponível em: <https://www.jstor.org/stable/1928486?seq=4#page_scan_tab_contents>. Acesso em: 25 set. 2024.

KONIG, P. D.; WURSTER, S.; SIEWERT, M. B. Consumers are willing to pay a price for explainable, but not for green AI. Evidence from a choice-based conjoint analysis. **Big Data & Society**, vol. 9, n. 1, 2022. Disponível em: <https://doi.org/10.1177/20539517211069632>. Acesso em: 01 out. 2024.

KOUTSOULERIS, N. *et al.* From promise to practice: towards the realisation of AI-informed mental health care. **The Lancet Digital Health**, vol. 4, n. 11, Nov. 2022.

KRESGE, L. Union Collective Bargaining Agreement Strategies in Response to Technology. **UC Berkeley Labor Center**, Dec. 3, 2020. Disponível em: <https://laborcenter.berkeley.edu/union-collective-bargaining-agreement-strategies-in-response-to-technology/>. Acesso em: 03 out. 2024.

KUMAR, M., *et al.* Blockchain inspired secure and reliable data exchange architecture for cyber-physical healthcare system 4.0. **Internet of Things and Cyber-Physical Systems**, vol. 3, 2023.

LAMARRE, E. *et al.* A generative AI reset: rewiring to turn potential into value in 2024. **McKinsey Digital**, Mar. 04, 2024. Disponível em: <https://www.mckinsey.com/capabilities/mckinsey-digital/our-insights/a-generative-ai-reset-rewiring-to-turn-potential-into-value-in-2024>. Acesso em: 18 out. 2024.

LAO, N. **Reorienting machine learning education towards tinkerers and ML-engaged citizens.** 2020. 233f. Thesis (Doctor of Philosophy in Electrical Engineering and Computer Science) – Massachusetts Institute of Technology, Cambridge, MA, 2020.

LATOUR, B. **Ciência em ação:** como seguir cientistas e engenheiros sociedade afora. Trad. Ivone C. Benedetti. São Paulo: Unesp, 1998.

LAZZARESCHI, N.; GRAGLIA, M. A. V. (orgs.). **Transformações no mundo do trabalho:** tensões e perspectivas. São Paulo: EDUC, 2023.

LECHER, C. How Amazon automatically tracks and fires warehouse workers for 'productivity'. **The Verge**, Apr. 25, 2019. Disponível em: <https://www.theverge.com/2019/4/25/18516004/amazon-warehouse-fulfillment-centers-productivity-firing-terminations>. Acesso em: 03 out. 2024.

LEE, K.-F. **Inteligência Artificial:** como os robôs estão mudando o mundo, a forma como amamos, nos comunicamos ou vivemos. Rio de Janeiro: Globo Livros, 2019.

LEMOS, R. Batalha da IA será travada no direito autoral. **Folha de S. Paulo**, 25 jun. 2023. Disponível em: <https://www1.folha.uol.com.br/colunas/ronaldolemos/2023/06/batalha-da-ia-sera-travada-no-direito-autoral.shtml>. Acesso em: 30 set. 2024.

LENG, J. *et al.* Industry 5.0: Prospect and retrospect. **Journal of Manufacturing Systems**, vol. 65, p. 279-295, Oct. 2022. Disponível em: <https://www.sciencedirect.com/science/article/abs/pii/S0278612522001662>. Acesso em: 01 out. 2024.

LENT, R. **Cem Bilhões de Neurônios?:** conceitos fundamentais da neurociência. 3ed. São Paulo: Atheneu, 2022.

LETHBRIDGE, T. C., LAGANIÈRE, R. **Object-Oriented Software Engineering:** practical software development using UML and Java. New York, NY: McGraw-Hill Education, 2005.

LEWIS, J. E. *et al.* **Indigenous Protocol and Artificial Intelligence Position Paper.** Project Report. Indigenous Protocol and Artificial Intelligence Working Group and the Canadian Institute for Advanced Research, Honolulu, HI. 2020.

LI, G.; HOU, Y.; WU, A. Fourth Industrial Revolution: technological drivers, impacts and coping methods. **Chinese Geographical Science**, vol. 27, n. 4, p. 626-637, 2017. Disponível em: <https://doi.org/10.1007/s11769-017-0890-x>. Acesso em: 02 out. 2024.

LICKLIDER, J. C. R. Man-Computer Symbiosis. *In*: **IRE Transactions on Human Factors in Electronics**, vol. HFE-1, p. 4-11, mar. 1960.

LIM, B.Y.; DEY, A. K. Investigating intelligibility for uncertain context-aware applications. *In*: UbiComp'11: 13th International Conference on Ubiquitous Computing, 13., Beijing, China, 17-21 Sep. 2011. **Proceedings...** New York, NY: ACM Press, 2011, p. 415.

LIPPI, F. L.; ABILIO, C. C. C.; LIPPI, J. R. Cuidados de Saúde Mental Durante a Pandemia do Novo Coronavírus: um ressurgimento dos estudos em práticas contemplativas. **Revista Contemporânea**, vol. 3, n. 3, p. 1972-1977, 06 mar. 2023.

LIU, B. *et al*. Blockchain based data integrity service framework for IoT data. *In*: **2017 IEEE International Conference on Web Services (ICWS)**, Honolulu, HI, 25-30 June 2017, p. 468-475.

LIU, Y.; XU, X. Industry 4.0 and cloud manufacturing: a comparative analysis. *In*: ASME 2016 11th International Manufacturing Science and Engineering Conference, 11., June 27-July 1, 2016, Blacksburg, VA. **Proceedings...** New York, NY: ASME, 2016.

LOBO, L. C. Inteligência artificial, o Futuro da Medicina e a Educação Médica. **Revista Brasileira de Educação Médica**, vol. 42, n. 3, p. 3-8, set. 2018.

LONG, D.; MAGERKO, B. What is AI literacy?: competencies and design considerations. *In*: 2020 CHI Conference on Human Factors in Computing Systems (CHI '20), Apr. 2020. **Proceedings...** New York: ACM, 2020, p. 1-16.

LUGER, G. F. **Inteligência Artificial.** Trad. Daniel Vieira. 6.ed. São Paulo: Pearson Education do Brasil, 2013.

LYONS, K. Facebook's ad delivery system still has gender bias, new study finds. **The Verge**, Apr. 9, 2021. Disponível em: <https://www.theverge.com/2021/4/9/22375366/facebook-ad-gender-bias-delivery-algorithm-discrimination>. Acesso em: 03 out. 2024.

MACHANAVAJJHALA A.; KOROLOVA, A.; SARMA, A. D. Personalized social recommendations – accurate or private? *In*: 37th. International Conference on Very Large Data Bases, 37., Aug. 29- Sep. 3rd. 2011, Seattle, Washington. **Proceedings of the VLDB Endowment (PVLDB)**, vol. 4, n. 7, 2011, p. 440-450. Disponível em: <http://arxiv.org/pdf/1105.4254v1>. Acesso em: 01 out. 2024.

MACRUZ, F. Misconceptions in the health technology industry that are delaying the translation of artificial intelligence technology into relevant clinical applications. **Radiologia Brasileira**, vol. 54, n. 4, p. 243-245, jul. 2021.

MADDIKUNTA, P. *et al*. Industry 5.0: A survey on enabling technologies and potential applications. **Journal of Industrial Information Integration**, vol. 26, Mar. 2022. Disponível em: <https://doi.org/10.1016/j.jii.2021.100257>. Acesso em: 01 out. 2024.

MAHESHWARI, R. Top AI statistics and trends. **Forbes Advisor**, Feb. 06, 2024. Disponível em: <https://www.forbes.com/advisor/in/business/ai-statistics/>. Acesso em: 18 out. 2024.

MALLABY, S. **A lei de potência:** capital de risco e a criação do novo futuro. Trad. Natalie Gerhardt, Cláudia Mello Belhassof, Paula Diniz. Rio de Janeiro: Intrínseca, 2022.

MANN, M.; SMITH, M. Automated Facial Recognition Technology: Recent Developments and Approaches To Oversight. **UNSW Law Journal**, vol. 40, n.1, p. 121-122, 2017.

MANYIKA, J. *et al*. Jobs lost, jobs gained: What the future of work will mean for jobs, skills, and wages. **McKinsey & Company**, Nov. 28, 2017. Disponível em: <https://www.mckinsey.com/featured-insights/future-of-work/jobs-lost-jobs-gained-what-the-future-of-work-will-mean-for-jobs-skills-and-wages>. Acesso em: 03 out. 2024.

MARDA, V. Inteligencia artificial: una perspectiva desde el Sur. **América Latina en Movimiento**, año 43, n. 545, p. 3-5, 2019. Disponível em: <https://www.alainet.org/sites/default/files/alem545w.pdf>. Acesso em: 03 out. 2024.

MARIANO, M. P. As Novas Tecnologias Digitais e as Relações Internacionais. São Paulo: UNESP Ciência, 2017.

MARTINS, H. *et al*. Transformações digitais no Brasil: insights sobre o nível de maturidade digital das empresas no país. **McKinsey & Company**, 2018-2019. Disponível em: <https://www.mckinsey.com/br/our-insights/transformacoes-digitais-no-brasil> Acesso em 17 Dez 2023.

MARX, K. **O Capital:** crítica da economia política. São Paulo: Boitempo, 2010.

MASTORAS, R.-E. *et al*. Touchscreen typing pattern analysis for remote detection of the depressive tendency. **Scientific Reports**, vol. 9, n. 1, 16 Sep. 2019.

MATT, C.; HESS, T.; BENLIAN, A. Digital Transformation Strategies. **Bus Inf Syst Eng**, vol. 57, n. 5, p. 339-343, 2015. Disponível em: <http://dx.doi.org/10.1007/s12599-015-0401-5>. Acesso em: 01 out. 2024.

MATZNER, M. *et al*. Digital Transformation in Service Management. **Journal of Service Management Research**, vol. 2, n. 2, p. 3-21, 2018.

MAYER, R. E.; MORENO, R. Nine Ways to Reduce Cognitive Load in Multimedia Learning. **Educational Psychologist**, vol. 38, n. 1, p. 43-52, 2003.

MCCULLOCH, W. S.; PITTS, W. A logical calculus of the ideas immanent in nervous activity. **Bulletin of Mathematical Biology**, vol. 5, 1943.

MCKINSEY, R. Employers Expect to Invest More in Mental Health in 2024. **WorldatWork**; Feb. 22, 2024. Disponível em: <https://worldatwork.org/resources/publications/workspan-daily/employers-expect-to-invest-more-in-mental-health-in-2024>. Acesso em: 18 out. 2024.

MCMANUS, J. Security by design: teaching secure software design and development techniques. **J. Comput. Sci. Coll.**, vol. 33, n. 3, p. 75-82, 2018.

MEDEIROS, L. F. de. **Inteligência artificial aplicada:** uma abordagem introdutória. Curitiba: InterSaberes, 2018.

MEJIAS, U. A. To fight data colonialism, we need a Non-aligned Tech Movement. **Al Jazeera Opinion**, Sep. 8, 2020. Disponível em: <https://www.aljazeera.com/opinions/2020/9/8/to-fight-data-colonialism-we-need-a-non-aligned-tech-movement>.

MENSCH, G. **Stalemate in Technology:** innovations overcome the depression. Pensacola: Ballinger Publishing, 1978.

MERKEL, A. **Message from the Federal Chancellor Angela Merkel.** 2020. Disponível em: <https://www.eu2020.de/eu2020-en/greetings-merkel>. Acesso em: 27 set. 2024.

MILANEZ, A. The impact of AI on the workplace: Evidence from OECD case studies of AI implementation. **OECD Social, Employment and Migration Working Papers**, n. 289, Paris: OECD Publishing, 2023. Disponível em: <https://www.oecd-ilibrary.org/social-issues-migration-health/the-impact-of-ai-on-the-workplace-evidence-from-oecd-case-studies-of-ai-implementation_2247ce58-en>. Acesso em: 21 out. 2024.

MINGST, K. A. **Essentials of international relations.** 2nd.ed. New York, NY: W. W. Norton & Company, 2009.

MINH, D. *et al*. Explainable artificial intelligence: a comprehensive review. **Artificial Intelligence Review**, vol. 55, 18 nov. 2021.

MINISTÉRIO DA EDUCAÇÃO. **Base Nacional Comum Curricular.** 28 abr. 2023. Atualizado em 13 ago. 2024. Disponível em: <https://www.gov.br/mec/pt-br/cne/base-nacional-comum-curricular-bncc>. Acesso em: 02 out. 2024.

MINISTÉRIO DA SAÚDE. **Resolução da Diretoria Colegiada – RDC nº 185, de 22 de outubro de 2001.** Aprova o Regulamento Técnico que consta no anexo desta Resolução, que trata do registro, alteração, revalidação e cancelamento do registro de produtos médicos na Agência Nacional de Vigilância Sanitária – ANVISA. Disponível em: <https://bvsms.saude.gov.br/bvs/saudelegis/anvisa/2001/rdc0185_22_10_2001.pdf>. Acesso em: 01 out. 2024.

MINISTÉRIO DA SAÚDE. **Resolução nº 2, de 25 de janeiro de 2010.** Dispõe sobre o gerenciamento de tecnologias em saúde em estabelecimentos de saúde. Disponível em: <https://bvsms.saude.gov.br/bvs/saudelegis/anvisa/2010/res0002_25_01_2010.html>. Acesso em: 01 out. 2024.

MINISTÉRIO DA SAÚDE. **Resolução-RDC nº 67, de 21 de dezembro de 2009.** Dispõe sobre normas de tecnovigilância aplicáveis aos detentores de registro de produtos para saúde no Brasil. Disponível em: <https://bvsms.saude.gov.br/bvs/saudelegis/anvisa/2009/rdc0067_21_12_2009.html>. Acesso em: 01 out. 2024.

MINSKY, M.; PAPERT, S. **Perceptrons:** An Introduction to Computational Geometry. Cambridge, MA: MIT Press, 1969.

MODIS, T. A hard-science approach to Kondratieff's economic cycle Modis. **Technological Forecasting and Social Change**, vol. 122, p. 63-70, Sep. 2017.

MODOLO, L.; CARVALHO, S.; DIAS, T. Questões da saúde digital para o SUS: a "saúde móvel" e a automação algorítmica do saber-poder da medicina. **Saúde e Sociedade**, vol. 32, p. e220245pt, 23 out. 2023.

MOETI, M.; GAO, G. F.; HERRMAN, H. Global pandemic perspectives: public health, mental health, and lessons for the future. **The Lancet**, vol. 400, n. 10353, p. e3-e7, Aug. 2022.

MOKYR, J.; VICKERS, C.; ZIEBARTH, N. L. The history of technological anxiety and the future of economic growth: is this time different? **Journal of Economic Perspectives**, vol. 29, n. 3, p. 31-50, Summer 2015. Disponível em: <http://dx.doi.org/10.1257/jep.29.3.31>. Acesso em: 03 out. 2024.

MONTESSORI, M. **The Montessori Method.** New York: Frederick A. Stokes Company, 1912.

MOORE, P.; UPCHURCH, M.; WHITTAKER, X. (eds.). **Humans and machines at work:** monitoring, surveillance and automation in contemporary capitalism. Cham: Palgrave Macmillan, 2018.

MORESCHI, B.; PEREIRA, G.; COZMAN, F. G. The Brazilian workers in Amazon Mechanical Turk: Dreams and realities of ghost workers. **Contracampo – Brazilian Journal of Communication**, vol. 39, n. 1, 2020.

MORGENTHAU, H. **A Política Entre as Nações:** a luta pelo poder e pela paz. Brasília: UNB, 2003.

NAÇÕES UNIDAS BRASIL. **Chefe da Organização Mundial de Saúde declara o fim da COVID-19 como emergência de saúde global.** 05 maio 2023. Disponível em: <https://brasil.un.org/pt-br/230307-chefe-da-organização-mundial-da-saúde-declara-o-fim-da-covid-19-como-uma-emergência-de-saúde>. Acesso em: 03 out. 2024.

NAGTEGAAL, R. The impact of using algorithms for managerial decisions on public employees' procedural justice. **Government Information Quarterly**, vol. 38, n. 1, 101536, 2021.

NAKAMOTO, S. **Bitcoin:** A Peer-to-Peer Electronic Cash System. Disponível em: <https://bitcoin.org/bitcoin.pdf>. Acesso em: 02 out. 2024.

NASSIF, L. O estranho negócio de Barroso com as bases de dados da justiça. **GGN**, 30 out. 2023. Atualizado em 21 out. 2023. Disponível em: <https://jornalggn.com.br/noticia/o-estranho-neocio-de-barroso-com-as-bases-de-dados-da-justica/>. Acesso em: 27 set. 2024.

NEFIODOW, L. A. **Questions about the 6th Kondratieff.** Disponível em: <https://en.kondratieff.net/questions>. Acesso em: 25 set. 2024.

NEUHAUS, R. *et al*. Exploring the impact of transparency on the interaction with an in-car digital AI assistant. *In*: AutomotiveUI '19: 11th International Conference on Automotive User Interfaces and Interactive Vehicular Applications: Adjunct proceedings, 11., 2019, Utrecht, Netherlands, 21-25 Sep. 2019. **Proceedings...** New York, NY: ACM, 2019, p. 450-455.

NICOL, J.; TAPLIN, J. **Understanding the Steiner Waldorf approach:** early years education in practice. London: Routledge, 2012.

NOGUEIRA, J. P.; MESSARI, N. **Teoria das Relações Internacionais.** São Paulo: Elsevier, 2005.

NORMATTIVA. **Legge 22 maggio 2017, n. 81.** Misure per la tutela del lavoro autonomo non imprenditoriale e misure volte a favorire l'articolazione flessibile nei tempi e nei luoghi del lavoro subordinato. (17G00096). Disponível em: <https://www.normattiva.it/uri-res/N2Ls?urn:nir:stato:legge:2017;81~art13>. Acesso em: 03 out. 2024.

NUNES, H. DA C.; GUIMARÃES, R. M. C.; DADALTO, L. Desafios bioéticos do uso da inteligência artificial em hospitais. **Revista Bioética**, vol. 30, p. 82-93, 09 maio 2022.

NUROCK, V.; CHATILA, R.; PARIZEAU, M.-H. What does "Ethical by design" Mean?". *In*: BRAUNSCHWEIG, B.; GHALLAB, M. (eds.). **Reflections on Artificial Intelligence for Humanity.** Lecture Notes in Computer Science, vol. 12600. Cham: Springer, 2021, p. 171-190. Disponível em: <https://doi.org/10.1007/978-3-030-69128-8_11>. Acesso em: 01 out. 2024.

O'NEIL, C. **Weapons of Math Destruction:** how big data increases inequality and threatens democracy. New York, NY: Crown Publishing Group, 2016. 272p.

OAS; IACHR. **How to promote universal internet access during the COVID-19 Pandemic?** (RIRCU Practical Guides to COVID-19). 2021. Disponível em:<http://www.oas.org/es/cidh/sacroi_covid19/documentos/03_guias_practicas_internet_ing.pdf>. Acesso em: 03 out. 2024.

OEA; CIDH. **¿Cómo promover el acceso universal a internet durante la pandemia de COVID-19?** (Guías prácticas de la sacroi COVID-19). 2021. Disponível em: <https://www.oas.org/es/cidh/sacroi_covid19/documentos/03_guias_practicas_internet_esp.pdf>. Acesso em: 03 out. 2024.

OLGA, J. Inovação: 83% das empresas querem inovar, mas só 3% se dizem prontas, aponta estudo do BCG. **Época Negócios**, 04 jul. 2024. Disponível em:<https://epocanegocios.globo.com/empresas/noticia/2024/07/inovacao-83percent-das-empresas-querem-inovar-mas-so-3percent-se-dizem-prontas-aponta-estudo-do-bcg.ghtml>. Acesso em: 18 out. 2024.

OLIVEIRA, B. N. de; FRAGA, A. B. Movimento quantified self. **Movimento**, p. e28035, 23 jul. 2022.

OMDENA. **34 Top Mental Health Startups and Companies to Watch in 2024.** Jan. 18, 2023. Disponível em: <https://www.omdena.com/blog/mental-health-startups>. Acesso em: 18 out. 2024.

OMNES, R. **Understanding Quantum Mechanics.** Princeton, NJ: Princeton University Press, 1999.

ONOCKO-CAMPOS, R. T. Saúde mental no Brasil: avanços, retrocessos e desafios. **Cadernos de Saúde Pública**, vol. 35, n. 11, 2019. Disponível em: <https://www.scielosp.org/article/csp/2019.v35n11/e00156119/pt/>. Acesso em: 18 out. 2024.

ORTIZ FREULER, J. The case for a digital non-aligned movement. **Open Democracy**, June 27, 2020. Disponível em: <https://www.opendemocracy.net/en/oureconomy/case-digital-non-aligned-movement/>. Acesso em: 03 out. 2024.

ORTUÑO, C. COVID-19 and Digital Inclusion in Latin America and the Caribbean: A Connectivity and Access Problem. **Latin America and Caribbean Economic System**, June 04, 2020. Disponível em: <http://www.sela.org/en/press/articles/a/64488/covid-19-digital-inclusion-in-latin-america-and-the-caribbean>. Acesso em: 03 out. 2024.

OSBORNE, M. A.; FREY, C. B. **The future of employment:** how susceptible are jobs to computerisation? Sep. 17, 2013. Disponível em: <https://www.oxfordmartin.ox.ac.uk/downloads/academic/The_Future_of_Employment.pdf>. Acesso em: 25 set. 2024.

PACHECO, J. A. The “new normal” in education. **Prospects**, vol. 51, n. 1, 2021.

PACHECO, J. Fazer a Ponte. *In*: MOREIRA, M. *et al.* **Experiências inovadoras no ensino:** inovação pedagógica. Lisboa: IIE, 1998, p. 159-179.

PAGE, M. J. *et al.* A declaração PRISMA 2020: diretriz atualizada para relatar revisões sistemáticas. **Revista Panamericana de Salud Pública**, vol. 46, p. 1, 30 dez. 2022.

PAHO. **Nova Agenda de Saúde Mental para as Américas:** Relatório da Comissão de Alto Nível sobre Saúde Mental e COVID-19 da Organização Pan-Americana da Saúde – Resumo executivo. Pan American Health Organization, 2023. Disponível em: <https://iris.paho.org/handle/10665.2/57669>. Acesso em: 18 out. 2024.

PAIS, A. *et al*. **Paul Dirac:** the man and his work. Cambridge, MA: Cambridge University Press, 2005.

PAPERT, S. **Logo:** computadores e educação. São Paulo: Brasiliense, 1985.

PARKER, G. G.; VAN ALSTYNE, M. W.; CHOUDARY, S. P. **Platform revolution:** how networked markets are transforming the economy and how to make them work for you. New York: W.W. Norton & Company, 2016.

PARLAMENTO EUROPEU. **Lei da UE sobre IA:** primeira regulamentação de inteligência artificial. 12 jun. 2023. Última atualização: 18 jun. 2024. Disponível em: <https://www.europarl.europa.eu/news/pt/headlines/society/20230601STO93804/lei-da-ue-sobre-ia-primeira-regulamentacao-de-inteligencia-artificial>. Acesso em: 03 out. 2024.

PASQUALE, F. **News law of robotics:** defending human expertise in the age of AI. Cambridge: Harvard University Press, 2020.

PASQUALE, F. **The black box society:** the secret algorithms that control money and information. Cambridge, MA: Harvard University Press, 2015.

PASQUINELLI, M. **The Eye of the Master:** a social history of artificial intelligence. London: Verso Books, 2023.

PERKIN, N. **Transformação digital com metodologias ágeis:** como usar o agile para tornar sua empresa mais ágil e competitiva na era digital São Paulo: Autêntica Business, 2022.

PERRIGO, B. Inside Facebook's African Sweatshop. **Time**, Feb. 14, 2022. Updated Feb. 17, 2022. Disponível em: <https://time.com/6147458/facebook-africa-content-moderation-employee-treatment/>. Acesso em: 03 ot. 2024.

PETROSYAN, A. Countries with the highest number of Internet users 2023. **Statista**, Apr. 5, 2024. Disponível em: <https://www.statista.com/statistics/262966/number-of-internet-users-in-selected-countries/>. Acesso em: 03 out. 2024.

PIDUN, U.; REEVES, M.; ZOLETNIK, B. What Is Your Business Ecosystem Strategy? **BCG**, Mar. 11, 2022. Disponível em: <https://www.bcg.com/publications/2022/what-is-your-business-ecosystem-strategy>. Acesso em: 03 out. 2024.

PIKETTY, T. **Capital in the Twenty-First Century.** Cambridge: Harvard University Press, 2014.

PIKETTY, T. **O capital no século XXI.** Rio de Janeiro: Intrínseca, 2014.

PONCE DE LEON, C. G. R. M. *et al.* Inteligência artificial na análise das emoções de estudantes de enfermagem submetidos à simulação clínica. **Rev Bras Enferm.**, vol. 76 (Suppl. 4), 2023.

PORTAL DA INDÚSTRIA BRASILEIRA. **Produção.** 2023. Disponível em: <https://industriabrasileira.portaldaindustria.com.br/grafico/total/producao/#/industria-total>. Acesso em: 27 set. 2024.

PORTER, M. E.; HEPPELMANN, J. E. How Smart, Connected Products Are Transforming Competition. **Harvard Business Review**, Nov. 2014. Disponível em: <https://bit.ly/3kgqjC1>. Acesso em: 27 set. 2024.

PRENSKY, M. **Digital Game-Based Learning.** New York: McGraw-Hill, 2001.

PRIMI, R. Avaliação Psicológica no Século XXI: de Onde Viemos e para Onde Vamos. **Psicologia: Ciência e Profissão**, vol. 38, n. spe, p. 87-97, 2018.

PROJECT SHERPA. Site. Disponível em: <https://www.project-sherpa.eu/>. Acesso em: 30 set. 2024.

RAINIE, L.; ANDERSON, J. The Future of Jobs and Jobs Training. **Pew Research Center**, May 03, 2017. Disponível em: <https://www.pewresearch.org/internet/2017/05/03/the-future-of-jobs-and-jobs-training/>. Acesso em: 26 set. 204.

RAZZOUK, D. *et al.* How do experts recognize schizophrenia: the role of the disorganization symptom. **Revista Brasileira de Psiquiatria**, vol. 28, n. 1, p. 5-9, mar. 2006.

REDAÇÃO BBC NEWS MUNDO. Os problemas dos algoritmos que selecionam candidatos a emprego (e três dicas para driblá-los). **BBC News Brasil**, 31 out. 2021. Disponível em: <https://www.bbc.com/portuguese/geral-59040722>. Acesso em: 03 out. 2024.

REHSE, O., HOFFMANN, S.; KOSANKE, C. Tapping into the transformative power of Service 4.0. **The Boston Consulting Group**, Sep. 17, 2016. Disponível em: <https://www.bcg.com/publications/2016/tapping-into-the-transformative-power-of-service-4.aspx>. Acesso em: 01 out. 2024.

REPUBLIQUE FRANÇAISE. **Code du travail:** Article L2242-17. 31 mars 2022. Disponível em: <https://www.legifrance.gouv.fr/codes/article_lc/LEGIARTI000043893940>. Acesso em: 03 out. 2024.

RESNICK, M. All I Really Need to Know (About Creative Thinking) I Learned (By Studying How Children Learn) in Kindergarten. **MIT Media Lab**, 2007.

RIBEIRO, M. T.; SINGH, S.; GUESTRIN, C. Model-agnostic interpretability of machine learning. **arXiv preprint arXiv:1606.05386**, 2016.

RIEDL, M. O. Human-centered artificial intelligence and machine learning. **Human Behavior and Emerging Technologies**, vol. 1, n. 1, p. 33-36, 2019.

RIFKIN, J. **O Fim dos Empregos:** o contínuo crescimento do desemprego em todo o mundo. São Paulo: M.Books, 2004.

RIVERA ESTRADA, J. E.; SÁNCHEZ SALAZAR, D. V. Inteligencia artificial ¿reemplazando al humano en la psicoterapia? **Escritos**, vol. 24, n. 53, p. 271-291, 2016.

ROBINETTE, P.; HOWARD, A. M.; WAGNER, A. R. Effect of robot performance on human-robot trust in time-critical situations. **IEEE Transactions on Human-Machine Systems**, vol. 47, n. 4, p. 425-436, 2017.

ROGERS, D. L. **The Digital Transformation Playbook:** rethink your business for the digital age. New York, NY: Columbia University Press, 2016.

ROMAR, C. T. M. **Direito do Trabalho.** 8.ed. São Paulo: Saraiva-Jur, 2022.

ROSEMBLATT, F. **The Perceptron:** a perceiving and recognizing automation. New York, NY: Cornell Aeronautical Laboratory, Inc., 1957.

ROSSETTI, R.; ANGELUCI, A. Ética Algorítmica: questões e desafios éticos do avanço tecnológico da sociedade da informação. **Galáxia (São Paulo)**, vol. 46, e50301, 2021. Disponível em: <https://doi.org/10.1590/1982-2553202150301>. Acesso em: 26 set. 2024.

RUSSEL, S. J.; NORVIG, P. **Inteligência Artificial.** Trad. Regina Célia Simille. Rio de Janeiro: Elsevier, 2013.

RUSSELL, S. J.; NORVIG, P. **Artificial Intelligence:** a modern approach. 4th.ed. Hoboken, NJ: Pearson, 2021.

RUSSO, A. World Economic Forum Inaugurates Global Councils to Restore Trust in Technology. **World Economic Forum**, May 29, 2019. Disponível em: <https://www.weforum.org/press/2019/05/world-economic-forum-inaugurates-global-councils-to-restore-trust-in-technology/>. Acesso em: 03 out. 2024.

RUTKIN, A. H. Report Suggests Nearly Half of U.S. Jobs Are Vulnerable to Computerization. **MIT Technology Review**, Sep. 12, 2013. Disponível em: <https://www.technologyreview.com/2013/09/12/176475/report-suggests-nearly-half-of-us-jobs-are-vulnerable-to-computerization/>. Acesso em: 21 out. 2024.

SAMRIYA, J.K.; KUMAR, M.; GILL, S. S. Secured data offloading using reinforcement learning and Markov decision process in mobile edge computing. **International Journal of Network Management**, vol. 22, n. 5, Sep./Oct. 2023.

SANTAELLA, L. **Culturas e artes do pós-humano:** da cultura das mídias à cibercultura. São Paulo: Paulus, 2003. 357p.

SANTAELLA, L. **Navegar no ciberespaço:** o perfil cognitivo do leitor imersivo. São Paulo: Paulus, 2004.

SANTAELLA, L. **Neo-Humano:** a sétima revolução cognitiva do Sapiens. São Paulo: Paulus, 2022.

SÃO PAULO. **Diretrizes Curriculares Tecnologia e Inovação.** Secretaria de Educação do Estado de São Paulo, 2019. Disponível em: <https://efape.educacao.sp.gov.br/curriculopaulista/wp-content/uploads/2020/02/diretrizes-curriculares-tecnologia-e-inovacao.pdf>. Acesso em: 02 out. 2024.

SCHAWBER, K.; SUTHERLAND, J. **The Scrum Guide:** The Definitive Guide to Scrum: The Rules of the Game. Nov. 2020. Disponível em: <https://scrumguides.org>. Acesso em: 21 out. 2024.

SCHRÖDINGER, E. **What Is Life?:** with mind and matter and autobiographical sketches. Cambridge, MA: Cambridge University Press, 2012.

SCHUMPETER, J. A. **Business Cycles:** a theoretical, historical, and statistical analysis of the capitalist process. 2 vols. New York, NY: McGraw-Hill, 1939.

SCHUMPETER, J. A. **Capitalism, socialism and democracy.** New York, NY: Harper and Brothers, 1961.

SCHUMPETER, J. A. **Capitalismo, socialismo e democracia.** São Paulo: Unesp, 2017.

SCHUMPETER, J. A. **Teoria do Desenvolvimento Econômico:** uma investigação sobre lucros, capital, crédito, juro e o ciclo econômico. (Coleção Os Economistas) São Paulo: Nova Cultural, 1997.

SCHWAB, K. A **Quarta Revolução Industrial.** São Paulo: Edipro, 2016.

SCHWAB, K.; DAVIS, N. **Aplicando a Quarta Revolução Industrial.** São Paulo: Edipro, 2019.

SCHWEITZER, C. Inovação, Digitalização, Transformação Digital. Campinas: Unità Editora, 2021

SCUPOLA, A.; MERGEL, I. Value Co-Creation and Digital Service Transformation: The case of Denmark. **SSRN Electronic Journal**, July 30, 2021.

SENADO FEDERAL. **Projeto de Lei nº 2338, de 2023.** Dispõe sobre o uso da Inteligência Artificial. Disponível em: <https://www25.senado.leg.br/web/atividade/materias/-/materia/157233>. Acesso em: 03 out. 2024.

SENADO FEDERAL. **Projeto de Lei nº 4097, 2023.** Disponível em: <https://www25.senado.leg.br/web/atividade/materias/-/materia/159387?ref=nucleo.jor.br>. Acesso em: 27 set. 2024.

SHANTHAMALLU, U. S. *et al.* A brief survey of machine learning methods and their sensor and IoT applications. *In*: **2017 8th International Conference on Information, Intelligence, Systems & Applications (IISA)**, 8., Larnaca, Cyprus, 27-30 Aug. 2017.

SHEN, L.; SUN, C.; ALI, M. Role of Servitization, Digitalization, and Innovation Performance in Manufacturing Enterprises. **Sustainability**, vol. 13, n. 17, p. 9878, Sep. 2, 2021.

SHI, Z. *et al.* Improving image captioning with better use of captions. **arXiv preprint arXiv:2006.11807**, 2020.

SHILLER, R. J. Narratives about technology-induced job degradations then and now. **Journal of Policy Modeling**, vol. 41, n. 3, May-June 2019, p. 477-488.

SHIMULA, D. The waves of the technological innovations. **Studia Politica Slovaca**, n. 1, 2009, p. 32-47. Disponível em: <https://www.ceeol.com/search/article-detail?id=15614>. Acesso em: 25 set. 2024.

SHIN, D. User perceptions of algorithmic decisions in the personalized AI system: perceptual evaluation of fairness, accountability, transparency, and explainability. **Journal of Broadcasting & Electronic Media**, vol. 64, n. 4, p. 541-565, 2020. Disponível em: <https://doi.org/10.1080/08838151.2020.1843357>. Acesso em: 01 out. 2024.

SHIN, D.; PARK, Y. J. Role of fairness, accountability, and transparency in algorithmic affordance. **Computers in Human Behavior**, 98, p. 277-284, 2019.

SHNEIDERMAN, B. Designing trust into online experiences. **Communications of the ACM**, vol. 43, n. 12, p. 57-59, 2000. Disponível em: <https://doi.org/10.1145/355112.355124>. Acesso em: 03 out. 2024.

SIBILIA, P. **Show do eu:** a intimidade como espetáculo. São Paulo: Contraponto, 2016.

SICHMAN, J. S. Inteligência Artificial e sociedade: avanços e riscos. **Estudos Avançados**, vol. 35, n. 101, p. 37-50, 2021. Disponível em: <https://www.scielo.br/j/ea/a/c4sqqrthGMS3ngdBhGWtKhh/?format=pdf>. Acesso em: 26 set. 2024.

SILVA FILHO, J. A. D.; BEZERRA, A. D. M. Acolhimento em Saúde Mental na Atenção Primária à Saúde: Revisão Integrativa. **Id on Line REVISTA DE PSICOLOGIA**, vol. 12, n. 40, p. 613-627, 30 maio 2018.

SILVA, T. **Racismo Algorítmico:** inteligência artificial e discriminação nas redes digitais. São Paulo: Edições Sesc, 2022.

SILVER, D. *et al*. Mastering the game of Go with deep neural networks and tree search. **Nature**, vol. 529, n. 7587, p. 484-489, 2016.

SINGH, O. Artificial intelligence in the era of ChatGPT - Opportunities and challenges in mental health care. **Indian Journal of Psychiatry**, vol. 65, n. 3, p. 297, 2023.

SINGH, O. Chatbots in psychiatry: can treatment gap be lessened for psychiatric disorders in India. **Indian Journal of Psychiatry**, vol. 61, n. 3, p. 225, 2019.

SINGH, S.K.; KUMAR, S.; MEHRA, P. S. Chat GPT & Google Bard AI: a review. *In*: **2023 International Conference on IoT, Communication and Automation Technology** (ICICAT), Gorakhpur, India, 23-24 June 2023, p. 1-6. Disponível em: <https://ieeexplore.ieee.org/abstract/document/10263706>. Acesso em: 8 abr. 2024.

SMITH, A. Public attitudes towards computer algorithms. **Pew Research Center**, Nov. 16, 2018. Disponível em: <https://www.pewresearch.org/internet/2018/11/16/public-attitudes-toward-computer-algorithms/>. Acesso em: 01 out. 2024.

SMITH, L. T. **Decolonizing Methodologies:** Research and Indigenous Peoples. Dunedin (Nova Zelândia): Otago University Press, 1999.

SOLANO, J. L. *et al.* Governing data and artificial intelligence for all: models for sustainable and just data governance. **Panel for the Future of Science and Technology (STOA)**, July 11, 2022. Disponível em: <https://www.europarl.europa.eu/stoa/en/document/EPRS_STU(2022)729533>. Acesso em: 03 out. 2024.

SOUTO, I.; BRITO, E.; PEREIRA, A. Avaliação de stress ocupacional em tempo de crise: desafios à psicologia 4.0. **Psicologia, Saúde & Doença**, vol. 23, n. 2, p. 533-543, set. 2022.

STEFANO, V. de. Automação, inteligência artificial e proteção laboral: patrões algorítmicos e o que fazer com eles. *In*: CARELLI, R. de L.; CAVALCANTI, T. M.; FONSECA, V. P. da. **Futuro do Trabalho:** os efeitos da revolução digital na sociedade. Brasília: ESMPU, 2020.

STEIGER S.; SCHÜNEMANN, W. J.; DIMMROTH, K. Outrage without consequences? Post-Snowden discourses and governmental practice in Germany. **Media and Communication**, vol. 5, n. 1, p. 7-16, 2017.

STEINER, R. **A educação prática do pensamento.** São Paulo: Antroposófica, 1996.

SULOCKI, V. de. Novas tecnologias, Velhas discriminações: ou da Falta de Reflexão sobre o Sistema de Algoritmos na Justiça Criminal. *In*: MULHOLLAND, C.; FRAZÃO, A. (coords.). **Inteligência artificial e direito:** ética, regulação e responsabilidade. 2. ed. rev., atual. e ampl. São Paulo: Thomson Reuters Brasil, 2020.

SUTTON, R. S.; BARTO, A. G. **Reinforcement learning:** an introduction. 2.ed. Cambridge, MA: Bradford Books, 2018.

SWELLER, J. Cognitive Load During Problem Solving: Effects on Learning. **Cognitive Science**, 12, p. 257-285, 1988.

SZABO, N. Wet code and dry. **Unenumerated Blog**, Aug. 24, 2008. Disponível em: <https://unenumerated.blogspot.com/2006/11/wet-code-and-dry.html>. Acesso em: 18 out. 2024.

TANENBAUM, A.; AUSTIN, T. **Organização Estruturada de Computadores.** 6.ed. São Paulo: Pearson Universidades, 2013.

TAULLI, T. **Introdução à Inteligência Artificial:** uma abordagem não técnica. São Paulo: Novatec, 2020.

TE MANA RARAUNGA. Site. Disponível em: <https://www.temanararaunga.maori.nz/>. Acesso em: 09 out. 2024.

TEIXEIRA, J. de F. A Teoria da Consciência de David Chalmers. **Psicologia USP**, vol. 8, n. 2, p. 109-128, 1997.

TELEGRAM manda mensagem em massa ligando PL das Fake News à censura. **UOL**, 09 maio 2023. Atualizado em 10 maio 2023. Disponível em: <https://noticias.uol.com.br/politica/ultimas-noticias/2023/05/09/telegram-manda-mensagem-a-usuarios-criticando-pl-das-fake-news.htm>. Acesso em: 27 set. 2024.

THE TORONTO DECLARATION. Site. Disponível em: <https://www.torontodeclaration.org/>. Acesso em: 03 out. 2024.

TRIBUNAL DE JUSTIÇA ESTADO DE SÃO PAULO. **TJSP anuncia desenvolvimento da nova Plataforma de Justiça Digital.** 20 fev. 2019. Disponível em: <https://www.tjsp.jus.br/Noticias/Noticia?codigoNoticia=55845>. Acesso em: 27 set. 2024.

TUCÍDIDES. **História da Guerra do Peloponeso** (livro 1 – Tucídides). (Clássicos WMF). Trad., apres. e notas Anna Lia Amaral de Almeida Prado. 3.ed. São Paulo: Martins Fontes, 2013.

TUFFANI, M. Em busca de uma teoria final. **Pesquisa Fapesp**, 55, jul. 2000. Disponível em: <https://revistapesquisa.fapesp.br/em-busca-de-uma-teoria-final-2/>. Acesso em: 02 out. 2024.

TUSTUMI, F.; ANDREOLLO, N. A.; AGUILAR-NASCIMENTO, J. E. de. Future of the Language Models in Healthcare: the role of ChatGPT. **ABCD. Arquivos Brasileiros de Cirurgia Digestiva (São Paulo)**, vol. 36, 2023.

UNESCO. **Currículos de IA para educação básica:** um mapeamento de currículos de IA aprovados pelos governos. Paris: Unesco, 2022ª. Disponível em: <https://unesdoc.unesco.org/ark:/48223/pf0000380602_por>. Acesso em: 02 out. 2024.

UNESCO. **K-12 AI curricula:** a mapping of government-endorsed AI curricula. 2002b. Disponível em: <https://unesdoc.unesco.org/ark:/48223/pf0000380602>. Acesso em: 03 out. 2024.

UNESCO. **Recomendación sobre la ética de la inteligencia artificial.** 2022c. Disponível em: <https://unesdoc.unesco.org/ ark:/48223/pf0000381137_spa>. Acesso em: 03 out. 2024.

UNITED NATIONS GLOBAL COMPACT. **Big Data:** creating insight from the connected world. July 11, 2017. Disponível em: <http://breakthrough.unglobalcompact.org/disruptive-technologies/big-data/>. Acesso em: 03 out. 2024.

UNVEN, H. A. Computational International Relations: What Can Programming, Coding and Internet Research Do for the Discipline? **All Azimuth**, vol. 8, n. 2, p. 157-182, 2018.

USA. **Preparing for the future of artificial intelligence.** Washington: National Science and Technology Council Committee on Technology, Oct. 2016.

VAN DER AALST, W. *et al*. Robotic Process Automation. *In*: **Business & Information Systems Engineering**, vol. 60, n. 4, p. 269-272, 2018.

VELHO, L. Conceitos de ciência e a política científica, tecnológica e de inovação. **Sociologias**, Porto Alegre, vol. 13, n. 26, 2011.

VERAS, R. C. Comunicação Ágil com Scrum. **InfoQ**, 28 out. 2009. Disponível em: <https://www.infoq.com/br/articles/comunicacao-com-scrum/>. Acesso em: 27 set. 2024.

VIAL, G. Understanding digital transformation: a review and a research agenda. **The Journal of Strategic Information Systems**, vol. 28, n. 2, p. 118-144, June 2019.

VIRILIO, P. **A Bomba Informática.** São Paulo: Estação da Liberdade, 1999.

VITALE, J. *et al*. Be more transparent and users will like you: a robot privacy and user experience design experiment. *In*: HRI '18: 2018 ACM/IEEE International

Conference on Human-Robot Interaction, Chicago, IL, 5-8 Mar. 2018. **Proceedings...** New York, NY: ACM, 2018, p. 379-387.

VITORINO, L. M.; YOSHINARI JUNIOR, G. H. A inteligência artificial como aliada na enfermagem brasileira: desafios, oportunidades e responsabilidade profissional. **Rev Bras Enferm.**, vol. 76, n. 3, 2023.

WAJID, U.; TRYAND, J. Digital Platform Development Lifecycle. **European Factory Platform**, July 1st, 2019. Updated: July 9, 2019. Disponível em: <https://www.efactory-project.eu/post/digital-platform-development-lifecycle>. Acesso em: 02 out. 2024.

WAMBA, S. F.; NGAI, E. W. T. Internet of Things in healthcare: the case of RFID-enabled asset management. **International Journal of Biomedical Engineering and Technology**, vol. 11, n. 3, p. 318-335, 2013.

WEBSTER, G. *et al.* Full translation: China's 'new generation artificial intelligence development plan'. **Digichina**, Aug. 1st, 2017. Disponível em: <https://digichina.stanford.edu/work/full-translation-chinas-new-generation-artificial-intelligence-development-plan-2017/>. Acesso em: 18 out. 2024.

WENDT, A. Anarchy is what States Make of it: The Social Construction of Power Politics. **International Organization**, vol. 46, n. 2, p. 391-425, Spring 1992. Disponível em: <http://www.jstor.org/stable/2706858>. Acesso em: 02 out. 2024.

WIENER, N. **Cybernetics:** or control and communication in the animal and the machine. 2.ed. Cambridge, MA: MIT Press, 1961.

WIKIPEDIA. **Antikythera mechanism.** Disponível em: <https://en.wikipedia.org/wiki/Antikythera_mechanism>. Acesso em: 02 out. 2024e.

WIKIPEDIA. **Double-slit experiment.** Disponível em: <https://en.wikipedia.org/wiki/Double-slit_experiment>. Acesso em: 02 out. 2024b.

WIKIPEDIA. **Moore's law.** Disponível em: <https://en.wikipedia.org/wiki/Moore%27s_law>. Acesso em: 02 out. 2024f.

WIKIPEDIA. **Quantum entanglement.** Disponível em: <https://en.wikipedia.org/wiki/Quantum_entanglement>. Acesso em: 02 out. 2024d.

WIKIPEDIA. **Schrödinger's cat.** Disponível em: <https://en.wikipedia.org/wiki/Schr%C3%B6dinger%27s_cat>. Acesso em: 02 out. 2024c.

WIKIPEDIA. **Superposition principle.** Disponível em: <https://en.wikipedia.org/wiki/Superposition_principle>. Acesso em: 02 out. 2024[a].

WILD, R. *et al*. "Coisas que as pessoas sabem": computação e territórios do senso comum. **Scientiae Studia**, vol. 9, n. 1, p. 149-166, 2011 Disponível em: <https://doi.org/10.1590/S1678-31662011000100008>. Acesso em: 26 set. 2026.

WILLIGE, A.; MARKOVITZ, G. The future of jobs: 2 experts explain how technology is transforming 'almost every task'. **World Economic Forum**, May 1, 2023. Disponível em: <https://www.weforum.org/agenda/2023/05/future-of-jobs-technology-skills-workplace/>. Acesso em: 03 out. 2024.

WOOD, J.; SHINE, I. Right to disconnect: The countries passing laws to stop employees working out of hours. **World Economic Forum**, Feb. 3, 2023. Disponível em: <https://www.weforum.org/agenda/2023/02/belgium-right-to-disconnect-from-work/>. Acesso em: 03 out. 2024.

WORLD ECONOMIC FORUM. **The Future of Jobs Report 2020.** Geneva: WEF, 2020.

WORLD HEALTH ORGANIZATION. **Ethics and governance of artificial intelligence for health:** WHO guidance. Geneva: WHO, June 28, 2021. Disponível em: <https://www.who.int/publications/i/item/9789240029200>. Acesso em: 21 out. 2024.

WORLD HEALTH ORGANIZATION. **Global burden of mental disorders and the need for a comprehensive, coordinated response from health and social sectors at the country level.** Report by the Secretariat. EB130/9, 1 Dec. 2011. Disponível em: <https://apps.who.int/gb/ebwha/pdf_files/EB130/B130_9-en.pdf>. Acesso em: 18 out. 2024.

WORLD HEALTH ORGANIZATION. WHO Global Model Regulatory Framework for Medical Devices including in vitro diagnostic medical devices. (WHO Medical device technical series). Sep. 5, 2017. 68p.

WORLD HEALTH ORGANIZATION; INTERNATIONAL LABOUR ORGANIZATION. **Healthy and safe telework:** Technical brief – Geneva, 2021. Geneva: WHO; ILO, 2021. Disponível em: <https://iris.who.int/bitstream/handle/10665/351182/9789240040977-eng.pdf?sequence=1>. Acesso em: 03 out. 2024.

WORLD TRADE ORGANIZATION. **World Trade Report 2017:** trade, technology and jobs. Disponível em: <https://www.wto.org/english/res_e/booksp_e/world_trade_report17_e.pdf>. Acesso em: 21 out. 2024.

XU, X. *et al*. Industry 4.0 and Industry 5.0 — Inception, conception and perception. **Journal of Manufacturing Systems**, vol. 61, p. 530-535, Oct. 2021. Disponível em: <https://www.sciencedirect.com/science/article/pii/S0278612521002119>. Acesso em: 01 out. 2024.

YESHE, A.; GOURKHEDE, P.; VAIDYA, P. H. **Blue River Technology:** Futuristic Approach of Precision Farming. 2022.

ZAHOOR, S., MIR, R.N. Resource management in pervasive internet of things: a survey. **Journal of King Saud University- Computer and Information Sciences**, vol. 33, n. 8, Oct. 2021.

ZAKI, M. Digital transformation: harnessing digital technologies for the next generation of services. **Journal of Services Marketing**, vol. 33, n. 4, p. 429-435, 18 set. 2019.

ZHENG, S. *et al*. User perceptions of smart home IoT privacy. **Proceedings of the ACM on Human-Computer Interaction**, vol. 2, Issue CSCW, p. 1-20, 01 Nov. 2018.

ZUBOFF, S. **The Age of Surveillance Capitalism:** the fight for a human future at the new frontier of power. New York, NY: PublicAffairs, 2019.

ZYSMAN, J. The algorithmic revolution: the fourth service transformation. **Communications of the ACM**, vol. 49, n. 7, p. 48, July 2006.

Sobre os autores

 **Alcely Barroso**	Atualmente é líder de Estratégia e Desenvolvimento de Negócios do Toronto Business College e Vice-presidente de Ética e Responsabilidade Social do Chartered Institute of Management of Ontario, na cidade de Toronto. Possui mais de 20 anos de experiência em tecnologia, educação e gestão, atuando em empresas como IBM e Microsoft. No terceiro setor, atuou no Instituto Crescer para a Cidadania e no Instituto de Tecnologia Social. É conselheira das ONGs Parceiros Voluntários, Instituto Ser+ e da Federação Canadá-Brasil de Negócios. É doutora e mestre em Ciências pela Universidade de São Paulo e pós-doutoranda no departamento de Tecnologias da Inteligência e Design Digital na PUC-SP. Possui MBA em Empreendedorismo Social pela Fundação Instituto de Administração e graduação em Ciências Odontológicas pela Universidade de São Paulo. <https://ca.linkedin.com/in/alcelysb>.
 **Aline Silva**	Especialista em Governança de TI pela Universidade Presbiteriana Mackenzie, possui MBA pela Pontifícia Universidade Católica de São Paulo e é mestra em Administração de Empresas. Atualmente é doutoranda nos programas de Tecnologias da Inteligência e Design Digital na Pontifícia Universidade Católica de São Paulo e em Tecnologias e Ciências da Informação na Universidade de Coimbra. Atua há 19 anos em consultoria de Tecnologia, com foco na implementação de software de gestão empresarial, com ênfase nos módulos de Finanças e Controladoria do SAP. <https://www.linkedin.com/in/aline-alves-da-silva-a779241a/>

 **Américo Rodrigues de Figueiredo**	Professor Convidado da Fundação Dom Cabral. Área de atuação: pessoas, arquitetura organizacional e governança. Doutorando do TIDD – PUC-SP – Inteligência Artificial e Gestão. Sólida experiência na área de gestão de pessoas, governança e organizações, tendo liderado projetos estratégicos de transformação organizacional e reestruturação de empresas. Ocupou posição de direção executiva em Recursos Humanos em três organizações de destaque no mercado: PwC, IBM e Nextel, no âmbito das Américas Central, Latina e do Norte. Possui certificações e extensa formação em docência, em consultoria organizacional, em governança corporativa e em desenvolvimento humano. <https://www.linkedin.com/in/americofigueiredo/>
 **André F. B. Macruz**	Doutorando em Tecnologia da Inteligência e Design Digital pela PUC-SP. Ms. Administração-Estratégia – Transformação Digital-Insper e Formado em Administração-FAFAAP. Gerente Sênior de Projetos de Ecossistema Digital de Negócios, Transformação Digital, Gestão de Mudanças. Prof./Coord. de Pós-Graduação e Graduação em Engenharia da Produção, Administração, Tecnologia da Informação e Gestão de Projetos: USP – ESALQ, PUC-SP, ESEG-Etapa, São Judas, FAAP, SENAC, FIAP e Insper. <https://www.linkedin.com/in/andre-florentino-bella-macruz-phd-788802/>

<table>
<tr>
<td>
Antonio Muniz</td>
<td>CEO e Fundador da Advisor 10X | Curador e Moderador de Eventos | Palestrante e Coordenador de MBAs | Fundador da Jornada Colaborativa | Autor e Curador de mais de 30 livros sobre tecnologia, agilidade, *DevOps*, SRE, liderança, inovação | *Advisor* e *Board Member* | Mentor Carreira 10X. Colaborou com mais de 30 mil pessoas e mais de 100 times em consultorias, mentorias, cursos de MBA, *bootcamps*, videoaulas, *workshops* e palestras em empresas líderes de mercado, como SulAmérica, Petrobras, Vivo, Itaú, Oi, Furnas, Eletrobras, Energisa, Via Varejo, DHL, Accenture, Icatu, Banco do Brasil, Banco Safra, Banco PAN, Citibank, Ernst & Young, Finep, Sebrae, UOL, Pagseguro, Makro, Totvs, Jucesp, Ambev Tech, Dafiti, Meta, Banco Carrefour, Prudential etc. Como fundador e *headhunter* da Jornada Colaborativa, formou novas lideranças, com R$ 553 mil doados para instituições com o lançamento de 41 livros e eventos com empresas amigas. Sua formação tem uma base multidisciplinar em negócios, tecnologia e liderança, com mestrado em administração no Ibmec, MBA em telecomunicações na FGV, graduação em tecnologia na Unigranrio e certificações em agilidade, *Lean*, tecnologia, projetos, processos e serviços. <https://www.linkedin.com/in/antoniomunizoficial/>.</td>
</tr>
</table>

 **Atahualpa Blanchet**	Pesquisador do Instituto de Estudos Avançados da USP e do Grupo Sobre Transformação Digital e Sociedade da PUC-SP. Mestre em Direito pela Universidade Pablo de Olavide – Sevilha/Espanha e em Comunicação Digital pelo Instituto Europeu de Jornalismo e Comunicação. É Especialista em Novas Tecnologias em Direitos Humanos do Instituto de Políticas Públicas em Direitos Humanos do Mercosul. Foi Secretário da Comissão de Trabalho, Políticas de Emprego, Seguridade Social e Economia Social do Parlamento do Mercosul entre 2018 e 2014. Participou dos processos de negociação, sistematização e redação de instrumentos internacionais como a Declaração de Ministros de Direitos Humanos do Mercosul sobre Inteligência Artificial de 2023, Declaração do Centenário da Organização Internacional do Trabalho sobre o Futuro do Trabalho de 2019 e da Declaração Sociolaboral do Mercosul de 2015. Foi consultor de organismos internacionais como a Organização Internacional do Trabalho (OIT), do Programa de Desenvolvimento das Nações Unidas (PNUD) e da Organização das Nações Unidas para a Educação, Ciência e Cultura (Unesco). <https://www.linkedin.com/in/atahualpa-b-091b67a5/>
 **Caio Gaeta**	Mestre em Tecnologias da Inteligência e Design Digital (PUC-SP) e graduado em Sociologia (UNESP). Pesquisador especialista em novas tecnologias para o mundo do trabalho e educação profissional. Coordenador de Tecnologias Aplicadas à Educação no Senac São Paulo.
 **Carolina Cássia Conceição Abilio**	Psicóloga, Mestre em Ciências Ambientais pela Universidade de São Paulo, *Head* de Conteúdo & Pesquisa do Instituto de Desenvolvimento Humano Lippi. Pesquisa e estuda temas relacionados à saúde mental, à sustentabilidade e ao impacto das tecnologias no estilo de vida. <https://www.linkedin.com/in/cabilio/>

 **Celeida Laporta**	*Co-founder* da CS VIEWS Mediação e Arbitragem. Sócia da L2Z1 Law Digital Solutions. Coordenadora do Informativo ADRODR. Doutoranda na PUC/SP TIDD (Tecnologias da Inteligência e Design Digital), Mestre em Direito pela Escola Paulista de Direito EPD Brasil. Bacharelado e Licenciatura Matemática PUC-SP, Analista de Sistemas, Advogada pós-graduada em Direito Tributário pela PUC-SP, Mediadora judicial e extrajudicial credenciada no CNJ, Congresso Direitos Humanos Universidad de Valladolid – Espanha, Summer School Siena – Itália, Curso *Theory and Tools of Harvard Negotiation Project* – EUA. Especialização em *Mediación* pela Universidad Salamanca – Espanha. Especialização em Práticas em Mediação e Arbitragem pela Universidade Portucalense – Portugal. Especialização em *Abogacía 5.0: Nuevas Tecnologías y Justicia* pela Universidad Salamanca – Espanha (2022). Autora de livros de tecnologia e artigos. Coautora dos livros *O Fenômeno da Desjudicialização: uma nova era de acesso a justiça* (Lumen Juris, 2018) e *Soluções Extrajudiciais de Controvérsias Empresariais v.4* (Saraiva, 2018). Organizadora e coautora do livro *Mediação de Conflitos na Prática: Estudos de Casos Concretos* (Lumen Juris, 2019). Autora do livro *ODR – Resolução de conflitos online* (Quartier Latin, 2021). Organizadora e coautora do livro *A Consensualidade aplicada às relações laborais* (Lumen Juris, 2022). Organizadora e coautora do livro *Direito e Inteligência Artificial – Fundamento* (Lumen Juris, 2022). <https://www.linkedin.com/in/celeida-laporta-8a298089/>
 **Clarisse Laupman**	Doutora em Direito Internacional pela Pontifícia Universidade Católica de São Paulo (2016). Mestre em Direito pela Pontifícia Universidade Católica de São Paulo (2011). Graduada em Direito pela Pontifícia Universidade Católica de São Paulo (1999). Professora da Faculdade de Direito da Pontifícia Universidade Católica de São Paulo na graduação e Pós-graduação. Concentração em Direito Internacional e Direitos Humanos. Advogada, consultora internacional para empresas e Assessora Especial da Pró-Reitoria de Educação Continuada da PUC-SP. Membro da *World Jurist Association.* <https://www.linkedin.com/in/clarisse-laupman-ferraz-lima-3176bb121/>

 **Cristiana Valente**	Atuação no segmento de educação, até então, um novo momento na carreira, após 12 anos trabalhando no segmento de energia (Light Serviços). Vem atuando com metodologias híbridas (*PMBOK® Guide* e ágil) e também realizou uma série de certificações para aprimorar conhecimento na formação de times e mudança de *mindset* organizacional. Possui mestrado em Metrologia para Inovação & Qualidade (PUC-RJ), MBA em Marketing (FGV-RJ) e em Gerenciamento de projetos (FGV-RJ). Demais certificações: Metodologia Ágil, *Scrum*, *Kanban*, *Power BI*, Microsoft MS Office, MS Word, MS Excel (avançado), MS Power Point (avançado), MS Project, WBS Chart Pro Azure DevOps e Jira. <https://www.linkedin.com/in/cristiana-valente/>
 **Daniel Garroux**	Advogado especialista em Direito do Consumidor com atuação nas áreas de Direito Civil e Direito Administrativo. É também tradutor e doutor em Teoria Literária pela Universidade de São Paulo. <https://www.linkedin.com/in/daniel-garroux-a3706b50/>
 **David Kohan Marzagão**	É professor doutor em inteligência artificial em King's College London, além de professor de matemática e estatística em Christ Church, Universidade de Oxford. É também professor colaborador do curso de Pós-Graduação em Tecnologias da Inteligência e Design Digital da PUC-SP. Atualmente é pesquisador visitante na Universidade de Oxford, onde foi pós-doutorando em Inteligência Artificial. Antes, foi pós-doutorando em Computação em King's College London. Possui doutorado em Ciência da Computacão também por King's College London e bacharelado em Matemática pelo Instituto de Matemática e Estatística da Universidade de São Paulo. Seus interesses de pesquisa incluem métodos de *kernels* de grafos, aprendizagem de máquinas aplicada a grafos, IA para polímeros, métodos de explicabilidade, sistemas multiagentes, protocolos de consenso e processos estocásticos. <https://kohan.uk/>

 **Flavia Ladeira Lippi**	Jornalista Científica, especialista em Neurociência Comportamental e Organizacional e Inovação em RH. Coordenadora de Inovação do Observatório do Futuro do Trabalho, com foco em IA & Design de inovação nas relações de trabalho, saúde mental nas empresas, cultura do bem-estar e sustentabilidade humana. <https://www.linkedin.com/in/flavialippi/>
 **Glauco Reis**	Mestre em Engenharia Elétrica, com concentração em Inteligência Artificial e Teoria dos Fractais, Bacharel em Matemática e Cientista da Computação, e trabalha com TI desde 1987. Atuou por mais de 30 anos com desenvolvimento em arquitetura orientada para objetos, é especialista em integração, modernização de aplicações e microsserviços. Especialista Sênior do time de *Client Engineering* na IBM, embaixador IBM para assuntos de Quantum Computing e certificado em desenvolvimento para Quantum Computing usando Qiskit. É um colecionador entusiasta de computadores do final da década de 70 e começo da década de 80. <https://www.linkedin.com/in/glaucoreis/>
 **Ibson Cabral**	Agilista na Deloitte e facilitador na Software ZEN, com certificações CSM, CSPO e TKP. Mentor na XP Educação, *Head* dos *podcasts* Pipoca Ágil, JornadaCast e IIBA Brasil, e coautor do livro *Jornada Colaborativa*. Diretor de Comunicação e Marketing do IIBA Brasil. <https://www.linkedin.com/in/ibson-cabral/>
 **José Raimundo Lippi**	Médico psiquiatra, presidente da Academia Mineira de Medicina entre 2017 e 2019. Autor de inúmeros livros e artigos publicados sobre a alma humana e o processo terapêutico, é um dos psiquiatras mais renomados do país, reconhecido internacionalmente por seus trabalhos na área de comportamento e transformação humana. <https://www.linkedin.com/in/jos%C3%A9-raimundo-lippi-84b24376/>
 **Juliane Onita**	Coordenadora de *Compliance* e Mercado Financeiro. Bacharel em Direito pela PUC-SP. Advogada. Mestranda em Direito Processual Penal pela PUC-SP. <https://www.linkedin.com/in/juliane-onita/>

 **Marcelo Graglia**	Doutor em Tecnologias da Inteligência e Design Digital. Professor do Departamento de Administração e do TIDD da PUC-SP. Coordena o grupo de pesquisa Transformação Digital e Sociedade. Diretor do Observatório do Futuro do Trabalho. <https://www.linkedin.com/in/marcelo-graglia-4a255b14/>
 **Marina Dutra**	Doutoranda em Direito das Relações Econômicas Internacionais pela PUC-SP. Diplomada em *Leading Diversity, Equity and Inclusion* pela Northwestern University. Mestre em Direito do Trabalho e da Seguridade Social pela USP. Diplomada pelo *Program of Advanced Studies of the Academy of Human Rights and Humanitarian Law* da American University. Pós-graduada em Direito e Processo do Trabalho e graduada em Direito pela PUC-SP. Advogada e sócia de Husek, Manus, Dutra Advocacia. <https://www.linkedin.com/in/marina-dutra-739544117/>
 **Matheus Zanini**	Mestrando em Inteligência Artificial e Gestão, na PUC-SP, no núcleo de Tecnologias da Inteligência e Design Digital. Bacharel em direito na PUC-SP. Professor Assistente de Direito Tributário na PUC-SP. Advogado, com experiência em direito tributário e societário. Analista de investimentos em *venture capital*. <https://www.linkedin.com/in/matheus-zanini-alves/>
 **Paola Cantarini**	Advogada, Professora universitária, PhD em Direito, em Filosofia (PUC-SP) e em Filosofia do Direito (Unisalento); Pós-Doutorado em Direito, Filosofia e Sociologia (FD-USP, PUCSP-TIDD, EGS, Universidade de Coimbra/CES, IEA/USP). Pesquisadora do IEA/projeto UAI e em pós-doutorado na USP/RP em IA; pesquisadora no Instituto Avançado de AI, no C4AI – Centro de Inteligência Artificial (USP), Presidente e Pesquisadora no EthikAI – *ethics as a service*. Membro da Comissão da Criança e do Adolescente e da Comissão de Proteção de Dados da OAB-SP e de IA da OAB/Santo Amaro. Foi pesquisadora visitante em: Universidade de Miami, Universidade da Flórida, European University Institute /it., Departamento de Direito do CIJIC (Centro de Pesquisa Jurídica no Ciberespaço) e Universidade de Lisboa. <https://www.linkedin.com/in/paola-cantarini-47aab8150/>

 **Patricia Huelsen**	Doutora em Tecnologias da Inteligência e Design Digital, professora e pesquisadora do grupo de pesquisa Transformação Digital e Sociedade. É colaboradora da Cátedra Ignacy Sachs da PUC-SP. Presidente do Media Lab São Paulo. <https://www.linkedin.com/in/patricia-huelsen-221a55aa/>
 **Patrícia Sant'Ana**	Mestranda em Educação: Currículo, na Pontifícia Universidade Católica de São Paulo, no núcleo de Novas Tecnologias em Educação – Inteligência Artificial. Especialista em Língua Portuguesa pela Pontifícia Universidade Católica de São Paulo, em Design Instrucional pelo Centro Universitário Senac e em Neuroeducação pela Universidade Estácio de Sá. Bacharela em Letras pela Universidade de São Paulo. Designer Educacional na Gerência de Tecnologias Aplicadas à Educação do Senac-SP. <https://www.linkedin.com/in/patriciasantanadi/>
 **Roberto Cosso**	Advogado e jornalista. Graduado em direito (PUC-SP) e mestrando em história econômica (USP). Foi repórter da Folha de S. Paulo e diretor de redação do Diário do Grande ABC. Atuou como estrategista em campanhas políticas no Brasil e no exterior. <https://www.linkedin.com/in/roberto-s-c-cosso/>
 **Tatiana Negry**	Consultora Sênior, com mais de 20 anos de experiência em estratégia de negócios, transformação digital e tecnologia. Atuou em empresas como TCS, IBM, Banco Santander e Bain & Company. Liderou projetos no Brasil e no exterior em diversos setores (serviços financeiros, bens de consumo, varejo, entre outros). É graduada em Ciência da Computação pelo Centro Universitário de Brasília (UniCEUB) e pós-graduada em Estratégia e Governança de TI pela USP e em Relações Internacionais pela FGV RI. Atualmente é mestranda em Tecnologias da Inteligência e Design Digital na PUC-SP. <https://www.linkedin.com/in/tatiananegry10/>

Thiago Roberto Aparecido Marcelino Ferrarezi

Advogado, Engenheiro, Administrador Público, Contador, Turismólogo e Marqueteiro. Atua como Consultor e Pesquisador em Gestão e Políticas Públicas, Governança Urbana, Cidades Inteligentes e Turismo. Possui uma distinta carreira de mais de 15 anos na administração pública, tendo exercido funções cruciais em pilares do governo brasileiro, especialmente no âmbito legislativo. Sua experiência abrange atuações notáveis no Senado Federal, na Câmara dos Deputados e na Câmara Municipal de São Paulo, onde desempenhou um papel-chave em decisões e projetos de grande relevância. Atualmente, está engajado em seu Doutorado em Tecnologias da Inteligência e Design Digital na Pontifícia Universidade Católica de São Paulo. É Mestre em Gestão e Políticas Públicas pela Escola de Administração de Empresas de São Paulo da Fundação Getúlio Vargas, além de ser especializado em Direito do Estado pela Universidade Federal do Rio Grande do Sul. Complementando sua formação, acumula três especializações pela Universidade de São Paulo: Licitações, Contratos Administrativos e Orçamento Público pela Faculdade de Direito; Economia Política pela Faculdade de Economia, Administração e Contabilidade (ambas no *campus* de Ribeirão Preto); e Planejamento e Gestão de Cidades pela Escola Politécnica.
<https://www.linkedin.com/in/professorthiagoferrarezi>

Sobre a Brasport

Há 29 anos, a Brasport é referência em publicações de tecnologia, gestão e carreira.

Nosso catálogo, disponível em **www.editorabrasport.com.br**, é composto por obras que você encontra tanto em livrarias físicas, como na Amazon e em eventos especializados.

Além disso, nossas publicações estão acessíveis em uma plataforma digital que alcança 4 milhões de assinantes, distribuídos em 900 universidades e empresas.

Quer se unir a essa trajetória de sucesso? Entre em contato conosco pelo e-mail: **administrativo@brasport.com.br**

BRASPORT